Kurzgeschichten aus dem *BKS*

Biografisches und Kreatives Schreiben
an der Alice-Salomon-Hochschule Berlin

Band 2

Herausgeber:
Guido Rademacher, Andrea Budde

Schibri-Verlag   Berlin • Milow • Strasburg

Dieses Projekt wurde finanziert von der ALICE SALOMON
HOCHSCHULE BERLIN
University of Applied Sciences

Bibliografische Information Der Deutschen Bibliothek
Die Deutsche Bibliothek verzeichnet diese Publikation in der Deutschen
Nationalbibliografie; detaillierte bibliografische Daten sind im Internet
und über http://dnb.de abrufbar

© 2015 by Schibri-Verlag
Dorfstraße 60, 17337 Uckerland OT Milow
E-Mail: info@schibri.de
Homepage: www.schibri.de

Lektorat: Guido Rademacher
Umschlaggestaltung: Eileen Camin, Schibri-Verlag

ISBN 978-3-86863-153-1

Inhalt

Vorwort

Man macht einen Roman aus der Sünde
wie einen Tisch aus Holz.
(Julien Green)

Die 27 Autorinnen und Autoren dieser Kurzgeschichten-Anthologie haben die Sünde selbstverständlich nicht außer Acht gelassen, mussten sich aber auf das Genre der Kurzgeschichte beschränken, weil sich Romane für eine Anthologie nicht besonders eignen, zum einen, und zum anderen, weil der Roman als Prüfungsleistung im Modul Prosa wohl nicht nur die meisten angehenden Schreibpädagoginnen und Schreibpädagogen, sondern ganz besonders auch den Dozenten bezüglich seiner Prüfungsabnahmeleistung überfordern würde. Nicht unerwähnt bleiben soll an dieser Stelle aber, dass die Kurzgeschichte mitunter weitaus schwieriger zu komponieren ist als der Roman, der sich über hunderte von Seiten gern auch mal die ein oder andere Redundanz, Anästhesie und Anämie erlauben darf, wogegen die Kurzgeschichte in jeder Zeile den ungehinderten und satten Blutfluss sowie eine hellwache Szenerie gewähren muss, die wie von einem Blitz erleuchtet und schlagartig in Bewegung gesetzt wird.

Dieser Herausforderung haben sich die hier ausgewählten Autorinnen und Autoren gestellt und ihre Kurzgeschichte samt einer Schreibprozessanalyse und Textreflexion als Prüfungsleistung im Modul Prosa eingereicht.

Der Masterstudiengang Biografisches und Kreatives Schreiben bietet neben den Studienbereichen *Biografisches Schreiben, Schreibpädagogik* usw. auch den Studienbereich *Kreatives Schreiben* an, der die Module *Kreatives Schreiben – Methoden; Kreatives Schreiben – Lyrik* und nicht zuletzt das Modul *Kreatives Schreiben – Prosa* beinhaltet.

Im Modul Prosa werden u. a. und im Besonderen die stilistischen Mittel epischer Sprache sowie die Bauformen und Strukturen narrativer Texte behandelt und praktisch angewandt, inklusive einer Textkritik, die von den sogenannten FeedbackgruppenteilnehmerInnen und dem Dozenten geübt und individuell angeboten wird.

Die Autorinnen und Autoren haben sich dieser Kritik gestellt und ihre Texte je nach Bedarf adäquat überarbeitet, so dass sich in dieser Anthologie fast ausnahmslos Kurzgeschichten versammelt haben, die in einem Zeitraum von mehreren Monaten entstanden sind und einen exemplarischen Überblick auf das hohe literarische Niveau und das kreative Potenzial der letzten vier Studiengänge vom Wintersemester 2009/2010 bis zum Wintersemester 2014/2015 ermöglicht.

Die Alice Salomon Hochschule, die seit dem Wintersemester 2006/2007 im deutschen Sprachraum erstmalig und bis heute einzigartig ein Masterstudium anbietet, das Schreibpädagoginnen und Schreibpädagogen ausbildet, kann mit dieser Anthologie eindrucksvoll belegen, dass sich wissenschaftliche, respektive pädagogische Inhalte mit angewandten, kreativen Techniken vereinbaren lassen und ein sogenanntes episches Talent erwecken oder auch fördern können – da das Talent nicht vom Himmel falle, wie der selige Schriftsteller und Schreiblehrer Paul Schuster gern postulierte, sondern eher im Arsch zu verorten sei, also etwas mit Sitzfleisch zu tun habe, und nicht „nur" mit der Muse, und ganz selten nur mit Genie, womit der Bogen bei der ersten Anthologie dieser Reihe angekommen ist, die unter dem Titel ... *und dann ging die Geschichte erst richtig los* im Jahr 2011 publiziert wurde und die ausgewählten Kurzgeschichten der ersten drei Studiengänge vorstellt. Eine Textsammlung mit spannenden und ergreifenden Geschichten, die nicht minder zu empfehlen ist als die hier vorliegende Anthologie, die besonders durch ihre hohe sprachliche Qualität, ihre phantasievollen Plots und sehr häufig auch durch eine kompetent in Narrationen verpackte Gesellschaftskritik überzeugen und begeistern kann.

Guido Rademacher

Dozent und fachlicher Leiter des Studiengangs BKS

Lena Hach

Kirschen holen

Manchmal sagt die Mutter, heute gibt es Kaiserschmarrn mit Vanillesoße. Das ist ein guter Tag. Manchmal sagt die Mutter, heute gibt es Kaiserschmarrn mit Kirschen. Das ist ein schlimmer Tag. Denn Jemand muss das Glas Kirschen aus dem Keller holen. Und dieser Jemand ist Marie.
Marie ist nämlich schon ein großes Mädchen, das größte in der Familie. Die Mutter ist zwar noch größer, aber sie zählt nicht, weil sie den Teig macht. Dafür braucht die Mutter kein Rezept, Kaiserschmarrn kann sie aus dem Effeff. Wenn sie die Eier an der Kante der Plastikschüssel aufschlägt, klingt es, als würde sie kleine Knochen brechen. Kurz bevor sie das Rührgerät aufheulen lässt, sagt die Mutter, Marie, holst du die Kirschen. Marie sitzt am Küchentisch und versucht, ihre Aufgaben zu machen. Sie hört kein Fragezeichen hinter den Kirschen.

Der Keller hat drei Räume. Im ersten ist die Waschmaschine, an dem muss man vorbei, wenn man in den zweiten Raum will, da steht das Regal mit den Kirschen. Gegenüber an der Wand ist noch eine Tür, dahinter steht ein Öltank, der ganz plötzlich anfangen kann, zu brummen. Wenn hier unten einer schreit, hört es oben keiner. Marie hat es ausprobiert.

Zum Glück gibt es den Atemzauber, der geht so: Man atmet die ersten fünf Treppenstufen ein, die nächsten zehn hält man die Luft an, die letzten fünf Stufen atmet man aus. Luft holen darf man erst wieder, wenn man mit beiden Füßen auf den Kellerfliesen steht und der Zeigefinger auf dem Lichtschalter liegt. Wenn sie sich dabei nicht vertut, bekommt Marie ein bisschen Schutz.

Außer Marie gibt es noch Juliane. Sie ist noch kein großes Mädchen, sie geht gerade mal in die erste Klasse. Aber Juliane ist besser als nichts. Also fragt Marie, Juliane, kommst du mit in den Keller? Und hinter Keller ist ein rosa Fragezeichen mit einem Blümchen als Punkt.
Nee, sagt Juliane, da stinkt's. Sie malt mit Filzstiften und tut so, als müsse auch sie Aufgaben machen.
Marie zieht ein geheimnisvolles Gesicht und flüstert, damit die Mutter es nicht hört, ich will dir doch was zeigen.

Juliane lässt ihren Stift fallen und rutscht vom Stuhl.
Was denn, fragt sie. Ihre Wangen sind rot gefärbt.

Wart's ab, sagt Marie und nimmt Juliane an die Hand. Sie kann nicht weiter-sprechen, denn gleich kommen die Treppen. Da muss Marie die Luft anhalten, auch wenn Juliane dabei ist. Vorsichtshalber.

Bleibt jetzt nur noch das Problem, dass sie Juliane etwas zeigen muss. Weil Marie besser nachdenken kann, wenn sie auf etwas herum kaut, steckt sie das Ende ihres Zopfs in den Mund. Der Zopf ist glänzend und schwarz und vielleicht das schönste, was Marie hat. Auf Julianes Kopf wachsen nur helle Bindfäden. Sie sind zu kurz zum darauf Herumkauen. Aber Juliane muss ja auch nicht so dringend nachdenken.
Als sie an der ersten Kellertür vorbeilaufen, hat Marie eine Idee. Sie zieht den Zopf aus ihrem Mund und bleibt stehen. Sie dreht sich zu Juliane und blickt ihr in die großen, neugierigen Augen.
Hier unten, sagt sie und macht eine kleine Pause, damit Julianes Augen Zeit haben, noch ein bisschen größer und neugieriger zu werden, hier unten wohnt ein Mäuschen.
Juliane blinzelt, sie hätte so gerne ein eigenes Haustier.
Aber verrate es nicht der Mutter, sagt Marie, sonst stellt sie eine Falle auf, die hackt dem Mäuschen den Kopf ab.
Das versteht Juliane. Sie nickt. Sie nickt Richtung Boden, um auch ja das Mäuschen nicht zu verpassen. Marie geht in den zweiten Kellerraum und nimmt ein Glas Kirschen vom Regal. Die Kirschen bewegen sich langsam in ihrem Wasser. Sie sehen aus wie eingelegtes Gedärm.

Juliane kommt jetzt immer mit in den Keller. Beim Treppenlaufen stellt sie Fragen, die sie sich abends im Bett ausgedacht hat: Ist das Mäuschen ein Mäd-chen oder ein Junge? Hat es eine Familie? Was macht es, wenn wir schlafen? Erst, wenn sie mit beiden Füßen auf den Kellerfliesen steht und der Zeigefin-ger auf dem Lichtschalter liegt, antwortet Marie: Es ist ein Mädchen. Es hat eine Familie, aber die wohnt in einem anderen Haus, in einem anderen Keller. Und wenn wir schlafen, schläft das Mäuschen auch. Irgendwann fragt Juliane nur noch eines: Wann sehen wir denn endlich das Mäuschen? Juliane poltert die Treppe herunter, jede Stufe bekommt eine eigene Silbe. Wann-sehen-wir-denn-end-lich-das-Mäus-chen?

Pssst, macht Marie, obwohl sie jetzt eigentlich den Atem anhalten müsste, wenn du so laut bist, versteckt sich es sich nur. Aber das kümmert Juliane heute nicht: In ihrer linken Hosentasche steckt ein Stückchen Käse. Sie hat es selbst abgeschnitten. Damit wird sie das Mäuschen schon hervor locken.

Marie runzelt die Stirn, als Juliane sich im Kellerflur auf den Boden setzt und das Stückchen bleichen Käse hervorholt. In der Hosentasche ist der Käse warm geworden, Juliane drückt ihn in ihrer kleinen Faust wie Wachs zusammen. Sie schnalzt mit der Zunge, als wolle sie eine Katze locken. Als Marie das Glas Kirschen geholt hat, ist immer noch kein Mäuschen zu sehen. Juliane legt den zerdrückten Käse hinter die Tür. Für später, sagt sie.

Als sie das nächste Mal in den Keller gehen, klebt der Käse immer noch an den Fliesen. Er ist hart geworden und trocken. Das Mäuschen war nicht da, sagt Juliane. Sie hat die Hände in die Hüften gestemmt, die Ellenbogen zeigen spitz zur Seite. Wahrscheinlich hatte das Mäuschen keinen Hunger, sagt Marie, sie hält das Glas Kirschen schon in ihren Händen, komm, wir gehen hoch.

Zufällig weiß Juliane, dass Mäuse immer Hunger haben. Das hat ein Junge aus ihrer Klasse erzählt, der zu Hause eine ganze Mäusefamilie hat, die in einem Glaskasten wohnt. Deshalb weiß Juliane auch, dass ihr eigenes Mäuschen umgezogen sein muss, in ein anderes Haus, in einen anderen Keller.
Als die Mutter wieder einmal sagt, es gibt Kaiserschmarrn mit Kirschen und Marie aufsteht, um in den Keller zu gehen, bleibt Juliane sitzen. Vor ihr auf dem Tisch liegen Knetwürste in grün, blau und weiß. Mit ihrem Handballen macht sie aus der grünen Wurst einen grünen Pfannkuchen.
Aber das Mäuschen, sagt Marie.
Das wohnt wieder bei seiner Familie, sagt Juliane.
Plötzlich wird Marie ganz schwer, vor allem in den Beinen. Es ist, als würden all ihre Knochen nach unten sinken. Mit knochenschweren Beinen kann Marie nicht richtig Treppenlaufen. Dann kann es sein, dass der Atemzauber nicht gelingt. Was dann passiert, weiß keiner.

Manchmal kommt ein Einfall genau in dem Moment, in dem man ihn am dringendsten braucht. Jetzt ist so ein Moment. Marie geht in die Küche, öffnet den Vorratsschrank, greift nach der Müslipackung und versenkt ihre Hand darin. Jetzt wird nicht genascht, sagt die Mutter, gleich gibt es Essen. Marie zieht eine Schnute, sie tut so, als habe die Mutter sie erwischt. Hast du die Kirschen schon geholt?

Marie stellt die Müslipackung zurück. Sie hat, was sie braucht. Damit auch alle hören, dass sie jetzt in den Keller geht, stampft sie fest auf. Sie trampelt die Treppe geradezu herunter- aber nur bis zur Hälfte. Auf der zehnten Stufe setzt sie sich auf das Holz. Marie macht die Augen zu, damit sie sich besser vorstellen kann, wie sie unten ankommt, wie sie an dem Raum mit der Waschmaschine vorbei geht, wie sie am Öltank vorbei schleicht, wie sie endlich ein Glas Kirschen vom Regal nimmt und zurück zur Treppe rennt, bis hierher, bis zur zehnten Stufe. Marie steht auf. Sie trampelt die Treppe herauf.

Guck mal, was ich gefunden habe, sagt Marie. Sie hält Juliane etwas Schrumpliges unter die Nase. Das Schrumplige ist fast schwarz und so klein wie der Nagel ihres kleinen Fingers.

Mäusekacke, flüstert Marie.

Iih, ruft Juliane begeistert und klatscht in die Hände. Sie rennt durch die Küche, an der verdutzten Mutter vorbei, zur Treppe, in den Keller. Marie kommt gar nicht hinterher.

Als der Kaiserschmarrn fertig ist, räumt Juliane ihre Malsachen zur Seite, damit Marie die geblümte Tischdecke auflegen kann. Die Mutter stellt die Pfanne, in der sich der Kaiserschmarrn unter einer dicken Schicht Puderzucker versteckt, auf den Untersetzer. Das Glas Kirschen steht schon daneben, der Deckel ist abgeschraubt. Da entdeckt die Mutter das Schrumplige, Juliane hat es neben eine rosafarbene Tischdeckenblume gelegt, wie ein fünftes Blütenblatt.

Mit Daumen und Zeigefinger pflückt die Mutter das Schrumplige von der Tischdecke und – steckt es sich in den Mund. Juliane starrt die Mutter an. Die Mutter isst Mäusekacke. Ihr Kiefer bewegt sich beim Kauen. Eigentlich, sagt die Mutter, gehören die da ja auch rein, in Rum eingelegt. Sie deutet auf die Pfanne. Schade, dass ihr keine Rosinen mögt.

Marie weiß, dass Juliane zwar noch ein kleines Mädchen ist – aber sie weiß auch, dass Juliane nicht dumm ist. Deshalb weichen ihre Augen ihr vorsichtshalber aus. So ist es ein Tritt gegen das Schienbein, der Marie klar macht, dass sie von nun an wieder allein in den Keller muss.

Eine Woche später versucht Marie es trotzdem.

Kommst du mit in den Keller? fragt sie. Juliane knetet. Sie scheint überhaupt nur noch zu kneten. Immer formt sie die gleichen Menschen mit den gleichen dicken Bäuchen. Vielleicht sollen es auch Tiere sein.

Kommst du mit? Juliane schüttelt nicht mal mit dem Kopf. Sie weiß, dass Ignorieren eine gute Strafe ist. Aber Marie weiß auch etwas, nämlich, dass Juliane gerne Geschenke bekommt.

Sie beugt sich nach vorne und flüstert, ich hab was für dich.

Juliane stemmt ihr Kinn in die Hand und blickt auf.

Was denn, fragt sie.

Marie zuckt mit den Schultern, du musst schon mitkommen.

Dann hält sie die Luft an und geht langsam zur Treppe. Als sie Julianes Schritte hinter sich hört, atmet sie aus.

Das Regal im Keller scheint nie leer zu werden. Marie streckt den Arm und greift eines der Gläser. Hinter ihr steht Juliane. Sie tritt von einem Bein auf das andere, als müsse sie aufs Klo. Was hast du denn jetzt für mich? Die Stimme ist quengelig.

Als Marie sich umdreht, ist das erste, was sie sieht, ihr Holzschlitten. Er lehnt an der Wand gegenüber, Jemand hat die Schnur zum Ziehen sorgsam um die Kufen gewickelt.
Du kannst meinen Schlitten haben, sagt Marie.
Es ist klug, seinen Schlitten im Sommer zu verschenken. Das fühlt sich so an, als ob nichts fehlt.

Ein paar Tage später schlägt die Mutter schon wieder Eier auf. Neben ihr stehen die Milchpackung, das Mehl und der Zucker. Marie kann weder einen Becher Sahne, noch eine kleine Tüte mit Vanillezucker entdecken. Das heißt, es gibt keine Vanillesoße. Das heißt, es ist ein schlimmer Tag. Marie muss in den Keller.

Sie blickt sich suchend nach Juliane um, aber die steht längst bereit. Sie packt Marie an der Hand und führt sie Richtung Treppe. Das Gefühl, das über Marie schwappt, ist so warm, dass sie sogar den Atemzauber vergisst.
Sie sind schon unten angekommen, als Juliane fragt, was krieg ich dieses Mal.
Nix, sagt Marie, du hast ja schon den Schlitten.
Julianes Augen werden schmal. Sie wirft Maries Hand von sich und rennt nach oben, ohne sich umzudrehen. Marie bleibt zurück und atmet dunkle Kellerluft, sie wird ganz schwer davon. Sie drückt den Lichtschalter, aber nichts tut sich.

Das nächste Mal kommt Juliane wieder mit: Marie hat ihr eine ihrer Murmeln versprochen. Eine Murmel ist zwar kein Schlitten, vor allem ist eine Murmel viel kleiner; aber Juliane weiß schon längst, dass die kleinen Sachen oft die besonderen Sachen sind.

Nach dem Essen legt Marie die Murmeln vor Juliane auf den Teppich. Es sind sechs Stück. Du könntest die da haben, sagt Marie. Sie schnipst eine blaue Murmel an, die über den Teppich rollt und an Julianes Knie stößt. Juliane zieht die Augenbrauen zusammen. Die blaue Murmel ist die Viertschönste. Juliane könnte auch sagen, die blaue Murmel ist die Zweithäßlichste. Wenn ich die da kriege, sagt sie und deutet auf die erste Murmel in der Reihe, komme ich das nächste Mal wieder mit.
Die Murmel ist aus durchsichtigem Glas, darin fliegen bunte Punkte wie Planeten. Marie hat sie am liebsten.

Juliane weiß, was versprochen ist, ist versprochen. Deshalb kommt sie das nächste Mal mit in den Keller. Aber es gibt auch ein übernächstes Mal. Eigentlich kann Marie jetzt, wo die Planetenmurmel weg ist, auch auf die anderen verzichten. Aber als sie die übrigen fünf Murmeln vor Juliane aufbaut, findet die auf einmal alle gleich hässlich. Sie braucht nicht noch eine Murmel. Juliane kratzt sich an der Nase und fragt, kann ich das weiße Reh?

Das weiße Reh heißt so, weil es aus weißem Porzellan ist. Eigentlich ist es ein Rehkitz. Es steht auf dünnen Beinen, hält seinen Kopf nach oben gereckt. Das schönste am weißen Reh sind die Ohren, die lustig vom Kopf abstehen. Solche Ohren würde Marie gern mal in echt streicheln. Das weiße Reh wohnt in einem Fach in Maries Setzkasten, direkt neben Schlumpfine. Der Setzkasten hängt über Maries Bett. Er hat vorne eine Glasscheibe, damit nichts rausfallen kann. Wenn Marie abends im Bett liegt, blickt sie durch die Scheibe auf die Setzkastenbewohner. Das macht gute Träume.

Ich kann dir das weiße Reh leihen, sagt Marie.
Juliane weiß, was Leihen bedeutet. Es bedeutet, dass sie das weiße Reh zurückgeben muss. Und zwar wahrscheinlich ziemlich bald.
Sie schüttelt den Kopf. Geh doch allein Kirschen holen, sagt sie, ich komme nie mehr mit. Marie weiß, dass Juliane bisher noch jedes Nie vergessen hat. Aber trotzdem hätte sie Juliane jetzt gerne dabei. Also macht sie einen Vorschlag.
Was hälst du davon: Ich schenke dir das weiße Reh. Aber es bleibt bei mir im Setzkasten stehen, sonst geht es nur kaputt. Juliane ist einverstanden.

Wenn Juliane Besuch hat, führt sie ihn als erstes in Maries Zimmer. Sie will ihren Freunden das weiße Reh zeigen. Manche dürfen es sogar anfassen.
Juliane, sagt Marie, du sollst klopfen.
Aber Juliane vergisst es jedes Mal. Immerhin hat sie mit dem weißen Reh auch ein Stückchen von Maries Zimmer bekommen. Und dieses Stückchen wächst und wächst, denn Marie schenkt ihr nacheinander auch Schlumpfine, den kleinen Schornsteinfeger, die Eule aus Ton, das glänzende Tigerauge und die Babymatroschka.

Eine Freundin glaubt nicht, dass das weiße Reh und all die anderen besonderen Sachen Juliane gehören. Sonst wären sie ja wohl nicht in Maries Zimmer. Es gibt nur eine Möglichkeit zu beweisen, dass die Freundin, die Juliane nie mehr zu ihrem Geburtstag einladen wird, Unrecht hat. Juliane wartet, bis sie mit der Mutter allein ist, dann wünscht sie sich, dass es wieder einmal Kaiserschmarrn gibt, mit Kirschen. Die Mutter stutzt, sonst magst du doch lieber Vanillesoße? Juliane schüttelt den Kopf, Kirschen sind viel gesünder, sagt sie, Vitamine, haben wir in der Schule gelernt. Die Mutter streicht Juliane über den Kopf und schickt Marie in den Keller.
Ich komm mit, ruft Juliane laut. Leise sagt sie, ich möchte den Setzkasten. Er soll in meinem Zimmer hängen, über meinem Bett.

Marie schüttelt den Kopf. Das geht nicht. Keiner weiß es, aber sie braucht das weiße Reh, Schlumpfine und all die anderen in der Nacht. Zusammen sind sie die Armee, die Marie bewacht. Denn wer schläft, kann sich nicht wehren, auch wenn er müsste. Wenn Marie so wie jetzt den Kopf schüttelt, fliegt ihr glänzender, schwarzer Zopf durch die Luft. Das ist so schön, dass Juliane nurnoch gucken kann.
Der Setzkasten muss bei mir bleiben, sagt Marie, möchtest du nicht noch irgendwas anderes, egal was.

Juliane nickt. Erst ein bisschen, dann heftig. Was denn, fragt Marie, ihre Stimme ist ungeduldig. Die Mutter wird gleich nach den Kirschen rufen. Sag schon. Juliane öffnet den Mund. Deinen Zopf, sagt sie, ich möchte deinen Zopf. An das Ende ihres Satzes klebt Juliane ein leises Bitte. Sie weiß selbst nicht, warum; aber als Marie sagt, ist gut, du kriegst ja den Setzkasten, ist es dafür zu spät. Juliane möchte den Zopf. Und: Sie möchte ihn vorsichtshalber sofort. Dann kommt sie von jetzt an auch immer mit Kirschen holen, versprochen.

Marie sitzt im Bad, auf dem Klo. Die Tür hat sie abgeschlossen. Im Schlüsselloch steckt Klopapier. Bald weiß Marie, dass sich ein glänzender, schwarzer Zopf nicht gut mit einer Nagelschere schneiden lässt. Mit der Küchenschere geht es besser. Weinen muss sie erst, als sie in den Spiegel guckt.

Das, was ihr aus dem Spiegel entgegenblickt, wird die Mutter später eine Katastrophe nennen. Sie wird Marie auf ihr Zimmer schicken, den Zopf in den Müll stopfen und die Kirschen für den Kaiserschmarrn selbst holen. Auch den Tisch wird die Mutter selbst decken, für zwei. Marie wird nicht mit ihnen zu Abend essen, sie wird über ihre Dummheit nachdenken.
Dafür wird Juliane ihr ein Tablett vorbeibringen, darauf werden ein Becher Tee und ein Teller Kaiserschmarrn sein. Weil Tränen hungrig machen, wird Marie alles aufessen, auch die weichen Kirschen, die sich im Mund anfühlen wie etwas aus Fleisch. Marie wird an die überfahrene Katze denken müssen, die sie mal auf der Straße gesehen hat. Ihr wird übel werden, sie wird ins Bad gehen und sich vors Klo knien. An der Wasseroberfläche werden einzelne, glänzende, schwarze Haare treiben, mit denen die Spülung es nicht aufnehmen konnte. Marie wird sich übergeben müssen. Niemand wird da sein, der ihr den Zopf zurückhält, den sie mal hatte.
In Maries Zimmer wird schon die Nacht warten. Marie wird sich in ihr Bett legen und zu ihrem Setzkasten blicken, zu ihren Bewachern aus Keramik, Plastik und Holz. Marie wird bemerken, dass das weiße Reh einen dickbäuchigen Mitbewohner bekommen hat. Ob es ein Mensch ist oder ein Tier, wird nicht wichtig sein. Der Bewohner wird Ohren haben, die lustig vom Kopf abstehen. Aus grüner Knete.

Gerald Stitz

Schritt halten

17:10 Uhr
Die Kante.
Sie trennt die Elemente. Scheidet graublasse Betonhärte von durchsichtiger Leere. Fast scheint sie zu schweben, einen halben Meter vor ihm, dreißig Meter über dem Asphalt. Als wäre sie mehr als die Begrenzung dieser Wohnschachtel, einer Wohnschachtel für menschengerechte Arterhaltung.
Ein halber Meter, das ist kein ganzer Schritt.
Tief in seinem Bauch zieht es ihn ins Frühlingsblau. Kaum merklich hebt sich der Brustkorb, die kalten Hände greifen leere Luft statt sicherer Brüstung. Im Rücken noch die beruhigende Nähe des Schornsteins schiebt er sich winzige Zentimeter nach vorn. Häuserflucht, Menschenflucht, die stürzende Glaswand des Nachbarblocks, Motorengeräusche von der Kreuzung springen herauf.
Und wieder das Bild von Gustavs Körper, das ihn nicht loslässt. Wie er unten auf dem Beton liegt, zum Fragezeichen gekrümmt. Oder ist er das selbst?
Dieser Kitzel, den ganzen Schritt zu tun.

17:45 Uhr
Das Quietschen des Dachfensters lässt Lars zusammenzucken. Er löst sich aus seiner Erstarrung, tritt einen Schritt zurück und der graue Nebel in seinem Kopf verfliegt. Langsam geht er auf die andere Seite des Daches, da wo das Nachbarhaus anschließt. Er könnte jetzt helfen. Doch er starrt nur auf die Hand mit den zwei breiten Silberringen, die sich durch die Dachluke schiebt. Sie tastet kreisend, klappt endlich den Riegel beiseite und stößt das kleine Fenster auf. Jetzt springt der ganze Kerl heraus, lässig, drahtig, fix. Jonny ist im letzten Herbst hergezogen, gleich am zweiten Tag ist er hier hoch, für das Schloss brauchte er nur eine Nagelschere und zwei Minuten. Jonny sagt, er hasst alle bekackten Sperren, diesen ganzen Bullenscheiß. Seitdem er hier ist, hat der private Dachgarten der Clique wieder ganztags geöffnet.
Hallo, sagt Lars matt und sieht hinter Jonny schon den nächsten aus der Luke wachsen, einen dürren, langen Jungen.

17:58 Uhr
Jetzt haben sich alle durchs Dachfenster gefädelt und aufgestellt. Lars steht etwas abseits und lässt seinen Blick über die kleine Gruppe gleiten:
Carsten, wie ein windschiefer Baum, der sieht einfach immer bekifft aus. Daneben Marco, die Wumme. Ob der seine Jacke noch zukriegt? Rolli hat den

weißen Rollkragenpullover an, das wird wieder Sprüche geben. Inga, schlank und kühl, trotz windigem Wetter im Röckchen.

Sein Blick rutscht plötzlich ab in den blauen Himmel, das Herz schlägt Purzelbäume und er hasst es dafür. Neben Inga kichert Peggy. Hüpft neben Jonny hin und her, dass ihre wilde Mähne wippt. Peggy Sonnenschein, denkt er und tritt schnell einen Schritt näher zu Carsten.

Wo habt ihr denn nun das Zeug, schreit Jonny jetzt, und der Dicke muss sich nochmal runterschieben und alles hochreichen: Cola, Wodka und ein paar Fanta-Flaschen. Dann sitzen alle mit dem Schornstein im Rücken, nur Jonny hat seinen Stammplatz gegenüber auf dem Lüftungsrohr. Von da hört man seinen Computerslang, irgendwas von Sicherheitslücken auf dreifach gesicherten Webseiten. Nur der Dicke versteht davon was, er wirft geflissentlich Brocken in die Jonny-Monologsuppe. Rolli scherzt ein bisschen mit Peggy, sie sitzen auf der Dachpappe, die Ende März schon ein wenig Sonne speichern kann. Lars will etwas zu Carsten sagen, lässt es aber dann.

18:13 Uhr

Offenbar hat Jonny einen Witz gemacht, Lars hört die anderen lachen. Gerade hat er die neun Wörter gezählt, die er bisher gesagt hat. Viermal Hallo bei der Begrüßung und dann noch: Gib mir mal eine Cola! zu Rolli.

Seine Gedanken schweben wieder weg. Zwanzig Meter weiter, dorthin, wo Gustav seinen letzten Schritt gemacht hat. Sein bester Kumpel. Verdammt, wohin hat dieser Schritt geführt? Ihm kommt eine schwache Vorstellung von einem Gustav, der über ihnen schwebt wie eine Aufklärungsdrohne. Er betrachtet ihre Runde aus sicherer Entfernung.

Nein, Gustav ist einfach tot, wie lange schon? Es ist, als gehöre Gustav zu einem anderen Leben. Er sieht die kleine Trauergesellschaft auf dem Dorotheen-Friedhof vor sich, Gustavs tränenüberströmte Mutter. Die ganze Clique ist zur Beerdigung da. Danach geht keiner von ihnen mehr aufs Dach, außerdem ist die Luke nun mit dem Schloss gesichert.

Bis Jonny vor seiner Tür steht. Seine Unverschämtheit scheint das Grau des steinernen Treppenhauses aufzuhellen.

He, ich wohne im neunten. Ich mache eine Party oben auf dem Dach, wer will, kann kommen. Kennst du noch ein paar Mädchen? Getränke kommen von mir.

Lars hat sich an den Türpfosten gelehnt und grinst. Klar, sagt er. Ich frag meine Freundin, die bringt noch jemand mit.

Meine Freundin. Die zwei Worte lassen den Erinnerungsstrom versiegen, dumpf klingen sie immer wieder und da ist auch gleich dieses hohle Gefühl im Magen, das der Schnaps eingedämmt hatte. Seine Freundin, Peggy.

Peggy wohnt zwei Etagen über ihm, sie kennen sich schon seit ihrer Grundschulzeit an der Jahnschule. Peggy, die ihn immer wieder aus dem Loch ge-

holt hat, Peggy mit den Strahleaugen und der großen Klappe. Ein Jahr waren
sie zusammen, wie oft hat sie ihm den Fernseher vor der Nase ausgeknipst.
Mit ihr konnte er über Gustav reden, der ihn allein gelassen hat, und über seine Ratlosigkeit. Sie lachte für zwei, versteckte den Wodka und zerrte ihn die
zwei Treppen hoch in ihr kleines Zimmer. Sein Gesicht in ihrer Lockenmähne,
kein Riss ging mehr durch die Welt. Das ist nicht lange her. Könnte es nicht
jetzt sein?
Nein, Peggy hat sich von ihm losgerissen, als der Sumpf ihn immer mehr
schluckte. Nun ist sie zu Jonnys zweitem Hobby geworden.

19:10 Uhr
Lars fühlt den Schornstein im Rücken, der Wodka wärmt ihm den Magen. Die
Ereignisse der letzten Zeit strömen immer gewaltiger auf ihn ein, ihr Fluss
schwillt an, er hängt darin fest wie eine Plastikflasche in altem Ufergestrüpp.
Durch schmierige Äste sieht er die herabhängenden Mundwinkel seiner Mut-
ter, ihr sorgfältig geschminktes Puppengesicht.
Ihre Züge verwandeln sich in die von Peggy, er hört sie wieder, weit weg und
sehr ernst: Du musst dich mal entscheiden, Lars, so kann es nicht gehen mit
uns.
Er sieht den Abend vor sich, an dem Peggy ihn nicht begrüßt und fast ohne
Pause mit Jonny tanzt.
Dann kommt sie nicht mehr, auch nicht beim hundertsten Drücken der Tür-
klingel, der Wiederholtaste am Handy. Sein Klingeln steigert sich zu einem
Schrei, dringt durch die dünnen Betonwände und explodiert hinter ihrer Tür.
Schweigen.
Auch dieser Anschluss ist verpasst, denkt er und seine Gedanken springen zu
den Jungnationalen. Wie sie Wind bekommen hatten von Jonny und der neuen
Clique. Wie er am Tag darauf „geprüft" worden ist, wie es bei ihnen hieß.
Er hört die kalte, fordernde Stimme von Thorsten: Was ist los, Lars, zeig mal,
dass du ein Deutscher bist. Die schwarze Sau da grinst über uns, ich seh das.
Die leben von unserem Geld und lachen uns noch aus. Willst du dir das ge-
fallen lassen, Großer, oder muss ich das wieder klären? Du musst auch mal
Verantwortung für die Gruppe zeigen. Meinst du, du kannst einfach gehen?
Wir wissen Bescheid über dich und deine Kifferfreunde.
Der enge Kreis der Kameradschaft, wie er sich zuzieht, wer hat zuerst zuge-
schlagen? Dann nur noch Bilder aus der Perspektive einer Überwachungska-
mera: Lars, der Verräter, auf dem Boden des Bahnsteigs, die Springerstiefel
treffen seinen Körper, immer wieder, immer wieder …

20:13 Uhr
Wie erstarrt lehnt er am Schornstein und blickt in den leichten Dunst der
Dämmerung. Möglichst vorbei an Peggys Silhouette. Die hat sich aus Jonnys

besitzergreifender Umarmung gewunden und balanciert an der Kante zum
Nachbardach wie auf einem Schwebebalken. Lächelt sie ihn an? Lars wirft
seine leere Flasche in die wachsende Dunkelheit.

21:03 Uhr
Siebter Stock, sein winziges Zimmer. Im fahlen Licht des Monitors gleicht
das helle Holz seines Schreibtischs einem Sarg. Nach den raschen Schnitten des PC-Spiels herrscht Friedhofsruhe auf dem Schirm, weiße Schrift vor
schwarzem Hintergrund. Im Freitod-Forum gibt es Rubriken wie Todesart,
Sinnfrage, Therapie, Dunkler Chat. „Dobby" ist neu, er fragt nach einer raschen und sicheren Methode, sich umzubringen. So konkrete Anweisungen
will dann doch keiner geben, der Gang zum Therapeuten wird empfohlen.
Ich balanciere auf einem kalten Betonwall, schreibt Lars in den Chat, immer
weiter, rechts und links schwarzes Nichts. Das ist der Weg von Gustav.
Er schaut nicht, ob jemand antwortet.

21:15 Uhr
Ein Bein hängt halb vom Sofa, der Kopf ist nach hinten überstreckt. Kneipen-
geruch, Schlaf wie Schmierseife. Lars kämpft. Drohend hebt ein widerwärtig
fetter Kerl vor ihm die Faust, er bewacht eine Tür. Lars will durch diese Tür,
er wird nicht vor diesem Fleischberg fliehen. Er schreit, sein Löwengebrüll
durchflutet den Dicken, es löst ihn auf.
Doch anstelle des Dicken hat sich nun ein drahtiger Killer im Boden veran-
kert. Lars starrt in seine kalten Augen, ist wie gelähmt. Da zerfließt das Gesicht vor ihm in wabernde Schlieren.
Und noch ein Mann, ein kleiner Mann. Kommt einfach aus dem Nichts ge-
schwebt, mit einem Regenschirm. Ein sanftes Strahlen geht von ihm aus.
He, Lars, sagt er, das waren doch nur Bibbi-Joe und Schweinchen-Dick, wusstest du das nicht? Aber eigentlich gibt es die Beiden nicht. Genauso wenig wie
mich, lächelt der Kleine – und verschwindet.

22:30 Uhr
Ein Klingelsturm, er schleppt sich zur Tür und blickt triefäugig in Peggys
Gesicht.
Lars, bist du eingepennt? Willst du nun mit zu Lizzys Geburtstag?
Er sucht nach einem Gedanken in seinem zerzausten Kopf, da blitzen ihre
blauen Augen ihn an. Sofort hämmert es in seiner Brust wieder los.
Warte, krächzt er. Halbe Stunde. Ist doch noch nicht spät, oder?

22:45 Uhr
Da steht einer vor dem Spiegel, glotzt ausdruckslos und sieht: ein blasses,
übermüdetes Gesicht, herabhängende Mundwinkel, Pickel, längere Bartflusen.

Sein Gesicht erscheint ihm durch das schwache Licht konturlos. Die leicht abstehenden Ohren treten hervor und der Bürstenschnitt. Eine magere Figur. Peggy hat doch nur aus Mitleid bei ihm geklingelt, was will sie schon noch von ihm? Er gehört nicht zu ihrer Jonny-Gang, genau so wenig wie zu den Jungnationalen, auch wenn er die Haare mit dem Rasierer immer noch auf drei Millimeter trimmt.

Verräter, dröhnt die Stimme von Thorsten in seinem Kopf. Wieder steht er auf dem Bahnsteig, umringt von der Junggruppe. Schubsen, Schläge aus allen Richtungen. Thorstens heisere Stimme: Los, wehr dich endlich, du sollst dich wehren! Der Schlag, der ihn von den Füßen reißt, Stahlkappen prasseln wie Regen, das Fragezeichen am Boden.

Er sieht, wie die Mundwinkel seines Spiegelbildes zucken. Schnell hält er den Kopf unter den Wasserhahn. Es spritzt vom Bürstenkopf. Als er wieder in den Spiegel schaut, läuft immer noch Wasser durch sein verzerrtes Gesicht. Er versucht ein Lächeln, fast gelingt es. Wie sich Lachen und Weinen ähneln, denkt er, und dann hat er sich entschieden und geht los.

23:00 Uhr
Die Kante.
Seine Fußspitzen ragen schon über sie hinaus, Luft und Beton sind jetzt verbunden in Schwarz. Aus der Ferne dringt Klirren und Lachen an seine Ohren, sanft streichelt der Nachtwind seine Hände. Das Nachbardach, nur einen halben Meter tiefer. Ein Meer von Teelichtern, Peggy winkt und ruft. Und er macht seinen nächsten Schritt.

Ina Stöver

Ans Meer

Der letzte Bus war schon lange weg. Jemand hatte die Glasscheibe vor der TUI-Werbung zerschlagen. Eine Ecke des Plakats mit dem türkisblauen Meer zuckte im Wind, unter meinen Turnschuhen knirschten kleine Scherben. Tom saugte gierig an seiner Zigarette, als wollte er sich an der leuchtenden Glut wärmen. Ich zitterte und steckte mir die kalten Hände zwischen die Oberschenkel, „komm lass uns gehen", sagte ich. Toms mageres Gesicht lag im Dunkeln seiner Kapuze, „Tom, mir ist kalt." Endlich nickte er und stand auf. Wie zwei Schatten huschten wir unter den kahlen Linden die Straße entlang. Vorbei an der hell erleuchteten, leeren Tankstelle. Am Netto. Am Kindergarten. Der geschnitzte Fuchs im Sandkasten grinste mir zu wie immer. Hinter dem Friedhof bogen wir rechts ein. Tom, der die ganze Zeit wie aufgezogen vor mir her gelaufen war, blieb plötzlich stehen und starrte auf den Parkplatz neben der Kirche. Im dünnen Licht der einzigen Laterne stand ein schwarzer Mercedes Kombi mit der Aufschrift *Bestattungsinstitut Strehl. Ihr Partner im Trauerfall.* Darunter ein helles Kreuz und eine müde Rose. Ich dachte gleich an Harold, der ständig mit einem Leichenwagen herum fährt und so tut, als würde er sich umbringen. Das Ende des Films ist traurig.

Tom schlich um den Wagen. Die schwarzen Vorhänge waren zugezogen. „Nichts zu sehen", flüsterte er. Der Wind jagte eine weiße Plastiktüte über den Parkplatz. Mit den Fingern wischte ich über den beschlagenen Griff der Fahrertür, sah darin mein Gesicht, winzig und verzerrt. Als sich meine feuchte Hand um den Griff schloss und daran zog, öffnete sich die Tür mit einem leisen Ploppen. Tom atmete zischend aus. Mein Herz pochte. Ansonsten war es still, nur der Wind und von fern das Rauschen der Umgehungsstraße legten sich wie Watte über uns.

Tom zündete sich eine Zigarette an und rutschte in den Wagen. Ich schlüpfte über seine Beine hinweg auf den Beifahrersitz. Das Leder war glatt und kühl. Ich fragte mich, warum Harold den Tod mag. Dauernd geht er auf Beerdigungen. Ich hasse Beerdigungen, die dunkle Erde, in der das Leben verschwindet, einfach so.

Tom bückte sich und fummelte an den Kabeln. Die Zweige der großen Friedhofskastanie schwankten. Neben einem überfüllten Mülleimer stocherten zwei Krähen in einem Rest Pizza. Plötzlich hustete der Motor, ein Zittern sprang durch den Wagen und wir fuhren los. Die Scheinwerfer schnitten einen grauen Tunnel in die Dunkelheit, Tom sah mit zusammen gekniffenen Augen auf die Straße. Ich schnüffelte. Am Spiegel baumelte ein kleiner Tannenbaum.

Ich ließ das Fenster herunter und warf ihn in die Nacht. Kalte, feuchte Waldluft drückte ins Innere und zerwirbelte meine Gedanken.

„Wohin fahren wir?" Tom sah mich an.

„Ans Meer", sagte ich.

Nach einer Weile beugte ich mich zu Tom, kramte ein Feuerzeug und ein zerknittertes Päckchen Gauloises aus der Innentasche seiner Jacke. Mein Gesicht streifte seinen Hals. Er roch rußig und schwach nach Seife. Ich zündete mir eine Zigarette an, nahm zwei tiefe Züge und steckte sie Tom in den Mundwinkel. Ich dachte wieder an Harold und wie er mit Maude auf einer Wiese liegt. Ein Muster aus Licht schwebt auf seinem Gesicht. Ich glaube, ich weiß, warum er sich in Maude verliebt, auch wenn sie schon alt ist. Sie ist so lebendig. Rauch und Wärme füllten meinen Kopf und machten mich schläfrig. Ich hatte Lust, meine Zunge an Toms schiefen Zähnen vorbei, in seinen feuchten, nach Tabak schmeckenden Mund zu schieben. Er summte leise ein Lied vor sich hin, das ich nicht kannte.

Als ich wieder aufwachte, sah ich das Meer. Eine unruhige, graue Fläche, die sich dem Tag entgegen schob. Der Himmel war bedeckt, dunkle Tanghaufen und große Steine lagen am Strand verstreut. Dort, wo eine Spur aus schwarzen Pfählen ins Meer führte, schaukelte ein Boot auf dem Wasser. Ich fröstelte, meine Schulter schmerzte. Vorsichtig drehte ich meinen Kopf nach rechts, dann nach links, *autsch*, das tat weh. Mein Blick streifte das eingedrückte Leder des Fahrersitzes und sprang nach oben, Tom war nicht da.

Draußen zerrte der Wind an mir, mein Haar flatterte und verfing sich in meinem Mund. Die Luft schmeckte feucht und salzig. Ich zog die Jacke enger um mich und schob meine Hände in die Achselhöhlen. Hinter dem Wind ahnte ich das Rauschen des Meeres. Eine Möwe schrie. Meine Augen glitten die Uferkante entlang. „Tom?", der Wind schluckte seinen Namen. Ich drehte mich um. Der schwarze Kombi stand auf einem Sandweg, der zwischen seltsam gekrümmten Kiefern zum Meer führte. Die Reifenspur verlor sich zwischen den Bäumen.

Plötzlich sah ich aus den Augenwinkeln eine Bewegung. Tom stolperte auf den Wagen zu und lehnte sich schwer gegen die Beifahrertür. Er hatte die Augen geschlossen, seine Haut war blass. Ich konnte die kleinen Sommersprossen auf seiner Nase deutlich erkennen. Als ich mich neben ihn schob, roch ich seinen sauren Atem. „Tom?" Wieder schrie eine Möwe. Tom packte meinen Arm, dann sagte er heiser, die Augen weiter geschlossen: *„Isa, im Wagen ist eine Tote, wir sind mit einer Leiche ans Meer gefahren."*

In mir wurde es ganz still. Mit kleinen, staksigen Schritten ging ich hinter den Wagen, drückte die Heckklappe nach oben und schloss die Augen. Als ich sie wieder öffnete, sah ich eine Art blauen, matt glänzenden Schlafsack, der mit Gurten auf einer Trage fest geschnallt war. Das untere Ende war offen und ein schmaler, gelblich blasser Fuß guckte hervor. An seinem großen Zeh war

mit rotem Garn ein Zettel befestigt, auf dem stand in schiefer Schrift: *Agnes Lehmann, keine Angehörigen.* Zigarettenrauch stieg mir in die Nase, ein Stückchen Asche landete auf dem blauen Nylonstoff. Ich dachte an Maude. An das Schließen der Krankenhaustür und ihre winkende Hand. An ihrem achtzigsten Geburtstag nimmt sie Tabletten. Harold hat Kuchen gebacken und den ganzen Eisenbahnwaggon mit gelben Blumen geschmückt. Als ich mich ins Wageninnere vorbeugte, zog Tom am Ärmel meiner Jacke, „Isa, lass uns verschwinden!" Ich drehte mich nicht zu ihm um. Mit klammen Fingern öffnete ich die beiden Gurte und dann mit einem langen Ratschen den Reißverschluss der blauen Hülle. Die alte Frau sah aus wie ein Vögelchen. Ein dünnes rosa Nachthemd hing wie ein Vorhang über ihrem mageren Körper. Wächserne Haut spannte sich über den Wangenknochen. Ihre Augen waren geschlossen, der Mund eingefallen. Auf ihrem Kopf nur weißer Flaum.
„Erinnerst du dich, was Harold zu Maude sagt, als sie vor dem Kamin sitzen?", fragte ich Tom, der noch immer hinter mir stand. Ich sah Maude vor mir, mit ihrem schimmernden blauen Kimono und den goldenen Pumps. In ihrem hoch gesteckten Haar glitzert ein silberner Stern.
Der Zettel mit dem Namen der Toten zitterte im Wind. Ich pulte an den Resten meines schwarzen Nagellacks, mein Magen knurrte. Dann spürte ich Toms Atem dicht an meinem Ohr: „Ich habe noch nicht gelebt, bin nur ein paar Mal gestorben", flüsterte er.
Gemeinsam schoben wir die Trage aus dem Wagen. Die blaue Hülle blähte sich wie ein Segel. Ich stopfte sie um den schmächtigen Körper und schloss die Gurte. Mühsam stolperten wir durch den schweren Sand, stießen mit unseren dünnen Sohlen an Steine und Treibholz. Die Trage schwankte. Meine Hände, fest um die Metallgriffe gepresst, waren rot vor Kälte, „lass uns anhalten, Tom!"
Wir betteten die Trage in den Sand und setzten uns in die Nähe auf einen großen, dunklen Stein. Das Meer war so grau wie vorher, nur am Horizont war ein heller Strich aufgetaucht. Tom versuchte, sich im Schutz seiner Jacke eine Zigarette anzuzünden, aber der Wind blies die Flamme immer wieder aus. Seine Hand zitterte. Ich griff nach ihr, sie war kalt und rau. Langsam führte ich sie an meine Lippen. Dann schob ich seine Finger, einen nach dem anderen, in meine warme Mundhöhle.
Als wir uns voneinander lösten, war der Körper der toten Frau mit Sandinseln bedeckt. In ihren Augenwinkeln waren winzige Berge aus Kristallen und Muschelresten gewachsen. Ich versuchte sie weg zu pusten, aber der Wind malte immer wieder neue Muster. Tom stand am Ufer und sah aufs Meer. Neben den schwarzen Pfählen schaukelte das Boot. „Ich bin gleich wieder da", flüsterte ich der Toten zu und lief ans Wasser. Die Pfähle waren nass und glitschig. Ich kletterte hinauf und balancierte vorsichtig bis zu dem zerfransten Tau, das je-

mand um einen der Pfähle gebunden hatte. Das Boot war aus Holz, die weiße
Farbe schon ziemlich abgeblättert. Es war leer, bis auf eine trübe Pfütze, in
der ein roter Eimer schwamm. Neben mir fiel platschend ein Stein ins Wasser,
„was hast du vor, Isa?" Wie ein störrisches Tier zog ich das Boot hinter mir
her an Land.
Während Tom mit dem Eimer das brackige Wasser heraus schöpfte, suchte
ich nach Muscheln. Im angespülten Tang hatte sich ein brauner Seestern ver-
fangen, ich nahm ihn mit. Und auch ein paar dunkle Muscheln, die von außen
hässlich aussahen, aber innen milchig schimmerten. Ich fand einen Stein, mit
einem Muster aus Punkten und Strichen. Tom meinte, es sei ein versteinerter
Seeigel.
Die Knöchel der toten Frau waren kalt. Anders kalt, nicht wie Toms Hände
oder meine durchnässten Füße, eine ferne Kälte. Wir legten sie in das Boot,
den blauen Schlafsack um sie gewickelt wie ein Nest. Ich strich ihr das Nachthemd glatt und bettete ihre Hände auf die magere Brust. In die Hand über
ihrem Herzen schob ich den versteinerten Seeigel. Tom steckte Muscheln in
die blauen Falten der Hülle. Den Seestern warfen wir zurück ins Wasser.
„Auf geht's, Agnes", flüsterte ich.
Der helle Strich am Horizont war breiter geworden. Diesiges Licht fiel aufs
Meer als wir das Boot ins Wasser schoben. Tom sang leise:
"Well, if you want to sing out, sing out
And if you want to be free, be free
,Cause there's a million things to be
You know that there are
You know that there are."
Der Wind spielte noch eine Weile mit dem Boot, dann nahm er es mit aufs
offene Meer. Vor uns tanzte der rote Eimer auf den Wellen.

Ines Nagy

Der Weg nach Hause

Siehst du dort Marie? Wie sie auf dem schmalen Trampelpfad über die schnee-
bedeckte Wiese geht? Sie hat ihren warmen Wollmantel an und das geblümte
Tuch fest um ihren Kopf gebunden und streut Krumen für die beiden Krähen.
Tag für Tag tut sie das. Anfang Dezember fand sie einen Keks in ihrer Mantel-
tasche und zerbröselte ihn mit ihren rot gefrorenen Fingern, lockte damit die
Krähen. Am nächsten Tag waren die Krähen wieder da. Und am übernächsten.
Seitdem sammelt Marie jeden Abend beim Essen ein paar Brotstücke in einer
kleinen Tüte.

Es war ein großes Glück, dass sich Karl und Marie begegnet waren, damals
auf dem Tanzabend, kurz nach dem Krieg. Marie, mit dem goldenen, lockigen
Haar, dem weit schwingenden Kleid und Karl, der sie schüchtern um den Tanz
gebeten hatte und sich noch tagelang wunderte, dass sie ja gesagt hatte. Die
schöne Marie, hatte Karl gedacht, hat mit mir getanzt und alle haben mich
gesehen, ja, alle haben gesehen, wie ich mit der schönen Marie tanze. Sie
tanzten und tanzten, drehten sich im Kreis und lachten. Sie tanzten, bis ihnen
ganz schwindlig wurde und alles um sie herumschwirrte, die Stühle und die
Tische, die Gläser, die zu einem Kristallschweif wurden, die Tanzkapelle und
die Paare und sie tanzten und Maries Armreifen klirrten und sie wünschten
sich, der Tanz würde nie mehr enden. In dem Moment vergaßen sie alles, den
Krieg und die Bomben, die Trümmer, den Rauch, den Geruch nach verbrann-
tem Fleisch.
Dass Marie ihm diesen Tanz geschenkt hatte und alle es sehen konnten, vergaß Karl der Marie nie. Er wollte immer gut zu ihr sein und Marie wollte
immer gut zu Karl sein.
Das Leben konnte beginnen.
Nur manchmal, nachts, wenn die Dunkelheit kam und die Stille und sie sich
fürchteten, vor dem, was war und was sie so sehnlich versuchten zu vergessen, hielten sie sich schweigend an den Händen und dann wussten sie, dass
auch die Liebe einen nicht alles vergessen ließ.

Da geht Marie mit dem silbernen Haar, das einst golden war. Jeden Tag geht
sie ein klein bisschen gebückter. Marie, die die Krähen füttert, mit Brotkrumen und manchmal mit Speck. Sie geht über den Pfad mit dem festgetretenen
Schnee und ihre dünnen Beine staken aus den Fellschuhen. Die Sonne scheint,
die Luft ist frühlingsmild und der Schnee auf der Wiese so weich, dass Marie

denkt, sie könne sich zum Schlafen in den Schnee legen wie in ein warmes
Bett.

Ach, wäre das mit Mariechen nur nie geschehen.
Mariechen in einem Kleid, das Marie nie hatte, das sie ihr aus alten Stoffen
nähte mit einer Spitzenbordüre, für die sie Groschen in einem Kästchen gesammelt hatte. Mariechen, die in dem Kleid und mit einer Schleife im Haar
im Sarg lag.
Ein leerer Stuhl am Frühstückstisch. Karl und Marie und Peter, dessen Kinn
gerade so über die Tischkante ragte und der seine Eltern ansah, immer wieder
von einem zum anderen sah und nichts von ihrer stillen Trauer verstand. Peter,
inmitten des stummen Schmerzes seiner Eltern, der der seine wurde.

Wie ging das Leben weiter, Marie? Wie ging es trotzdem weiter?

Gleißend weißer Schnee, der in der Sonne glitzert und Marie blendet. Nur im
Schatten der Bäume ist er noch hart und gefroren, bedeckt von einer dünnen,
glänzenden Eisschicht.
Die Krähen folgen Marie. Wenn der Abstand zu groß wird, schließen sie mit
ein paar Flügelschlägen auf. Krähen, denkt Marie, sind sich ein Leben lang
treu. Wenn sie sich einmal gefunden haben, bleiben sie für immer zusammen.
Auch sie tanzen, wenn die Zeit gekommen ist.

Marie nahm die Gallseife und rieb mit ihren knorrigen Händen die Flecken
auf Karls Hemden ein. Sie wusch die Wäsche, kochte und putzte. Zu Ostern
hängte sie bemalte Ostereier an die Zweige, die Karl im Wald geschnitten hatte und holte zu Weihnachten den alten Karton aus dem Keller. Dort bewahrte
sie die Sterne auf, die der kleine Peter vor langer Zeit gebastelt hatte und die
längst vergilbt waren und nach dem modrigen Keller rochen.
Abends nahm sie die abgewetzten Resopalbrettchen aus dem Schrank und
deckte den Tisch, schnitt das Graubrot und kochte Pfefferminztee. Karl mochte roten und weißen Presssack mit Senf und sauren Gurken und am Sonntag
ein hartgekochtes Ei. Nach dem Essen setzte sie sich ins Licht der Stehlampe
in den Sessel und strickte Karl eine neue Jacke. Als sie fertig war, ging sie zu
Karl und hielt sie ihm vor den Brustkorb.
Zieh sie an, Karl, sagte Marie, ich will sehen, ob sie passt.
Und Karl zog sie an und strich mit den Händen über die Jacke.
Sie ist sicher schön warm, sagte er.
Von da an trug er sie jeden Tag. Er trug sie, bis sie an den Ellenbogen fast
durchgewetzt war.

War es Glück, Marie? War es Glück? Trotz allem?

Marie raschelt mit der Tüte, holt ein paar Krumen heraus und wirft sie den Krähen hin. Sie hüpfen und picken und sehen Marie mit ihren klugen, wachen Augen an, krächzen heiser, wippen auf und ab, als wollten sie sagen, geh, Marie, geh, es ist nicht mehr viel Zeit.

Komm, Karl, musste Marie nur sagen, lass uns in die Stadt fahren, und Karl legte den Kugelschreiber neben das Kreuzworträtsel und stand auf. Woche für Woche fuhren sie mit der Tram in die Stadt in das kleine Café am Alten Peter. Dort saßen sie am Fenster und sahen hinaus. Wo jetzt die Gasse mit dem Kopfsteinpflaster war, waren Gräber gestanden, vor Jahrhunderten. Jetzt waren die Grabsteine Teil der Kirchenmauer. Die Sonne wanderte die Kirche entlang, über die Grabsteine und drückte den Schatten zu Boden.
Giovanni kam, brachte den Milchkaffee und stellte den dunklen, süßen Schokoladenkuchen in die Mitte des kleinen Tisches. Dann stachen Karl und Marie mit den Gabeln von beiden Seiten Stück für Stück ab und aßen, behutsam und genussvoll. Marie mochte die zarte Spitze, Karl den festen Rand. Sie aßen, bis sich ihre Gabeln in der Mitte trafen und Marie das letzte Stückchen nahm. Das letzte Stück bekam immer Marie.
Was hältst du von einem Glas Sekt?, fragte Karl an Maries 81. Geburtstag und als Marie nickte, winkte er Giovanni herbei.
Wie winzige Perlen stiegen die kleinen Bläschen vom Boden der Gläser auf. Karl beugte sich mit seinem schmerzenden Rücken über den Tisch und gab Marie einen kleinen Geburtstagskuss auf den Mund. Sie stießen an und tranken den Sekt.
Als sie nach Hause fuhren, nahm Karl Maries Hand, schüchtern wie früher. Und Maries Herz klopfte.

Marie lächelt und lockt mit den Krumen, streut sie auf den Weg. Eine Spur aus Brotkrumen, denkt Marie und erinnert sich, wie sie dem kleinen Peter Hänsel und Gretel vorgelesen hatte, damals, nach Mariechens Tod, als sie ihre Stimme wiedergefunden hatte.
Die Spur nach Hause, von den Vögeln gefressen.

Dann kam der Morgen, ach, dann kam der Morgen.
Marie wachte auf und aus der Küche hörte sie nicht das vertraute Geklapper des Geschirrs, wenn Karl den Frühstückstisch deckte und es zog nicht der Duft des frischen Kaffees ins Schlafzimmer. Karl lag noch neben ihr. Doch sie hörte seine Atemzüge nicht, die immer wie ein leises Seufzen klangen. Sie setzte sich auf die Seite ihres Bettes und starrte an die Wand, bis sie merkte, dass sie in ihrem dünnen, geblümten Nachthemd vor Kälte zitterte. Dann ging sie zum Telefon, nahm den Hörer und rief Peter an.
Vater ist tot, sagte Marie und legte wieder auf.

Gleich ist Marie da. Gleich wird sie durch das Tor gehen.
Jeden Tag sehnt sie sich nach diesem Moment. Jeden Tag fürchtet sie ihn.

Manchmal kam Peter zu Besuch. Er brachte Teilchen vom Bäcker mit. Eine
Quarktasche mit Mandarinen für Marie und für sich ein Nusshörnchen. Den
Kaffee kochte Marie schon am Morgen und stellte ihn auf die Warmhalteplat-
te. Er war stark und sauer. Wenn Marie nicht hinsah, schüttete Peter ihn in den
Ausguss. Dann saßen sie sich an dem Tisch in der Küche gegenüber.
Ach Junge, sagte Marie, ach Junge. Und Peter hielt ihre von Altersflecken
übersäten Hände, die so leicht waren, als hätten sie kein Gewicht mehr, als
reiche der Tod ihr schon die Hand.

Jetzt ist Marie da und geht durch das Tor. Die Krähen fliegen auf die Tor-
pfosten und lassen sich dort nieder. Wie kleine Statuen sitzen sie dort in der
Frühlingssonne und warten, eine rechts, eine links. Hier ist ihr Weg zu Ende,
hier will Marie alleine sein.
Der Kiesweg ist vom schmelzenden Schnee ganz aufgeweicht. An manchen
Stellen sammelt sich das Wasser auf dem noch gefrorenen Weg zu riesigen
Pfützen. Sie geht an den Gräbern vorbei, den Toten, deren Namen sie aus-
wendig weiß. Bei manchen bleibt sie für einen kleinen Moment stehen, leise
murmelnd, als spräche sie zu einem alten Bekannten. Am Brunnen, wo im
Sommer die grünen Gießkannen am Haken hängen, biegt sie nach links ab.
Dann bleibt sie stehen. Hier liegen Karl und das kleine Mariechen. Karls
dunkler Eichensarg und ein winziger Kindersarg, der längst eins ist mit den
Steinen und dem Geröll, den Wurzeln und der Erde.
Hallo Karl, sagt sie, ich bin's, die Marie. Wie geht es Mariechen?
Als Karl gestorben war, hatte Marie Angst gehabt, dass er das Mariechen nicht
wiedererkennen würde, wo es doch so lange her war. Aber dann wusste sie, er
würde sie finden, denn wie hätte er sie nicht erkennen sollen.
Sie erzählt von Peters Besuch und den Krähen. Immer wieder erzählt sie von
den Krähen.
Sie wechselt die Kerze und zündet eine neue an.
Bald ist Zeit für die Stiefmütterchen, denkt Marie.
Peter wird ihr helfen. Er wird sie mit dem Auto abholen und dann werden sie
gemeinsam in die Gärtnerei fahren. Sie will die kleinen kaufen, die mit den
gelben und dunkellila Blütenblättern.
Und im Herbst, denkt Marie, muss ich die Buchsbaumhecke schneiden und
den kleinen Rosenstrauch.
Dann setzt sie sich auf die Bank gegenüber von Karls und Mariechens Grab.
Hier kann sie noch ein wenig ausruhen und an Karl denken.
Sie hat ihm noch so vieles zu sagen.

Die Sonne geht langsam unter und es ist kalt. Marie ist müde, so müde, dass sie die Kälte vergisst.

Gleich wird sie gehen, zu den Krähen am Tor und nach Hause. Gleich, ja gleich.

Nur noch einen kleinen Moment, denkt Marie, nur noch einen kleinen Moment will ich bleiben.

Dann werde ich gehen.

Beate Fischer

Über Berg und tiefem Tal

Vielleicht geht es anderen ebenso, ich bin mir nicht sicher, doch ich habe Angewohnheiten, die sich einerseits anfühlen, als sollte ich sie behandeln lassen, andererseits sind sie mir so vertraut, dass ich nur ungern auf sie verzichten möchte. Zum Beispiel wiederkehrende Träume.

Seit Jahren irre ich des Nachts durch Hotelszenerien auf der Suche nach irgendetwas. Mit Aufzügen fahre ich die Etagen hinauf und hinunter, gelange aber nicht in die, in der ich aussteigen will, laufe durch endlose Flure, klopfe an Zimmertüren mit hohen Nummern wie tausendzweihundertvierzehn oder ich finde mich plötzlich wieder inmitten fremder Leute auf einer festlichen Soiree. Immer träume ich neue Varianten. Beim Erwachen klebt mir das Schlafhemd am Körper und kurz versichere ich mich meiner selbst, indem ich langsam ein- und wieder ausatme. Dann greife ich neben das Bett und schreibe detailliert in ein Traumbuch, wie ich diesmal halb nackt am Beckenrand des Hotelschwimmbads stehe oder unvermittelt im Restaurant gelandet bin, wie ich in der Tiefgarage den Ausgang suche oder durch ein Zwischengeschoss eile, das nie ein Architekt geplant hat.

Da ich nur selten die Möglichkeit habe, tatsächlich in einem Hotel zu logieren, genieße ich trotz gelegentlicher Beunruhigung diese nächtlichen Pauschalreisen. Denn in meinen Wachträumen halte ich Hotels für eine faszinierende Erfindung und zugleich für eine höchst abenteuerliche. Wenn ich es mir leisten könnte oder in adäquater Begleitung wäre, beschenkte ich mich öfter mit einem Ausflug an einen jener Orte, der mir ein Versprechen ist.

Nach mehreren beruflichen Fehlstarts in der Bekleidungsbranche und einer wenig lukrativen Scheidung halte ich mich seit Jahren als Vertreterin für Dekostoffe und Heimtextilien über Wasser. Zwar ordern meine Stammkunden gewöhnlich per Internet aus meinem Sortiment, doch um neue Produkte vorzustellen, fahre ich dann und wann in die Region.

So gelang es mir kürzlich, eine Geschäftsreise derart auszudehnen, dass die Übernachtung in einem Hotel zwingend wurde. Nach mürben Verhandlungen mit dem Kunden und einem zu üppigen Abendessen in der Vorstadt rauchte ich vor dem Eingang des Hotels noch eine Zigarette und betrat Minuten später das spärlich beleuchtete Vestibül. N' Abend!, empfing mich der Nachtportier, ein junger Mann mit grüner Weste und Pferdeschwanz, während er nur zögerlich aufblickte. Nachdem ich die Rechnung für eine Nacht bezahlt hatte, reichte er den Schlüssel für Zimmer 110 samt goldigem Klöppel über den Tresen, meiner Buchung gemäß für ein Nichtraucherzimmer. Rechts, hinter einer Glastür, sah ich einen menschenleeren, bereits eingedeckten Speiseraum, weiße Teller und umgedrehte Tassen, grüne Servietten, an der hinteren Front eine Tischreihe, die vermutlich morgen früh als Buffet dienen würde. Diskret suchte ich nach Anzeichen für eine Hotelbar, etwa ein Licht oder einladende Pianoklänge. Gerne hätte ich noch einen Cocktail getrunken und mich auf eine unverbindliche Unterhaltung eingelassen. Doch im Zwielicht der Vorhalle war nichts dergleichen auszumachen, der bezopfte Jüngling verkroch sich in sein Reservierungsbuch und bot kaum Verlockung für eine kleine Plauderei. Also blieb mir die Vorfreude auf mein Frühstücksei und frisch gebrühten Kaffee.

Mit gedämpften Schritten machte ich mich auf die Suche nach meiner Zimmernummer. Zuerst den Gang entlang bis zum Ende, dann nach links und wieder bis zum Ende, vorletzte Tür rechts. Die Fenster gehen zum Atrium, hatte er gesagt. Nun, das könnte unruhig werden, waren doch einige Restaurants in diesem Einaufscenter-Komplex, zu dem das Hotel gehörte, bis Mitternacht geöffnet. Ich bin empfindlich und habe meine Ohrstöpsel vergessen, ging mir durch den Kopf. Die Laufspuren auf der Teppichware wurden immer schwächer, je weiter ich mich vom Empfang entfernte. Wahrscheinlich wurden die vorderen Zimmer häufiger vermietet, hier in den hinteren Gängen war das grellbunte Muster noch gut zu erkennen.

106, 108, endlich 110, den Schlüssel gedreht und aufgepasst, dass der fulminante Metallklöppel nicht allzu laut gegen das Türblatt schlägt. Ich kippte den Lichtschalter am Eingang, schloss die Tür und hängte meinen Mantel an die Garderobe. Neugierig und mit gespanntem Rundblick nahm ich das Zimmer in Augenschein. Trotz meiner Einzelzimmerbuchung standen da zwei Betten in dem kleinen Raum, eines längs unter der Fensterfront, das zweite parallel an der Wand, dazwischen ein schmuckloser Nachtschrank. Mit einem kräftigen Handkantenschlag in ihre Mitte musste der Zimmerservice die riesigen Kissen bearbeitet haben, exakt aufgestellte Doppelzipfel thronten erwartungsvoll an den Kopfenden der makellos bezogenen Betten. Das winzige Bad war vom Boden bis zur Decke weiß gefliest und auf einem Hocker stapelten sich gnadenlos weiße Frotteetücher. Daheim bevorzuge ich im Badbereich hellblaues Waffelpique, für die Hände, das Gesicht, als Badetuch. Dieses leichte Gewebe fühlt sich auf der Haut ungleich angenehmer an, als der dicke Baumwollflausch, der nur schwer trocknet.

Erst in diesem Moment bemerkte ich die abgestandene Luft im Zimmer. Mit zwei Schritten war ich am Fenster, zog den Store und die bodenlangen Synthetikvorhänge beiseite, ein Blackout-Atlas mit schwarzem Kettfaden. Ich zerrte an der Verriegelung. Nur mit äußerster Anstrengung, als kämpfte ich mit Panzerglas, ließ sich der doppelwandige Flügel aus seiner Sperre lösen. Wie angekündigt, lag das Zimmer in Richtung Innenhof des Einkaufszentrums. In

zahlreichen Korbstühlen vertrieben sich Gruppen junger Leute schwatzend und gläserklirrend den Donnerstagabend. Aus der Mitte des Atriums wuchs eine Rolltreppe in die zweite Ebene des Centers, von deren Balustrade überlebensgroße Filmhelden aus Pappmaché grüßten. Mich tröstete der Gedanke, dass zumindest nicht Wochenende war, sonst würde die Geräuschkulisse womöglich bis morgens vier Uhr andauern. Durch das geöffnete Fenster strömte zwar keine frische Waldluft herein, doch hatte sich nach einigen Minuten ein kühler Zug vorteilhaft mit der staubigen Wärme des Zimmers vermischt. Jetzt hatte ich die Wahl. Wollte ich direkt unterm Fenster schlafen oder gedrängt an die Wand? Beide Betten wirkten schmal wie Liegen eines Jugendzimmers, nicht zu vergleichen mit meiner heimischen Doppelmatratze, einer rückenstützenden Sonderanfertigung. In die Verkleidung des Wandbettes waren am Kopfende drei Steckdosen und der Schalter für die Nachtlampe eingelassen. Ich entschied mich für das fensterseitige Bett, hier befand sich die Elektrik nicht direkt über dem Kopf. Ein Griff in die errichtete Kissenstatue ließ dieselbe schlaff zusammenfallen und mir schien, als hörte ich ein leises Seufzen, während sich der Bezug aus seiner Verspannung löste. Hör auf zu nörgeln, versuchte ich, mir den Anflug einer Enttäuschung auszureden. Unübersehbar war das hier kein Vier-Sterne-Haus, sondern lediglich die sogenannte Komfort-Klasse. Zumindest hatte ich es warm und trocken. Was war in dieser Gegend anderes zu erwarten gewesen?
Ich öffnete die Minibar. Limonade, Mineralwasser, Rotwein, ein Piccolo und die unvermeidlichen Erdnüsse. Das Alleinleben hatte mich gelehrt, wenn überhaupt, nur noch in Gesellschaft Alkohol zu trinken, daher griff ich eine Flasche mit Zitronenetikett und öffnete vorsichtig den Drehverschluss. Zischend entwich ein Teil der Kohlensäure, der mir später nicht mehr auf den Magen schlagen konnte. Nachdem ich das Fenster wieder geschlossen und mit spitzen Fingern die Behänge zugezogen hatte, entledigte ich mich meiner Schuhe. In einer Ratgebersendung hatte ich gesehen, von welcher Artenvielfalt nahrhafte Hotelteppichböden bewohnt werden. Um meine Sohlen vor diesem fröhlichen Hort aus Keimen, Pilzen und Bakterien zu bewahren, führte ich dezente Hausschläppchen mit mir und zog sie, ohne zuvor mit den Socken den Boden berührt zu haben, über die Füße. Dann hantierte ich an dem Campingfernseher und tippte flüchtig die Programme durch, während ich Stück für Stück mein Businesskostüm ablegte. Erstmal den Tag abstreifen, dachte ich und ging ins Bad.
Die Dusche war großzügig, ihre Armaturen glänzten, wie frisch montiert, und aus der Brause schoss nach wenigen Sekunden ein heißer Wasserfall. Nur nicht die Haare nass werden lassen, für aufwendiges Frisieren war weder Zeit, noch hatte ich die Wickler mitnehmen wollen. Allein diese Einschränkung beachtend, genoss ich mit geschlossenen Augen die feuchte Wärme, die mir nun mit sanftem Druck über den Rücken strich. Dann verstellte ich den Brau-

senkopf und ließ einen härteren Strahl meine Lendenwirbel massieren. Aus meiner Kehle entließ ich ein erlöstes Ausatmen. Schon länger hatte ich meine Übungen zur Körperwahrnehmung vernachlässigt, das Entspannen von Muskulatur und Gelenken allein durch gedankliches Loslassen. Eine Technik, die ich vor Jahren erlernt hatte und die mich vor einer drohenden Wirbelversteifung mit Titanschrauben bewahren sollte. Höchste Zeit, dass ich sie wieder täglich praktiziere, schrieb ich auf meine innere Agenda.

Nachdem ich das kleine Bad in eine Waschküche verwandelt hatte, konnte ich nun den halbstündigen Ausflug in meine Wellnessoase beenden. Durch die Wärme geschmeidig in den Gelenken hüpfte ich auf die Bademate, glitt in die schwarz-samtenen Füßlinge und wickelte mich in eines der aseptisch riechenden Frotteetücher. Ob inzwischen ein Film mit Al Pacino lief oder etwas ähnlich Verträumtes? Stattdessen bevölkerten Langweiler die Diskussionsrunden, jagten martialische Gestalten durch amerikanische Cop-Serien. Dann eben kein Fernsehen.

Ich zog das neue Nachthemd an, eine Überlegung aus schwarzer Seide, nahm einen kräftigen Zug aus der Limonadenflasche und setzte mich, den Kissenschlauch zur Rückenlehne gestaucht, auf das Bett, dessen Matratze gefährlich nachgab. Jetzt noch ein flüchtiger Blick in die Vertragsunterlagen. Wie oft hatte ich mich schon einschüchtern lassen von Forderungen, die zunächst sehr schmeichelhaft dahergekommen waren. Ich würde nicht wieder einknicken, sprach ich stumm mein Mantra und trank entschlossen einen großen Schluck, der mir schmerzhaft durch die Kehle floss. Mit Schwung landeten die vier Seiten Papier nebenan auf dem Wandbett und ich stellte in meinem Mobiltelefon die Weckfunktion auf sieben Uhr, legte es in einigem Abstand auf den Nachtschrank und löschte das Licht. Auf einen Bibelvers verzichtete ich heute, nicht aber auf mein Nachtgebet, das ich tonlos sprach, während mein Körper immer tiefer in die Unterlage sank.

Nun konnte sich die Dunkelheit ungehindert ausbreiten. Durch meine geschlossenen Lider drangen dennoch Lichtreflexe, die zwischen den Vorhangschals, die einander nicht überlappten, da sie auf ein und derselben Schiene liefen, wie durch ein Brennglas verstärkt ins Zimmer fielen. Aus meinem Necessaire im Bad holte ich, nicht ohne meine weichen Schläppchen an den Füßen, drei, vier Haarklammern und arretierte sie so an den Vorhängen, dass diese nun als undurchdringliche Wand zwischen mir und dem neonhellen Atrium hingen.

Endlich lag ich in völliger Finsternis und versuchte erneut, zur Ruhe zu kommen. Ausgestreckt, die Arme eng am Körper, beobachtete ich den sich verstärkenden Effekt, der sich einstellt, wenn ein Sinnesorgan ausfällt. Rein gar nichts war zu sehen, leise murmelte der Kühlschrank, die Belüftung surrte, hier ein Knarren, dort das Schlagen einer Tür, aus den Cafés im Hof aufreizendes Mädchenlachen. Dieses Haus lebte, atmete und verdaute, nur langsam entfernten sich seine Geräusche und wurden geschluckt von einem mir gnädigen Schlaf.

Anschwellend, wie ein Trichterhall, pulsierten undeutliche Laute in mein Ohr. Wortgebilde. Dunkle Tonhaufen. Satzfluten und Gelächter. Verstört drehte ich mich auf der engen Liege, öffnete die Augen und starrte orientierungslos in die Nacht. Ich fingerte nach meinem Mobiltelefon, drückte auf irgendeine Taste, grellgelb schnitt mir die Uhrzeit in die Augen. 2:34. Hinter meinem Kopfende ging die Unterhaltung weiter, zwei Männer, wie mir schien, plauderten ohne Scheu. Einzelne Wörter konnte ich nicht ausmachen, lediglich die rhythmische Oszillation ihrer dumpfen Stimmen. Zwischen uns offenbar nur eine Rigipskonstruktion, jede Wortpassage schauerte mir durch die Glieder. Mit einem beherzten Satz hockte ich mich auf mein Kopfkissen und pochte mit den Fingerknöcheln gegen die Wand. Nach einer Schrecksekunde palaverten sie weiter, nun um einen Deut lauter. Ich klopfte abermals. Die Männer, vermutlich Arbeiter auf Montage, die sich ein Doppelzimmer teilten, johlten mir frohlockend einen Gruß herüber und kamen jetzt erst recht in beste Stimmung.

Ich knipste die Nachtlampe an. Solange die beiden dröhnten, war an Schlaf nicht zu denken. Wie immer, wenn ich nachts unruhig lag, beendete ich das nutzlose Herumwälzen und suchte mir Beschäftigung oder Arbeit, die ohnehin zu erledigen war. Zu Hause würde ich bügeln oder die Steuerbelege sortieren, ein Tarot legen oder mir Kamillentee kochen. Hier blieb mir nichts anderes übrig, als nochmals meine Papiere und das großformatige Musterbuch durchzuschauen.

Während ich durch die nächste Frühjahrskollektion für Tischwäsche und Accessoires blätterte, lauschte ich dennoch den Geräuschen aus der Nachbarschaft, die allmählich zu verebben schienen. Jetzt noch die Rubrik mit der Meterware, Florales war mal wieder im Kommen. Meine Finger strichen über Dessins mit Mohnblüten, Lilien, Dolden blauer Hortensien oder Arrangements aus violetten Mariendisteln. Alles schon mal da gewesen, dachte ich, vor einundzwanzig Jahren hatte ich unser eheliches Domizil ausgestaltet mit englischen Tapeten und Vorhängen, mit Kissen aus Jacquard oder Halbleinen, dazu passend auf den Sofas handgewebte Plaids aus Highlandwolle. Seit meiner frühen Jugend liebte ich diesen Stil mit seinen aparten Mustern, die bereits beim Kauf ein wenig verblichen wirkten, was ihnen die Note sanfter Wehmut verlieh.

Aus meinen Erinnerungen erlöste mich ein rhythmisches Klopfen. War das mein Herzschlag? Der Beginn eines Tinnitus? Mit leiser Intensität und unablässig setzte sich der Takt weiter fort. Sein Ursprung musste hinter der Wand liegen. Langsam hob die Frequenz an, das Pochen verstärkte sich und im Hals spürte ich das Echo meines Pulsschlages. Es folgte ein Kichern, heiteres Plaudern, jetzt gedämpfter, und erneutes Pochen. Wieder kniete ich mich auf das Kopfende meines Bettes. Diesmal legte ich das linke Ohr an die Wand. Ich lauschte gespannt auf weitere Töne, vielleicht einen Namen, eine Aufforderung, vielleicht das Jauchzen nach einem Biss. Doch allein das ansteigende Metrum stieß in mein Ohr. Aus Wut oder Notwehr, zu meiner eigenen Überraschung griff ich mit Verve nach meinem Mobiltelefon und stellte flink den Alarmton ein, wartete noch einen Moment, bis das Trommelfinale beinah den Gipfel erreicht hatte, presste den Lautsprecher mit böser Lust gegen die Wand und ließ das Fanfarensignal aufheulen. Von drüben hallte, nachdem der Tusch versiegt war, ein dunkler Klagelaut, wie nach einem Streifschuss.

Beschwingt fiel ich zurück in die aufgewühlten Kissen. Ohne einen Gedanken an meinen Gleitwirbel warf ich die Beine in die Höhe, ließ mit den Füßen die Bettdecke kreisen, die sich bald drehte wie ein Derwischrock in Trance. Ich spürte meine Wangen und das Dekolleté erröten, meine Stirn war schweißnass und Lacher glucksten mir aus der Kehle. Nach einigen Minuten sanken meine Beine erschöpft auf das Laken, ich atmete heftig und trank den letzten Schluck Zitronenlimonade. Viel lieber hätte ich jetzt in eine reife Frucht gebissen. Nebenan rauschte die Dusche, gewaltig, als handelte es sich um einen Rohrbruch. Von Gesprächen keine Spur mehr. Ich hatte zwei Stunden meines Schlafes verloren, den es nun galt, ein wenig aufzuholen. Das benachbarte Zischeln sang sich zu einem Säuseln, augenblicklich fiel ich Morpheus in die Arme.

Pünktlich um sieben durchfuhr mich der Weckruf meines Mobiltelefons, ich wälzte mich herum und tippte auf Aus. Mit einem Ruck saß ich auf der Bettkante, fuhr automatisch in meine Ballerinas und zerrte an den Haarklämmchen, die die Vorhänge zusammengehalten hatten, um diese flugs aufzureißen. Bilder irrlichterten durch meinen Kopf, wie von einer Verfolgung getrieben, wankte ich einige Schritte durch das mir fremde Zimmer. Plötzlich kristallisierte sich der Ablauf meines Traumes und ich griff nach dem Notizbuch, schrieb eilig die Sequenzen nieder, um ihrem drohenden Verblassen zuvorzukommen.

In dieser Nacht war ich mit einem Hotelaufzug gefahren. In gelben Ziffern hatte die Anzeigetafel den Aufstieg mitgezählt, angefangen bei E und dann stockweise bis zehn, so wie ich es beim Eintreten gewählt hatte. Nach federndem Halt öffneten sich surrend nach beiden Seiten die Metalltüren. Ich trat hinaus und leise schlossen sie sich hinter mir. Für einen Moment hielt ich inne, suchte nach Orientierung. Die Etage stimmte, doch irgendetwas fehlte. Meine Hände waren leer, weder Gepäck noch Zimmerschlüssel trug ich bei mir. Besorgt griff ich in die Manteltaschen und sah zu Boden, aber auch hier Leere. Womöglich hatte ich am Empfang den Schlüssel vergessen und mein Koffer stand verlassen ohne Aufsicht. Hinter mir waren die Fahrstuhltüren

jetzt verschwunden, ich wendete mich dem Treppenhaus zu, doch an seiner
Stelle öffnete sich ein gewaltiger Schlund, ein Gewirr aus filigranen Stufen-
kaskaden, die ich wohl oder übel hinunterklettern müsste. Doch in dieser Sekunde stolperte ich schon, glitt über die Kante und stürzte hinab.

Benommen ließ ich die rechte Hand auf die Bettdecke sinken. Langsam löste
ich meine vom Schreiben verkrampften Finger. Für einen Moment schloss
ich die Augen, dann schwang ich mich mit einem Seufzer aus der Bettmulde.
Auf dem Weg zum Bad schaltete ich den Fernseher ein. Gab es nicht dieses
Programm, das morgens, aufgenommen von automatischen Kameras, Totalen
über schneebedeckte Bergketten sendete, untermalt von heimatlichen Klän-
gen? Und tatsächlich, da war der Kanal, eine liebliche Melodie im Viervier-
teltakt erklang, vollendet intoniert von Zitter und Alphorn, dazu vor blauem
Himmel das schönste Gipfelpanorama. Ich tippte auf der Fernbedienung so
lange die Lautstärketaste, bis die Anzeige am äußersten Anschlag war. Meine
Nachbarn sollten teilhaben an diesem jungen Tag. Ich ging ins Bad und be-
sorgte meine Morgentoilette, jetzt beflügelt von schnelleren Bläserpassagen.
Mit kräftigen Pfiffen mimte ich das Echo der einen oder anderen Taktfolge.
Schnell war ich frisch gemacht und angekleidet, waren Camouflage und Wim-
perntusche aufgetragen, die Haare aufgesteckt und dann die wenigen Sachen
in meinem Handgepäck verstaut. Ich schickte einen letzten Blick über gratige
Felsmassive, aus dem kleinen Plastikfernseher brüllte unverdrossen ein Ak-
kordeon. Versöhnt und leise in den Hüften wiegend ging ich aus dem Zimmer,
während hinter mir ein furchtloses Jodeln langsam erstarb.

Ute Schäfer

La pace di Sofia

Heute war endlich der Tag gekommen, an dem Sofia ihre Ruhe finden wür-
de. Der Morgen war so verregnet wie die Tage zuvor. Bedächtig schmierte
sich Sofia wie jeden Morgen zwei Filinchen mit ein wenig Butter und einem
Hauch Erdbeermarmelade. Dazu schlürfte sie eine Tasse Pfefferminz-Tee. Die
Pfefferminze hatte sie den Sommer über in einem großen Holzkübel auf ihrem
Balkon wachsen lassen. Wie jedes Jahr hatte sie die Stängel rechtzeitig vor der
Blüte abgeschnitten, sie in kleinen Bündeln vor dem Küchenfenster aufge-
hängt, und als sich die Blätter genügend aufgerollt hatten, sorgfältig in bunte,
mit Ornamenten verzierte Teedosen gekrümelt. Sofia mochte den frisch-her-
ben Geruch, der sie an gemütliche Winterabende mit ihrer Familie erinnerte.
Während sie nach dem Frühstück das Geschirr abwusch, sah sie dem Regen zu, wie er auf die verblühten Astern im Vorgarten prasselte. Mit einem
Schwamm lenkte sie den Wasserstrahl über beide Seiten des Tellers, über
den Rand der Tasse und wischte die Butterstreifen vom Messer. Ihre Töchter,
Clara und Susanne, hatten ihr schon lange eine Spülmaschine kaufen wollen.
Wozu, hatte sie gesagt. Wozu? Eine Tasse, ein Teller, das bisschen Besteck –
wie sollte das eine ganze Spülmaschine füllen? Nein, das konnte sie mit ihren
eigenen Händen; so, wie die vielen Jahre, als sie noch zu viert waren und sie
jeden Tag für die ganze Familie gekocht hatte.
Ihre Töchter waren gleich nach ihrem Schulabschluss in die Stadt gezogen
und beklagten sich jedes Mal über die lange Fahrt raus zu ihr aufs Land. So
kam nur am letzten Samstag im Monat eine von ihnen zu Besuch, meistens
Susanne. In drei Tagen würde sie kommen und dieses Mal ihre beiden Kinder
mitbringen. Sofia bedauerte, ihre Enkel so selten zu sehen. Wie schnell die
Kinder groß werden.
Clara, ihre Jüngere, lebte überwiegend allein, wie sie es formulierte, war viel
auf Reisen und keiner wusste so genau, womit sie ihren Lebensunterhalt ver-
diente. Mal sprach sie von Häusern, die sie vermietete oder verkaufte, mal
von Reisen, die sie organisierte. Sofia verstand diese Dinge nicht so recht. Ihr
ganzes Leben hatte sie nur einen Beruf ausgeübt. Fast dreißig Jahre hatte sie
in einer Textilfabrik als Facharbeiterin für Näherzeugnisse Stoffe zugeschnit-
ten, gebügelt, aufgerollt und die Ballen in große Regale sortiert. So lange, bis
das Werk von einem Tag auf den anderen geschlossen werden musste. Die
offizielle Begründung lautete damals, importierte Kleidung aus China sei billiger geworden, die kleine Produktion lohne sich nicht mehr. Was sollten sie
da auch sagen? Sofia hatte Glück gehabt und war durch eine Empfehlung ihres

Schichtleiters in einer kleinen Änderungsschneiderei im Nachbarort unterge-
kommen, wo sie bis zu ihrer Rente weiter genäht, geflickt und gebügelt hatte.
Der Wind rüttelte so heftig an den Linden vor dem Haus, als ob er noch das
letzte Blatt herunterzerren wollte. Sie wischte den Tisch ab und warf die übrig
gebliebenen Schinkenscheiben weg und schüttete den Rest Milch in den Ausguss. Zuletzt brachte sie den Müll in die Tonne im Hinterhof. Einige Minuten
stand sie dort neben den Mülltonnen und atmete ein paar Mal ein und aus. Re-
genfrische Luft vermischte sich mit dem Gestank von verwesten Nahrungs-
resten. Die neue Nachbarin, eine junge blonde Frau aus der Stadt, huschte an
ihr vorbei aus dem Haus. Sofia hatte es nicht mehr eilig.
Zurück in der Wohnung zog sich Sofia das frisch gebügelte Sonnenblumenkleid an. Es war ihr Lieblingskleid, das sie selbst geschneidert und getragen
hatte, als sie Albert beim Sonntagstanztee im Ballhaus kennenlernte. Er war
damals quer durch das Lokal geradewegs auf sie zu gekommen und hatte zu
ihr gesagt, was für eine Blume in einem so schönen Blumenkleid. Ihre Wangen waren leicht errötet. Es war ihr nicht entgangen, dass er immer wieder zu
ihr herüber geschaut und dabei gelächelt hatte. Verlegen hatte sie an ihrem
Kleid gezupft. Sie mochte sein verwegenes Lächeln. Dann hatten sie getanzt,
den ganzen Abend, ohne auch nur ein Lied auszulassen. Er war ein guter Tän-
zer und hatte sie behutsam durch die swingende Menge geführt, so dass sie
wie auf einem farbenfrohen Karussell dem grauen Alltag entschwebte. Als
sie beide vom Tanzen müde geworden waren, hatte er sie zu einem Schnaps
eingeladen, doch sie bevorzugte Rotwein. Vor der Haustür hatte er sie ohne
um Erlaubnis zu fragen geradewegs auf den Mund geküsst. Schon zwei Monate später waren sie verheiratet, um fast fünfzig Jahre mehr oder weniger
glücklich, aber stets gemeinsam zu verbringen. Vor einem halben Jahr war er
an einem Herzinfarkt gestorben.
Im Bad bürstete Sofia ihre langen Haare, die im Licht der Spiegellampe grau
schimmerten. Sie betrachtete prüfend ihr Gesicht im Spiegel und fand in ihren matten Augen kaum mehr das dunkle Braun, das Albert immer so faszi-
niert hatte. Ihre Lippen waren schmal, leicht bräunlich. Sie nahm Strähne um
Strähne und flocht sie zu einem Zopf, so wie einst ihre Mutter. Früher war
sie eine schöne Frau gewesen, hatte gern knallroten Lippenstift getragen. Ob
sie überhaupt noch einen Lippenstift besaß? Sofia kramte in der hölzernen
Schatulle, bis sie ganz unten eine kleine goldene Rolle fand. Behutsam fuhr
sie sich einige Male sacht über ihre Lippen. Das dunkle Rot ließ ihr Gesicht
noch fahler erscheinen.
Mit kleinen Schritten, schleppend in ihren rosafarbenen Pantoffeln, tappte
Sofia durch die Wohnung. In jedem Zimmer sah sie sich um. Dabei wiegte
sie leicht den Kopf hin und her, abwägend, ob der Anblick ihren Ansprüchen
genügen könne. Ihre Mutter hatte sie stets ermahnt: Zieh bloß keinen Schlüp-
fer mit Löchern an, wenn du aus dem Haus gehst. Falls du einen Unfall hast

und ins Krankenhaus musst, sollen die Leute nicht schlecht über dich reden können. Ihre Wohnung sollte, wenn sie ging, auf keinen Fall so aussehen wie eine löchrige Unterhose. Im Flur räumte sie die graue Wollmütze in die kleine Kommode. Sie packte ihre wichtigen Papiere, ihren Ausweis, den Gesundheitspass und das vor zwei Tagen mühsam geschriebene Testament, in ihre rote Handtasche. Albert hatte ihr die Tasche vor ein paar Jahren zum Geburtstag geschenkt, nachdem sie sie im Kaufhaus mehrmals lange betrachtet und ihren Händen hin und her gewendet hatte. Das kleine Amulett am Riemen, eine goldene Sonne, umrahmt von einer silbernen Mondsichel, hatte es ihr besonders angetan. Jetzt strich sie mit einer Hand über das weiche, abgegriffene Leder und stellte die Tasche behutsam auf der Kommode ab.

Nachdem sie so durch alle Zimmer gegangen war, eine Decke im Wohnzimmer gerade gerückt, ein welkes Blatt vom Alpenveilchen am Küchenfenster gezupft und sich zuletzt einen Tropfen 4711 auf die Schläfe getupft hatte, ging sie ins Schlafzimmer, legte sich auf ihr Bett und schloss die Augen. Sie würde liegen bleiben und nie mehr aufstehen.

Es war ganz still, so wie sonntagmorgens in der Dorfkirche, bevor die wenigen Besucher zum Gottesdienst eintrafen und ihre Gebete murmelten. Sofia faltete ihre Hände auf dem Bauch. Zärtlich strich sie sich mit den hageren Fingern über ihren rauen Handrücken. Von weitem waren Kirchenglocken zu hören. Ihr Herz schlug langsam. Sie hörte ihren Atem. Es wurde dunkel, die Dämmerung warf Schatten an die Wand, die abwechselnd zu tanzenden Kindern oder riesigen Gespenstern wurden. In all dem Dunkel breiteten Sonnenblumen ihre Köpfe auf dem Bettlaken aus, legten sich in Falten, rauschten nicht mehr im Sommerwind.

Sofia lag auf dem Bett, das sie so viele Jahre mit Albert geteilt hatte. Seit er nicht mehr neben ihr lag, fühlte sie sich wie ein welkes Blatt, gestrandet auf einem Floß, einsam auf dem Meer treibend.

Das Telefon klingelte. Sofia bewegte sich nicht. Sie starrte an die Decke. Das Telefon verstummte. Sie hatte die Augen wieder geschlossen, ihr Brustkorb hob und senkte sich sanft. Sie wollte schlafen, einfach nur schlafen und nie mehr aufwachen.

Es war noch dunkel, als sie erwachte. Sofia seufzte, zog die Decke hoch und drehte sich auf die linke Seite, schob ihre Hand unter die Wange. Das Jaulen eines Hundes übertönte für einen Moment das Klopfen des Regens. Sie lauschte dem Regen und wartete, schlief wieder ein bis ein hupendes Auto sie erneut weckte. Der morgendliche Berufsverkehr, der über das alte Kopfsteinpflaster ratterte, drang an ihr Ohr. Sie musste mal, wollte aber nicht aufstehen. Sie versuchte, nicht ans Wasserlassen zu denken. Als es nicht mehr auszuhalten war, hob sie sich ungelenk aus dem Bett und schleppte sich zur Toilette. Der Pfefferminz-Tee bahnte sich seinen Weg in einem kleinen Rinnsal, das so gar nicht an frischen Minzduft erinnerte. Sofia hörte auf das ungleichmäßige

Tropfen ihres Urins. Während sie sich die Hände wusch, nahm sie sich verschwommen im Spiegel wahr. Sie schüttelte den Kopf. Wieso geht das nicht, wieso lässt man mich nicht? Langsam schlurfte sie zurück ins Schlafzimmer. Im Liegen strich Sofia ihr Sonnenblumenkleid glatt, faltete ihre Hände und atmete ruhig. Im Hausflur hörte sie die Nachbarskinder wie jeden Morgen schreien. Und deren Mutter, die noch lauter zurückschrie, wohl in der Annahme, damit für Ruhe sorgen zu können. Sofia konnte das nicht verstehen. In ihrer Familie hatte es so etwas nicht gegeben, zumindest nicht in der Öffentlichkeit. Albert und sie hatten sich auch ab und zu gestritten, hatten den Töchtern laut und deutlich die Regeln des Familienlebens erklären müssen. Doch das gehörte in die eigenen vier Wände, nicht in den Hausflur. Sofia störte der Lärm. Überhaupt konnte sie das tägliche Tosen von Nachrichten, Autos, Handys, Radios und Kindergeschrei nicht mehr ertragen. Sie verbrachte ihre Tage meist stumm, freute sich nur, wenn eine ihrer Töchter Zeit fand, sie anzurufen.

Die Stunden vergingen, der Zeiger kroch auf und ab. Immer wieder dämmerte Sofia für einen kurzen Moment weg, dann wieder lag sie regungslos da und starrte an die Decke. Sie dachte an ihre Töchter. Ob die beiden sie vermissen werden? Sie dachte an Albert, wie er plötzlich einfach nicht mehr da war. Wie sie ihn vermisste! Sie wollte bei ihm sein. Warum hatte er sie allein gelassen? Ihr Magen knurrte. Unruhig drehte sie sich von einer Seite auf die andere, dann wieder zur Mitte. Sie musste sich ablenken. Ihre Hände ruhten auf ihren Lenden. Sie spürte die wohltuende Wärme. Langsam schmiegten sich ihre Finger auf die Innenseiten ihrer Schenkel. Mit einer Hand glitt sie näher an den Ort ihrer nun verstummten Lust. Mit ihren rauen Fingern streichelte sie sich ein wenig, ganz ohne den Eifer jugendlicher Leidenschaft, gleichmäßig. Sie dachte an Albert, an seine starken Hände. Ein plötzliches Ziehen im Bauch ließ Sofia zusammenzucken. Im Dunkeln lag sie da und wusste nicht, wie lange sie noch warten musste. Langsam zog Sofia ihre Hand von ihrem Schenkel weg und ließ sie auf die Seite sinken.

Plötzlich hörte Sofia ein Klopfen. Sie blieb liegen. Es klopfte erneut. Sie erwartete keinen Besuch. Sie wollte niemanden sehen, hatte keine Lust mehr auf das Leben vor ihrer Tür. Als es ein weiteres Mal klopfte, fluchte Sofia, raffte sie sich mühsam auf. Sie spähte durch den Türspion, den Susanne zu ihrer Sicherheit hatte einbauen lassen. Da sie nichts erkennen konnte, öffnete Sofia die Tür einen Spaltbreit, doch da war niemand. Aber es hatte doch geklopft?! Oder hatte sie sich das nur eingebildet? Man wollte sie ärgern. Das waren bestimmt die lauten Nachbarskinder, die nichts mit sich anzufangen wussten. Verdammt! Lasst mich bloß in Ruhe, rief sie in den Hausflur. Sie schüttelte heftig den Kopf, so dass sich Strähnen aus ihrem Zopf lösten und vor das Gesicht flogen, schloss die Tür und ging zurück ins Schlafzimmer. Erschöpft legte sich hin und schloss ein weiteres Mal ihre Augen.

Sie hatte sich das Einschlafen leichter vorgestellt. Immer hatte sie gehofft, der Tod würde mit ihr gnädig sein, sie im Schlaf an die Hand nehmen und zu ihrem Albert führen. Sie hatte sich das wie ein Hinabsteigen in eine kalte, dunkle Höhle vorgestellt. Es würde immer düsterer, immer eisiger, immer lebloser werden. Trotz dieser Vorstellung hatte sie nie Angst verspürt, denn am Ende sah sie sich stets in Alberts Armen ankommen.

Der Wecker tickte leise. Die Bettdecke war verrutscht und gab den Blick frei auf ihre Beine, die wie welke Stiele von zerknitterten Sonnenblumen verziert wurden. Blind tastete Sofia mit einer Hand auf das Nachtschränkchen und fand gleich, was sie suchte. Sie rieb sich die Augen und blickte auf das Foto, was im Halbdunkel kaum zu erkennen war. Sofia sah sich mit Albert auf einem Bootssteg. Sie hatten ihre Flittertage in Hamburg verbracht, wo Alberts Tante Rosa ihnen für ein Wochenende ihre kleine Wohnung überlassen hatte. Ihre Augen wurden feucht. Sofia führte das Bild langsam zu ihren Lippen, ließ es einige Zeit auf ihnen liegen, spürte das kühle, harte Glas auf ihrer Haut. Eine Träne lief seitlich über ihre Wange bis in ihr linkes Ohr. Sie musste schlucken, hielt das Bild mit geschlossenen Augen in ihren Händen.

Im Hafen hatte Albert ihr damals eine richtige Hochzeitsreise versprochen, nach Italien, von Florenz über Rom bis nach Neapel. Sofia hatte unbedingt den Tarot Garten von Niki de Saint Phalle besuchen und in einer Gondel durch Venedig schaukeln wollen. Sie hatten sich ausgemalt, wie sie auf dem Piazza San Marco tanzen würden. Albert hatte gescherzt, Venedig sehen und sterben, und ihr dann vorgerechnet, wie schnell er das nötige Geld gespart haben würde. Das mit dem Sparen hatte jedoch nicht so richtig gelingen wollen und die ersehnte Reise ließ auf sich warten. Die Kinder kamen zur Welt und der gemeinsame Traum war nach und nach verblasst und irgendwann ganz in Vergessenheit geraten.

Sofia erwachte und zitterte am ganzen Körper. Ihr war kalt, obwohl das dicke Daunenbett sie ganz bedeckte. Sie blickte auf die Uhr. Es hatte aufgehört zu regnen. Sie hatte bestimmt seit zwei Tagen nichts mehr gegessen, nichts mehr getrunken. Welcher Tag war heute? Sie hielt sich mit beiden Händen den Bauch, lag gekrümmt im Bett. Sie leckte sich ihre Lippen und schluckte ein paar Mal. Ihre Mutter hatte ihr das beigebracht, um das Hungergefühl zu bezwingen, damals.

Sofias Arme lagen schlaff auf dem Bett. Das Foto war neben sie auf die Matratze gefallen. Zerzauste Haarsträhnen hingen über ihr eingefallenes Gesicht. Im Hausflur polterten die Nachbarskinder. Ihre Stimmen drangen wie durch Watte an ihr Ohr. Sie seufzte, stöhnte auf. Die Lindenbäume wiegten sich vor ihrem Fenster, vollbrachten mit ihren Ästen noch immer den Gespenstertanz. Sie hörte ihre Mutter rufen, Sofia, was machst du denn da? Verzeih mir Mama, wollte sie erwidern, doch es kam nur ein Schluchzen. Sofia brauchte Hilfe. Allein würde sie es nicht schaffen. Sie musste Susanne anrufen. Sofia ließ das

Telefon ein paar Mal klingeln. *Hallo?* Die Stimme ihre Tochter klang gehetzt. Sofia öffnete die Lippen, holte Luft, setzte an, schwieg. *Hallo? Wer ist denn da?* Sie hielt den Hörer ganz dicht ans Ohr, ihre Hand zitterte. Tränen standen in ihren Augen, rollten langsam über ihre Wangen. *Hallo? So melden Sie sich doch!* Sofia presste ihre Lippen aufeinander, schluckte und schloss die Augen. Dann tutete es im Hörer. Sie stand da. Es tutete. Was hätte sie auch sagen sollen? Sie legte den Hörer auf, blieb ein paar Minuten stehen, bevor sie ins Schlafzimmer zurückging, sich auf die Bettkante setzte und sich in die Kissen fallen ließ. Sie wollte mit den Sonnenblumen im Meer versinken.

Stunden vergingen. Es wurde hell. Es wurde dunkel. Ihr Hals war trocken. Sie hatte Kopfschmerzen. Sie musste Husten. Sofia hatte solchen Durst! Sie wollte mit der Faust aufs Bett schlagen, doch ihre Hand fiel kraftlos auf das Laken. Sie schloss die Hände zu Fäusten. Gott, warum lässt du mich nicht in Ruhe gehen! Sie rollte ihren Kopf hin und her, nein, sie wollte das nicht mehr. Ihre Lippen klebten aneinander. Sie röchelte, um das Kratzen in ihrem Hals zu erwürgen. Trinken, sie musste etwas trinken.

Sofia schleppte sich in die Küche, suchte Mineralwasser und fand eine Flasche Rotwein. Der Barone Ricasoli, den Albert und sie von ihrer Freundin Gertrud geschenkt bekommen hatten. Ein edler Tropfen, hatte Albert anerkennend ausgerufen, den trinken wir mal zu einer besonderen Gelegenheit. Wozu den noch aufheben? Sie entkorkte die Flasche und machte sich nicht die Mühe, ein Glas aus dem Schrank zu holen.

Ans Kopfende des Bettes gelehnt, halb aufgerichtet, nahm sie einen kleinen Schluck. Ah, das tat gut. Sie lachte bitter und hob die Flasche zum Mund. Was soll's. Sie zog an der Nachttischschublade, versuchte sie mit einer Hand zu öffnen. Sie klemmte, so dass Sofia ihre ganze Kraft brauchte, um sie einen Spalt weit aufzuziehen. Sie langte mit ihren Fingern hinein, suchte zwischen den Taschentüchern, dem Sudoku-Block, den Stiften und einer Tafel Schokolade. Sofia fühlte die Schachtel mit den Eheringen, die sie seit dem Tod ihres Mannes im Nachtschränkchen aufbewahrte, weil sie ihren Ring nicht mehr tragen wollte. So waren die Ringe beieinander und ihr im Schlaf ganz nah.

Endlich fand sie, was sie suchte. Sofia atmete tief ein und aus. Nahm einen weiteren Schluck aus der Flasche. Ihre Hände zitterten, als sie die kleine Packung öffnete. Albert, ich komme zu dir, flüsterte Sofia in die Dunkelheit. Komm, komm, lass uns zwischen Sonnenblumen Karussell fahren, lass uns tanzen, nimm mich wieder in deine Arme! Sie nahm eine Handvoll Tabletten und spülte mit dem noch verbliebenen Chianti nach. Erschöpft sank sie in das Kissen.

Langsam bewegte Sofia ihre rechte Hand und schaute ungläubig auf ihre faltigen Finger. Wo war sie? Wo war Albert? Der Wecker tickte dumpf. Ihr Kopf schien verletzt. Ihr war so schwindelig. Warum drehte sich der Kronleuchter über ihr? Ihr Magen rebellierte, die Übelkeit kam in Wellen, das Floß schwankte, die Wellen rissen sie mit. Ach ja, Rotwein. Wieso hatte sie den getrunken? Mein Gott, es hatte nicht gereicht!

Wie lange war sie bewusstlos gewesen? Sofia blinzelte, schob sich langsam zur Seite aus dem Bett und fing sich gerade so mit dem linken Arm auf dem Boden ab. Sie versuchte aufzustehen, doch sie fand keinen Halt. Was war mit ihren Augen los? War da noch jemand in der Wohnung? Susanne? Sie kroch auf allen Vieren zum Badezimmer. Als sie zu sich kam, wusste Sofia nicht, wie lange sie am Wannenrand gesessen hatte. Sie drehte den Wasserhahn auf, fing mit einer Hand ein wenig Wasser auf und spritze es sich ins Gesicht. Zitternd schob sie sich über den Wannenrand und ließ kaltes Wasser über ihren Kopf laufen, in das sich Tränen mischten. Wie konnte sie sich das nur antun wollen?! Und ihren Töchtern? Sie streifte mit Mühe das zerknitterte Kleid, das nach Schweiß, Urin und Alkohol stank, von ihrem Körper. Sie zog sich den Frottee-Bademantel an und fand mühsam den Weg in die Küche.

Ihre Hände zitterten noch, als sie sich Pfefferminz-Tee aufgoss. Sie saß auf dem Küchenstuhl, dessen Farbe über die Jahre abgeblättert war. Ihren Kopf auf einer Hand aufliegend schlürfte sie zaghaft den dampfenden Tee aus der Tasse.

Im ersten Morgenlicht hockte Sofia zusammengesunken am Küchentisch und sah den grauen Wolken zu, die von ihr wegzufliegen schienen. Mit jedem Schluck Tee fand sie langsam zu sich zurück. Sie saß da und sah den kleinen Dampfkringeln zu. Ab und an seufzte sie leise, musste husten. In ihrem Kopf hämmerte es. Kinderstimmen ertönten im Hausflur. Nebenan wurde die Musik lauter. Sofia merkte nicht, wie sie in Gedanken das Lied aufnahm. Kurz darauf summte sie es kaum hörbar mit. Sie trommelte mit ihren Fingern gegen die Tasse, sog den Duft der Pfefferminze ein. Sie sah den Wolken nach. *O sole mio* ... Ob das die Gondolieri in Venedig noch immer für die ewig neuen Touristen sangen?

Sofia holte das Bild aus dem Schlafzimmer, drückte es fest an ihre Brust. O Albert! Ihr Herz stockte. Sie war jetzt ganz ruhig. Langsam ging sie zur Tür, nahm ihre Handtasche und zog die Tür hinter sich zu.

Tobias Rebscher

Zimmer in Berlin

Ein paar schreiende Kinder drücken sich auf die freien Sitze. Ich knacke meine Finger und versuche ruhig zu atmen. Mir wird schlecht, da der Penner gegenüber nach Kotze stinkt. Mein Kopf hämmert. Mein Rachen schmeckt nach altem Sodbrennen. Die Kindergärtnerin dreht sich um. Sie ist in meinem Alter, nicht hübsch, nicht wirklich, hat rote Haare und Mandelaugen, aber einen Hals wie eine Giraffe und zu viele Sommersprossen, um schön zu sein. Sie trägt eine dieser hippen Leggins und einen kurzen Jeansrock, darüber eine eng anliegende grüne Bluse mit einem Eulen-Button auf der Brust. Ich hasse Eulen. Außerdem ist sie mager, die Kindergärtnerin, sie hat eine Figur wie ein Junge, keine Oberweite, eine Taille wie ein Strich. Aber sie schaut mir in die Augen, so lange, dass mein Herz dümmlich anfängt zu schlagen. Ich halte ihrem Blick stand. Ihre Zähne liegen ein wenig schief im Mund. Ich frage mich, wie sie nackt aussieht. Ich stelle mir vor wie ihre flachen Brüste zittern, wenn ich in sie eindringe, wie sie aufstöhnt und ihre Taille beugt. Ich spüre wie ich einen Ständer kriege und hebe mir die Tasche auf den Schoß. Die Kindergärtnerin dreht sich zu einem weinenden Jungen und fummelt ihm an der Jacke. Die kleinen Affen springen auf und fallen brüllend durch das Abteil. Das Türsignal pfeift, eine fette Frau mit Haaren auf der Lippe trommelt gegen ihren Brustkorb. Die Kindergärtnerin fegt die schreiende Meute auf den Bahnsteig. Die Türen schließen sich. Berlin ist so verkackt endgültig. Ich starre auf die bunten Linien vor dem Fenster. Das Leben fließt an mir vorbei. Ich schmecke meine klebrige Zunge und erinnere mich an den Clip über Mandelsteine und ihren unausstehlichen Gestank. Kurz vor der Hermannstraße fällt mir auf, dass ich eigentlich zum Vorstellungsgespräch beim Friseur Montoya unterwegs war. Ich steige aus und gehe stattdessen zu Gökhan in den Späti. Ich greife mir ein Bier, nichts Teures, ein Sterni, und schmecke schon beim Bezahlen den bitteren Schaum auf den Lippen. Meine Generation fängt an richtige Jobs zu haben. Ich gehe zurück zur S-Bahn, lehne mich an das schäbige Geländer und schaue dabei zu, wie die Ringbahn auch ohne mich fährt.

16. juli 2012, 09:09
Yael, how are things? the news are not too good, right? fucking rockets!!! i hope, you and your loved ones are fine! i had to go to the doctor and he gave me antibiotics, cause I was infected by chlamydia, the std. it's likely that you have it too. just wanted to let you know. sorry for the other bad news … thinking of you! how are you knees? can you do some dancing? hans

Ich sehe die Kindergärtnerin ein zweites Mal im Sysiphos. Ich fühle mich wohl, kenne die Betreiber, mag es, dass der Laden stinkt und ranzig ist. Sie überragt die meisten um einen Kopf, ich kann gar nicht fassen wie groß sie ist. Ich ziehe an meiner Zigarette und hülle sie in Rauch. Auf meinem Schoß liegt das, was von dem Mädchen übrig ist, mit dem ich mich hier treffe. Sie hat zu viel eingeworfen, gekotzt, ist umgeklappt. Ihre Brombeerlippen saugen kaugummiartig an meinen klebrigen Fingern. Ich schaufle sie weg, ihr Kopf fällt verkrampft auf das schäbige Sofa. Ich drücke mich vor zu den Boxen. Die Kindergärtnerin ist leicht auszumachen. Ihre Haare mal grün, blau, wie eine Vogelscheuche ragt sie in die Höhe. Jemand drückt mir einen Vodka in die Hand. Ich trinke und atme die Schärfe des Alkohols aus. Kunstnebel explodiert, ich sehe pulsierende Lichter und warte ab. Jemand greift nach meiner Hand. Eine Schnecke kriecht über meine Haut. Die Brombeerfrau zieht sich unkoordiniert an mein Gesicht, leckt meinen Hals, ich drücke sie weg. Sie wankt zurück in den Nebel und wird von tausenden Händen dankend aufgefangen. Ich schaue mich nach der Kindergärtnerin um, finde sie nicht, stolpere raus zu den Autoskeletten, den Feuertonnen, an Schlafenden vorbei zum Eingang. Sie ist weg. Uli spendiert mir an der Bar zwei Jägermeister. Es gibt nichts Besseres, wenn man drauf ist.

16. juli 2012, 10:23
Hans, fuuck!! Too many problems now, too much!! I hate it all :((my knee are shit, life is shit, … I means its getting better, but still hurt! I go to the doctor he did xrays and i will go again for results on sunday. it sound shit. Like I destroyes it all!! Shit, i hate it!! Sorry!
Walk is ok
but not normal
I cant work, so no money
And now this war, as if i dont have enough problems! I hate it!! So much!!
But i dance. a little. And it beautiful! And the desert is pretty, my house cool and the town good. I miss you. And your friends!! miss Berlin and electro!
What do they say about the war? in your news? Yael

Ich hasse das. Die Kundin kommt zu früh und sitzt rum. Das Klacken ihrer Fingernägel auf dem Glastisch macht mich ganz kirre. Sie wippt mit ihrem fetten Bein, blättert in einem Magazin und wirft mir aufgedunsene Blicke zu. Neukundin, Kategorie Ostpocken. Ich versuche sie auszublenden und mich auf Tom zu konzentrieren. Ich mag Tom. Er ist ruhig und genießt es die Haare geschnitten zu bekommen. Wenn ich seine Nackenhaare rasiere, schließt er die Augen. Tom hat schöne Locken. Er hat Angst wie eine Hete auszusehen. Ich föhne seine Haare heute länger, will gar nicht damit aufhören. Tom genießt meine Berührungen, erst wenn ich ihm sage, dass es vorbei ist, macht er die Augen auf. Es ist vorbei. Tom lächelt und drückt mir einen Fünfer zusätzlich in die Hand. Wir machen einen Termin für nächsten Monat aus. Tom drückt sich zum Abschied schüchtern an mich, ich will ihn gar nicht loslassen. Im Hintergrund stemmt sich die Frau schnaufend aus dem Stuhl. Was darf es denn sein? Was Hippes? Wie wäre es mit einem schönen Bob, einem graduierten? Keine Ahnung, wie ich das schaffen soll. Zum Duschbecken. Strähnen? Wirklich? Herzlichen Glückwunsch, aschblond ist wohl die schlechteste Wahl. Ich greife nach dem Pinsel. Kein Painting? Foliensträhnen? Mir ist nach Folie rauchen. Nach dreimal ausbessern schaufle ich sie aus dem Salon. Sie hat geguckt wie eine fette Kuh. Ich würde gern lachen, aber stattdessen trete ich nach ihren Haaren. Ich will duschen, fühle mich dreckig, ausgenutzt, prostituiert. Zuerst Laden putzen. Ich hol mir ein Becks aus dem Kühlschrank und lege das Draussen Ists Schöner Set von Kollektiv Ost auf. Ich fege den Laden, fange hinten bei den Duschbecken an und bahne mir einen Weg vor zu den Schaufenstern. Es fühlt sich gut an. Aus dem Augenwinkel sehe ich, dass vor dem Fenster ein Mädchen steht. Sie erinnert mich an wen, hat das Gesicht voller Sommersprossen, hat einen feinen Lidschatten und die Augen mit Kayal betont. Sie hat noch glänzende Sterne auf der Stirn. Die Uhr zeigt sieben. Das Kollektiv dröhnt im Hintergrund. Autos, Fußgänger, alle rasen am Fenster vorbei, an uns beiden, wir stehen in einer Filmszene, in einem Foto, aber es fehlt der Rahmen. Sie verlässt die Bühne. Ich suche die Taschen meiner Jacke zitternd nach Tabak ab und gehe vor die Tür, drehe mir eine Zigarette und warte, schwanke von einem Fuß auf den anderen, drehe mir noch eine und setze mich auf die unterste Treppenstufe. Ich will Musik, ich will Ablenkung. Ich will MDMA.

19. juli 2012, 23:34
dear Yael, hmm, from what i hear: again, it all started with rockets shot at israel and israel answering with military operations to destroy the places from where they shoot the rockets with airplanes but also that israel might start a ground offence, if the rocketfire doesn't stop? are you in tel haviv? what do you know and what do you make of it?? following the news and thinking of you! thinking of you dancing! hans

High zu sein ist wundervoll. Ein Freund von mir meinte mal, es sei wie mit einem fremden Mädchen auf der Fahrradstange in den Sonnenaufgang zu fahren. Alles ist so leicht, dass man weinen möchte. Es ist Morgen. Ich bin wieder gelandet und schiebe mich durch die Horde von Zombies. Mit riesigen Pupillen schwanken sie ins Leere, lecken sich gegenseitig ab oder glotzen halbtot vor sich hin. Ich hänge mein Gesicht ins Waschbecken und lasse mir von Johanna einen Cuba Libre machen. Frische Luft. Schwaden von Schweiß, Zigaretten und Feuer. Ich hab Lust weiterzutanzen, gehe runter zum Teich und tunke mein T-Shirt ins kalte Wasser. Die Sonne ist heiß, aber ich will nicht ins Dunkle, nicht solange Sommer ist. Der Himmel leuchtet. Schöne Frauen, schöne Männer. Schöne Musik, was will ich mehr? Gleich sollte ich im Salon sein. Scheiß drauf. Hier will ich sein. Hier ist es perfekt. Ich drehe mir einen Joint und streichle den süßlichen Rauch mit meiner Zunge. Alles ist perfekt.

20. juli 2012, 10:08
Hi Hans, so … they dont call it war. We just try to hit targets, not inesents and its no country - its organizition. But it fill like war. a lot of my friends are in the army now, go back. I worry. The rockets can go more long and its a big range now they can reach. we all are confused. facebook is so much full of posts and ifromation about it – what to do and what not – what options? alternatives? i have friens I cant believ they are my friends!! They say „kill tehm all, we have to finsih with it, fukc Gaza, delete it!! Bute some say -like me- we are angry about the situation, how it started, just me? and the timing before the elections. But there is no other solution for now. maybe helping Gaza to develop for long, but now? no. we understand the attack but hate it so much and hat Bibi and all sucks and is confused.
its strange- israel my country- mine- i love this country. its full of war and racist people. i cant live without her (in hebrew its she) but i dont want to live with her like this. so i keep tell myself the words from a song. its my county i love so if the ground is on fire i need to fight for it to be better to make her open the eyes … thinking of you. always jealus. but still optimist Yael

Ich blinzle. Mein Radiowecker wirft rote Zahlen an die Wand. Es ist ein wolkiger Tag, zwischen den Vorhängen bricht graues Licht in mein Zimmer. Ich hab noch immer nicht tapeziert. Mein Smartphone zeigt eine Nachricht an. Yael. Ich zögere, aber drücke sie weg. Mein Kopf dröhnt. Kleider liegen im Zimmer verstreut. Trostlos. Zwei gebrauchte Kondome kleben zugeknotet auf den Dielen. Ich friere und ziehe mir die Decke über die Schultern. Und spüre die Wärme nackter Haut. Scheiße, sie ist richtig jung. Ich lasse meine Hand vorsichtig über ihren Körper gleiten und spüre wie ihr Schamhügel hart aus der Hüfte sticht. Einzelne Bilder haften sich an meine Netzhaut. Bierflaschen auf dem Bordstein. Der Schnauzer des Taxifahrers. Die scharfen Knöchel ihrer Wirbelsäule. Ich fühle mich hohl, eingesperrt, habe das dringende Bedürfnis hier rauszukommen, alles hinter mir zu lassen. Ich stehe auf, lehne mich gegen den aufkommenden Schwindel und steuere das Klo an. Beim Pinkeln merke ich, dass mir noch ein Kondom überm Schwanz klebt. Die Haut ist gerötet und juckt. Ich dusche und fische mir Klamotten aus der Waschmaschine. Sie hat es nicht bemerkt, kein Smalltalk, kein unangenehmes Schweigen. Ich stoße die Haustür auf und atme die kühle Luft ein. Das Wetter ist scheiße, aber das Gewicht, das von mir abfällt, ist riesengroß. Es riecht nach Regen.

Ich ignoriere die Kopfschmerzen und laufe Richtung Bäcker, kann nicht mehr
an mich halten und fange an zu laufen, renne immer schneller, will alles hinter mir lassen. Mehr Bilder tauchen auf. Meine Hände in ihren Haaren. Ihr
seltsam abgeknicktes Genick. Mich überkommt ein Gefühl der Leere, der
Einsamkeit und ich höre auf zu rennen. Beim Bäcker kaufe ich mir ein Kon-
terbier und eine Schrippe, setze mich auf einen Fenstersims und rauche. Ich
beschließe Richtung Schlesischem Busch aufzubrechen, mich bringt nichts
mehr zurück in meine Wohnung. Die Oberbaumbrücke ist überfüllt mit Mu-
sikern. Kinder spielen am Görlitzer Ufer. Touristenboote drängeln sich durch
den Landwehrkanal. Auf der Wiener Brücke höre ich die ersten brummenden
Bässe. Ich klettere über den Zaun und laufe durch die Büsche. Ich lege mich
ins Gras. Ich tanze. Ich hole mir ein zweites Bier. Ich bleibe, bis die Musik
abgedreht wird. Die Lichterkette glüht. Was geht noch? Ich ruf Dreher an,
Grätchen, Paul geht auf eine WG-Party in Neukölln. Klingt gut, ich muss
mich noch umziehen, laufe heim, werfe meine Jacke in den Flur und stoße die
Tür zu meinem Zimmer auf. Es ist leer. Ich bin alleine. Das Mädchen ist fort.

Kerstin Krischak

Tonspur

Der Morgen schälte sich aus milchigen Novembernebeltüchern. Susanne schwang sich auf ihr neues Rad und fuhr dem diffusen Lichtversprechen entgegen. Hoher Lenker, bequemer, abgefederter Sattel, überschaubare Gangschaltung, im Vergleich zu ihrem alten Sportrad fühlte sich das wie S-Klasse an. Sie war vor kurzem fünfzig geworden und hatte beschlossen, die Arena verblühender Eitelkeiten anderen zu überlassen. Aufrecht und mit erhobenem Haupt konnte sie den Blick weiter schweifen lassen und lenkte heute mutig einen halben Meter neben der ausgefahrenen Spur am Wiesenrand entlang. Es kam einer Landnahme gleich. Im blattleeren Holunderstrauch debattierten die Spatzen über die schlechten Sicht- und Flugbedingungen, ein farbenprächtiger Fasan duckte sich in die Furche und stellte sich tot. Sie lauschte nach den kehligen Rufen der Kraniche, die Sehnsucht nach diesen Vögeln wuchs mit jedem Jahr, aber heute blieb es am Himmel stumm. Sie liebte den Weg zum Bahnhof. Hier hielten sich die Abwehrkräfte gegen die Angriffe der Großstadt noch im Unterstand. Plötzlich rief und schüttelte es in der tiefsten Senke ihrer Tasche und riss sie aus der Morgenstimmung. Wie jeden Morgen schleuderte ihr der kleine Zeitfresser den Imperativ vor die Augen: „Make the most of now!". Dieser Spruch haftete wie ein Ohrwurm, der den Tag verschmalzt und sich wie ranziger Bodensatz niedersetzt. „Die Ton-Aufnahmen sind da!", Susanne starrte auf das Display und wusste im ersten Augenblick nichts damit anzufangen, „Ich schicke dir den Link." Da fiel es ihr wieder ein. Beim Surfen im Internet war ihre Tochter Klara vor einigen Wochen auf ein Interview mit dem Großvater, Susannes Vater, gestoßen. Ein dreistündiger Lebensbericht, kurz vor seinem Tod vor fast fünfzehn Jahren aufgenommen. Niemand in der Familie wusste davon. Auf die Nachfrage nach den Originalmitschnitten erhielt Klara tatsächlich Antwort. Sie war danach ganz aus dem Häuschen, ihre Stimme überschlug sich am Telefon. Der Großvater segelte als Kapitän durch ihre Kindheit, saß mit ihr im Piratenbaumschiff, hisste die Totenkopfflagge, brachte ihr das Schwimmen bei und beschützte sie vor den Angriffen der Seeungeheuer. Sie war neun als er starb. Und jetzt waren diese Aufnahmen offensichtlich angekommen. In Susannes Kopf wirbelten Bilder wie spitze Puzzlestücke durcheinander, blitzten kurz auf, änderten die Richtung und entschwanden wieder. Mist! Das Vorderrad rutschte zur Seite. Sie konnte den Lenker kaum halten. Jetzt bloß nicht in die Krume kippen. Sie kam nur mühsam wieder in Tritt und holte sich den schwarzen Weg unter die Räder, auf dem sie sich wie an einem Seil zum Bahnhofsplatz ziehen ließ. Hinter den hohen Pappeln schob sich inzwischen die Sonne über den Horizont, verschluckte den Nebel und tupfte rote Wolkenfetzen an den Himmel. Die Krähen umkreisen mit lauten Rufen die Kirchturmspitze am anderen Ende der Straße. Auf dem gegenüberliegenden Bahnsteig erkannte Susanne die vertrauten Gestalten der beiden Alten. Sie waren wie so oft schon früh morgens unterwegs auf der Suche nach den Pfandflaschen der letzten Nacht. Er war nicht sehr groß, trug eine Schiebermütze und seine Augen wanderten flink und zielgerichtet die Bänke und Papierkörbe entlang. Das Gesicht der Frau sah aus wie die Schale einer alten Walnuss, sie lief sehr langsam und das Gehen schien ihr große Schmerzen zu bereiten. Sie ging weit nach vorn gebeugt und ihre Arme ruderten in weit ausholenden Bewegungen als wolle sie mit starkem Flügelschlag der Schwerkraft entkommen. Die Beiden schienen sich ohne Worte zu verständigen. Jetzt setzten sie sich auf eine Bank. Wie Philemon und Baucis, dachte Susanne und meinte die Liebeseinsamkeit zweier alter, für die anderen eiligen Passanten unsichtbar gewordener Menschen. Und plötzlich nahmen sie die Umrisse ihrer eigenen Großeltern an, wie sie beieinander sitzen auf der Gartenbank unter dem alten Kirschenbaum. Alles, was eine Gestalt besitzt, verschwindet irgendwann, dachte sie, aber Gefühle bleiben doch erhalten. Warum nur konnte sie kein Gefühl für ihren Vater finden? Sein Bild verschwamm immer wieder, egal was sie auch versuchte um ihn zu befestigen und in welche Häute sie ihn schlüpfen ließ. Auch sein Wesen blieb bis ins Innerste ausgefranst. Susanne dachte an die Tonaufnahmen und bekam eine Gänsehaut. Die Stimme des Vaters, nach fünfzehn Jahren! Vielleicht kamen dann auch seine Konturen zurück und sie könnte endlich die Puzzlestücke zusammen fügen und sein Bild festhalten. Die Gedanken drehten sich weiter wie Kreisel, ohne dass sich dabei die Schnur abwickeln konnte. Der einfahrende Zug holte sie wieder zurück in den Morgen und auf den Bahnsteig. Susanne schob sich zwischen die müden Körper auf die Seitenbank, nahm ihr Buch und gab sich den monotonen Fahrgeräuschen hin. Sie versank in die dramatischen Geschehnisse in einem kleinen Fischerdorf an der portugiesischen Atlantikküste bis sie die ersten Töne eines bekannten deutschen Volkslieds wieder an die Oberfläche holten und das Ende der Zugfahrt ankündigten. Sie schlüpfte in ihre Jacke und verschnürte sie wie einen Schutzanzug. Die Leute warteten schon an den Türen wie Rennpferde in der Startbox. Am späten Nachmittag würden sie alle wieder eingefangen werden. Die Termine und Gesichter der kommenden Verabredungen liefen wie Nachrichtenzeilen über ihren inneren Bildschirm und sie prüfte den jeweiligen Grad ihrer Gelassenheit, wusste sie doch, dass wieder irgendeiner der Klienten ihre Pläne durchkreuzen und das mühsam errichtete Tagesgerüst zum Einsturz bringen würde. Susanne zögerte noch und sah in die matte, von einem bleichen Hof umringte Sonne. Es half nichts, sie musste nun doch den Notruf wählen. Sie hatte ihn seit einer Woche nicht gesehen, er ging nicht ans Telefon, öffnete nicht die Tür. Der Briefkasten quoll bereits über. Sie presste noch ein letztes Mal das Ohr an die Wohnungstür, aber es war nichts zu hören. Totenstille. Die Nachrichten, die sie ihm auf kleinen Zetteln hinterlassen hatte, steckten alle noch am Türrahmen. Sie kamen innerhalb von 5 Minuten, ein Mann und eine Frau in kugelsicheren Westen. Kurzer Austausch zur Vorgeschichte und digitaler Datenabgleich. Die Adresse war für die Polizisten kein unbekanntes Gelände. Erkundigungen auch bei den Nachbarn. Widersprüchliche Angaben. „Der hat doch gestern noch gefeiert", „Nee, der doch nicht, den haben wir seit einer Woche nicht gesehen und gehört!" Erst nach lautem Zurufen öffnete sich die Tür und ein bleiches verschlafenes Gesicht lugte durch den Türspalt. Das war wohl der Mann, der durchgefeiert hatte. Keine neuen Erkenntnisse. Gefahr im Verzug! Mit dieser Meldung ging der Ruf nach Feuerwehr und Notarzt raus. Es dauerte nur wenige Minuten. Sechs Mann blieben im Löschzug sitzen. Der Einsatzleiter trat an Susanne heran, „Nächstes Mal vor 12 Uhr anrufen, oder nach 15 Uhr, wir hatten gerade Ruhezeit nach einer 24-Stunden-Schicht!" Sie war nicht sicher, ob er das ernst meinte, seine Mimik blieb ohne erkennbare Regung. Er stemmte sich gegen die Wohnungstür, konnte jedoch keine Schwachstelle zum leichten Öffnen finden. „Nicht in Schuhen!", versuchte ihn die Nachbarin aufzuhalten, aber da stürmte er schon an ihr vorbei auf der Suche nach dem passenden Fenster, um von außen einsteigen zu können. „Wir brauchen einen DLK!", rief er hinunter. An Susanne gewandt übersetzte er: „Eine Drehleiter mit Korb." Wieder Warten. Sie hielt sich lieber im Hintergrund. „Sie sind doch früher auch was anderes gewesen?", sprach der Einsatzleiter sie unvermittelt an. Woran er das erkannt habe? „Meine Frau auch, jetzt arbeitet sie beim Jugendamt, die kann vielleicht Geschichten erzählen. Ich war früher Geologe, Bergbauakademie" – hier brach er abrupt ab, denn der DLK fuhr gerade heran. Bergbauakademie, da hatte sich ihr Vater auch mal beworben, wollte ursprünglich Markscheider werden, war aber dann seinem Kindheitstraum gefolgt und zur See gegangen. Jetzt standen schon drei Einsatzwagen vor dem Haus. „Zehn Euro, dass der Mann nicht da ist!", der Größte und Kräftigste von den Feuerwehrleuten fuhr mit dem Korb nach oben bis zum dritten Stock. Schaulustige drängelten auf dem Bürgersteig und hielten ihre Handys in die Höhe, dazwischen die zuckenden blauen Lichter. Susanne stand mit dem Notarzt vor der Wohnungstür und versuchte ihre Aufregung in die Füße zu atmen, dass hatte sie bei endlosen Sitzungen auf dem Zahnarztstuhl gelernt, und es half auch jetzt, Halt und Boden zu finden. Hinter der Tür näherten sich Schritte, der Schlüssel drehte sich im Schloss. Doch zuerst traten die beiden Polizisten ein und sicherten die Wohnung.

„Wer tot ist, hat verloren!" Zwei Jungs im Alter von sechs oder sieben Jahren fachsimpelten aufgeregt in der S-Bahn über ihr neuestes Computerspiel. Susanne war auf dem Weg ins Krankenhaus. Was hat er verloren, fragte sie

sich. Das Leben? Das Leiden? Die Hoffnung? Er sehnte sich nach Hause,
denn in Deutschland war er nie richtig angekommen. Er fror hier auch im
Sommer. Bei ihrem letzten Gespräch hatte er von seiner Kindheit erzählt und
vom Haus seiner Eltern in Porto Santo, das seit deren Tod leer stand. Dabei
wurde er wieder der kleine Junge, der seinen Vater zum Hafen begleitete, wo
die alten Männer in Trauben dichtgedrängt und in ihr Kartenspiel vertieft um
kleine Tische saßen. Jede ausgespielte Karte wurde gleich mit einem flachen
Stein bedeckt, damit der Wind sie nicht wegbläst. Es war seine Aufgabe für
den Nachschub an Steinen zu sorgen, die er am Kieselstrand des Duoro sam-
melte Während er sprach, kam sein ganzer Körper in Bewegung, seine Augen
strahlten und das Feuerzeug in seiner Hand verwandelte sich in einen blanken
Kieselstein. Susanne beneidete ihn um diese Erinnerungen und stellte immer
mehr Fragen. Ihre Kindheit lebte manchmal in Gerüchen wieder auf. Gemäh-
ter Rasen, gebratener Speck, Zigarettenrauch. Aber sie fühlte nichts dabei,
saß wie in einer abgedunkelten Loge und beobachtete das Geschehen auf der
Bühne ohne das Stück zu verstehen.
Sein schmächtiger Körper verlor sich in den weißen Krankenhauslaken. Er
lag bewegungslos und das dunkle Haar machte sein Gesicht noch blasser. Der
Tropf zählte die Stunden. Seine Augen starrten ins Leere, als betrachte er einen Fluss, der dahin strömt und in der Ferne verschwindet. Mühsam drehte er
den Kopf in Susannes Richtung und schaute sie fragend an.
Ihren Vater hatte sie nie im Krankenhaus besucht. Er wollte es nicht, zog die
Mauer um sich herum noch höher und Susanne hatte sich seinem Wunsch
auch nicht widersetzt. War es Angst oder Gleichgültigkeit, sie wusste es bis
heute nicht. Der Krebs verwüstete seinen Körper und seine Gedanken. Als sie
ihn das letzte Mal sah, konnte er schon nicht mehr sprechen, sein Blick blieb
ohne Lidschlag starr an die Decke gerichtet und ihre Fragen ohne Antwort.
Irgendetwas war anders. Susanne blieb auf dem Bahnhofsplatz stehen und
blickte sich um. Das laute krächzende „Schäck-schäck-schäck" der Elstern
verhieß Gefahr. Und dann sah sie es. Die hohen Pappeln waren weg. Alle.
Abgeholzt. Die Stümpfe ragten wie amputierte Zeigefinger aus dem Erdreich.
Während die Krähen den Kirchturm erfolgreich verteidigten, flatterten die
Elstern auf der Suche nach ihren Nestern ziellos über die Bahnsteige. Susanne
ging stockend weiter und ihre Augen suchten die Straßen nach den beiden Al-
ten ab. Sie sehnte sich jetzt nach dieser Begegnung als suchte sie nach einem
Stück Heimat, einem Beweis ihrer eigenen Existenz. Da drüben waren sie.
Susanne wechselte die Straßenseite und folgte ihnen. Er trug die schweren
Taschen. „Gib acht!", sagte die Frau und griff nach seinem Arm. Doch da
stolperte er bereits. Susanne sprang hinzu und hakte ihn unter, die leeren Flaschen rollten klirrend auf die Straße. Sie staunte selbst über ihren festen Griff.
Sein Körper lehnte sich dankbar an ihren. Es dauerte nur wenige Sekunden
und keiner der Vorbeigehenden nahm Notiz von ihnen. Doch in diesem kurzen

Augenblick spürte Susanne den wärmenden Mantel, der um die Beiden lag und plötzlich war sie es, die sich anlehnte. Zögernd rückte sie wieder von ihm ab und half, die Flaschen einzusammeln.

Der Nachmittag bog sich in die Dämmerung. Auf dem Wiesenhügel stieg Susanne vom Rad und beobachtete den Himmel. Wie gewaschenes Licht, dachte sie. Und dann hörte sie die Kraniche, konnte sie aber nicht sehen. Die Wolken hingen zu tief. Unsichtbar waren sie sogar noch schöner, noch geheimnisvoller. Sie fuhr weiter und freute sich über neue Radspuren in der Grasnarbe. Vor der Haustür fand sie einen Korb Äpfel, griff hinein und wog einen von ihnen in der Hand. Seine glatte Schale leuchtete goldgelb und war mit feinen roten Streifen durchzogen. Sie rieb an der Schale und hielt ihn an die Nase. Der Nachbar stand hinter dem Gartenzaun und winkte herüber, „Winterprinz, ganz alte Sorte. Du solltest Most daraus machen!" Das war also die geheime Botschaft ihres Handys! Lachend winkte sie zurück, biss in das feste Fruchtfleisch und ein köstliches Aroma kroch über ihre Zunge.

Sie stand im Schuppen neben dem Haus ihrer Eltern. In der Ecke stapelten sich die Horden mit Äpfeln für den Winter. Der süßliche Apfelduft vermischte sich mit dem Geruch von frisch gehobeltem Span und Holzleim. An der Wand hingen die Werkzeuge in Reih und Glied nach Größe sortiert. Sie war acht oder neun Jahre alt und es war einer der wenigen Tage, an denen der Vater zu Hause war. Er hatte einen dicken Ast Kirschbaumholz in den Schraubstock gespannt und bearbeitete ihn mit der groben Feile. Susanne saß auf einem wackligen Holzhocker und ließ die Beine baumeln. Sie sah in sein Gesicht. Immer wieder schob sich seine Zunge zwischen die schmalen Lippen. Seine Hände bewegten sich ruhig und sicher, als folgten sie einem schon vor langer Zeit festgelegten Plan. Jetzt griff er nach dem Schleifpapier und fuhr sanft über die Kanten. Er betrachtete sein Werk von allen Seiten und liebkoste es immer wieder mit den Händen. Susanne stand auf und drehte sich zur Wand, weil sie merkte wie die Tränen hoch stiegen, obwohl sie die Augen mit ganzer Kraft zusammen kniff. Leise schluchzte sie vor sich hin, „Papa hör zu, ich wünsche mir ein Pferdchen, kein Gewehr aus Holz."

„Das erste Luftjewehr, das kriechte ich im Alter von acht Jahren, und wenn ich dann damit jeschossn und jetroffn hab, ging mein Vater zu seinen Soldaten und sagte: ‚seh'n se, so schießt ein junger Preuße!'", dröhnte eine Stimme gleich nachdem Susanne auf den Link geklickt hatte. Das war doch nicht seine Stimme! In diesem Dialekt hatte er zuhause nie gesprochen, dachte sie enttäuscht. Sie ließ die Aufnahme weiter laufen. Doch die Art, wie er weiter sprach, wie er die Pausen setzte, welche Worte er wählte, doch, das war ihr Vater. Seine Schrift hatte sie damals sofort erkannt als sie die Berichte in ihrer Stasi-Akte las.

Maike Scheipers

Panzerspiel

„… wenn ihr an ihn denkt, denkt an die Stunde, in der ihr ihn am liebsten hattet."

Mutters Hände greifen schneller als ich zum roten Besen – den aus der Behindertenwerkstatt. Sie kehrt die Küche von rechts nach links, unter dem Tisch mit dem grünen Deckchen, entlang der braunen Schränke, bevor sie die wenigen Krümel mit dem Handfeger aufnimmt und durch die Terrassentür nach draußen setzt. Sie ist dabei nicht mehr so flink wie früher. Mutter hat immer gearbeitet, hat andere Haushalte auf Vordermann gebracht. Mutter hat nie viel erzählt. Ich kenne auch niemanden, der ihr zugehört hätte. Sie war immer tätig. Mutter gab es in der sechsten Klasse auf, mir zu helfen. Meinem Vater zeigte ich meine Hefte nicht. Er nannte mich Schalentier. Er war meistens mit seiner Vogelvoliere beschäftigt. Unsere Nachbarin zur Rechten kratzte regelmäßig in den Gehwegritzen. Sie lauerte mir auf, um zu sagen: „Lern du mal arbeiten, Jung". Ich straffte mich dann, zog die innere Rüstung an und marschierte aufrecht an ihr vorbei. Dem schwarzen Hund vom Wendehammer gab ich ein Stück Fleischwurst, wenn er ihr in die Primeln kackte. Manchmal durfte ich den Pudding von Vater löffeln, bevor er nach Hause kam.

Vater ging dann.

Er erklärte mir nicht, warum, er verließ uns einfach.

Ob meine Eltern mal jung waren? Ich kann mir nicht vorstellen, wie sie unbedarft, frierend und nackt in den Waldsee sprangen und sich verliebtes Zeug in die Ohren wisperten, statt zur Arbeit zu gehen. Aber es gibt mich ja. Bernd behauptet, ich sei Einzelkind in Einzelhaft gewesen. Klugscheißer.

Meine Mutter war mit sich zufrieden, wenn ich keine Fragen stellte und sie zeitig am Frühstückstisch die Stullen für die Schule fertig und das Mittagessen schon klein geschnibbelt hatte. Darf ich meiner eigenen Mutter vorwerfen, dass sie sich nicht beklagt? Die Dinge hinnehmen – ich kann das nicht. Wenn ich mein Umfeld nicht ändern kann: Mutter, Vater, das kapitalistische Ausbeutersystem, dann mache ich eben *mein* Ding. Mutter weigerte sich, sich Sorgen zu machen.

In Afrika drehen sie eine Matschkugel um kleine Vögel, bevor sie ins Feuer geworfen werden. Wenn die Kugel gar ist, wird der getrocknete Klumpen aufgebrochen, die Federn bleiben hängen und der kleine Happen kann verzehrt werden. Vaters Vögel gingen an den Vogelzuchtverein.

Irgendwann war Vater wieder da. Die acht Jahre seines Fortbleibens waren kaum aufgefallen. Mir hatte er nichts zu sagen. Mutters Hände waren rissiger.

Auch sie macht ja im Grunde ihr Ding. Sie betrat mein Zimmer nie unaufgefordert. Es soll Mütter geben, die stöbern in der Wäsche und in den Schubladen ihrer Söhne. Meine Mutter schien nie das Verlangen gehabt zu haben, in mich einzudringen. Vielleicht hat sie es aber auch einfach früh aufgegeben. Womit habe ich ihren Respekt verdient? Bernd sagt, es sei ein Geschenk, wenn man Liebe nicht verdienen muss. Manchmal bin ich gerne ein Sohn, auf den sie stolz sein kann.

Mutter kochte wieder Kartoffeln und dunkle Soßen mit Fleisch. Ich aß mit, nur irgendwann kein Fleisch mehr. Meinen ökologischen Abdruck will ich so gering wie möglich halten. Den Konsum habe ich eingeschränkt. Bernd meint, er würde mir Erfolg und mehr Geld wünschen. Mehr Geld könnte ich für neue Sportschuhe gebrauchen. Fair trade. Die selbsternannte Krone der Schöpfung hat es geschafft, diese Erde innerhalb der letzten 150 Jahre so zu ruinieren, dass sich hier in absehbarer Zeit kein Leben mehr regen wird. Der Boden wird verseucht, die Tiere gequält, das Meer vergiftet, Waffen verkauft, Lohndumping betrieben und die meisten möchten dennoch nicht in ihrer Komfortzone gestört werden. Am besten bleibt man, wo man ist.

Letzte Woche bin ich nach dem Essen gleich spazieren gegangen. Ich wollte Mutter nicht im Weg stehen und den Kopf freikriegen. Der alte Egon Zwickert stand mit seinem einäugigen Freund an der Säge und forderte mich auf, ihnen zu helfen. Ehrlich, so ein eingespieltes Team sollte man nicht stören. Die kriegen das besser ohne mich hin. Bernd sagt, es wäre so einfach für mich gewesen, ein bisschen soziale Anerkennung zu bekommen, wenn ich mitgemacht hätte.

Ich bin froh, wenn mich meine Eltern in Ruhe lassen. Sie werden älter, ich werde älter und ich hacke Holz für unseren Kaminofen. Das ständige Aufstellen des Holzes nervt total, aber der Erfolg ist gleich sichtbar. Ich hatte den Plan, die alte Voliere bis zur Ecke vollzumachen. Das braucht seine Zeit. Wenn ich hacke, dann nehme ich es sportlich. Es deprimiert, dass ich mir im Juni die Seite zerrte. Nach dieser Blessur war dann mal für längere Zeit Pause mit der Spalterei. Solche Einbrüche ziehen runter. Von meinen Plänen lasse ich mich nicht gerne abbringen. Wenn ich alleine bin, lass ich das Telefon klingeln.

Nach dem Abitur, da hab ich es mal eine Zeit auf dem Bau ausgehalten. Auf Dauer würde ich so was nie machen, da macht man sich kaputt. Wer will denn mit Rückenschmerzen in Rente gehen? Aber ich war gut. Besser als der Polier. Das Geld stimmte. Mir war schnell klar, dass ich so nicht enden wollte. Im Laufe der Zeit wurde immer klarer, wofür ich nicht geschaffen bin.

Bernd sagt, meine Eltern hätten mich damals einfach vor die Tür setzen sollen. Mein Vater machte mich mit der pickeligen Bürokraft in der Stadtverwaltung bekannt, um mir dort eine Ausbildung schmackhaft zu machen. Wortlos verließ ich die Szene und war sicher wie nie: „ohne mich".

Heute schlage ich Schlachten am Computer, aber niemals die ganze Nacht.

Der Arbeitsmarkt will mich nicht. Die werden mich nicht reinlassen. Für die interessanten Jobs bin ich mit 45 Jahren zu alt. Die sind vergeben und ich hätte nur eine Chance, wenn ich wieder von ganz unten anfangen würde. Da ist diese Scheiß-Gesellschaft selbst schuld. Bernd meint, ich könne doch einfach als Hausmeister anfangen. Dass ich was anderes gelernt habe, scheint ihn nicht zu irritieren. Die Leiharbeitsfirma machte mir klar, dass ich dankbar sein solle, wenn sie es mit mir versuchten. Die Frau beim Einstellungsgespräch erzählte irgendwas von Umwegen im Leben, die sie auch kenne und jetzt so wahnsinnig dankbar sei, in dieser Firma eine Anstellung gefunden zu haben. Die Wege bleiben unbezahlt und die Stunden flexibel. Da kann man nix planen und kriegt nur 8 Euro die Stunde.

In der Kleinanzeige stand irgendwas von selbständigem und ergebnisorientiertem Arbeitsstil und einem hohen Maß an Zuverlässigkeit, Lernbereitschaft und Kommunikationsfähigkeit, die von dem neuen Mitarbeiter erwartet werden würden. Hohe Erwartungen an Bewerber um einen Pipijob. Bei meinem letzten Minijob wurde mir der Lohnausgleich für Krankheitstage und Urlaub verweigert. Als ich der freundlichen Stimme von der staatlichen Minijob-Hotline davon erzählte, wies sie mich auf geltendes Recht hin. Ich stellte klar, dass ich bestens über meine Rechte informiert sei und der Arbeitgeber dennoch seine gesamten Minijobber nicht gerecht entlohne. Sie riet mir mit dem Arbeitgeber zu sprechen, was ich ja bereits getan hatte. Trine. Wo denn dann das Problem sei? Mein Problem ist, dass ich zwar Geld nachgezahlt bekommen hatte, sie mich danach aber umgehend rausgeschmissen haben. Klar hätte ich mich weiter aus dem Fenster lehnen können. Bernd sagt, ich hätte ja mal kämpfen können. Kämpfen für andere Minijobber? Frauen, die gar nicht wollen, dass für sie gekämpft wird?! Die meisten Minijobber sind Frauen oder chronisch Kranke. Bernd sagt, jetzt sei unsere beste Zeit im Leben. Das sagt der allerdings schon, seitdem ich ihn kenne.

Andere gehen zur Arbeit, ich besuche den YouTube-Kanal von BohemianEagle, um ein paar Tanks besser kennenzulernen. Besonders in der Winterhälfte, da lockt mich nix nach draußen. Vielleicht bin ich so was wie ein Quartalssäufer. Ein Quartalsspieler. Ich zähle mich nicht zu den Abhängigen. Mein Zimmer blieb mein Reich, auch als ich meine schwarzen Jugendmöbel nach Hannover fuhr. Ich war ja nicht immer Zuhause. Das Sportstudium war eine geile Zeit. Den ganzen Tag trainieren, ohne sich rechtfertigen zu müssen. Die Erarbeitung komplexer Bewegungsabläufe kann Jahre dauern. Keiner kann mir da was vormachen. Ich bin der geborene Autodidakt.

Bernd meint, ich würde mich da systematisch überschätzen.

Im Web gab ich mir den Namen Willi Wusel. Ein Prosit zur Geburt meines virtuellen Lebens. Bernd findet den Namen kindisch.

Was wäre, wenn Eva zur Tür hereinkäme? Dann würde ich zu Willi Konfus oder Willi Schweigend. Dabei kann ich auch anders. Telefonieren zum

Beispiel geht manchmal stundenlang. Mit den Kumpels, die früher mal hier im Ort gewohnt haben. Damals stand ich einen Winter lang am Maschendrahtzaun. Danach gehörte ich zu der Fußballmannschaft. Besser spiele ich Basketball.

Bernd findet, ich sei eine arrogante Sau gewesen.

Irgendwo steht doch dieses Märchen von dem Typen, dem Panzerringe vom Herzen springen. Warum? und wieso? das habe ich vergessen. Die Märchenbücher hat Mutter weggegeben, als ich in die zweite Klasse kam. Der Druck auf dem Herzen ist nur spürbar, wenn ich Menschen begegne, die ich gerne mögen würde.

Bernd sagt, ich sei extrem. Eva huscht gerne durch den Vorhang der Vergangenheit. Sie wirbelt in meiner Erinnerung mit Paddelschlägen. Unser Wildwasserschlauchboot hatten wir in der Nähe von Novosibirsk am Ufer ausgerollt, um das Gepäck für drei Wochen zu verstauen. Getrockneter Fisch, Büchsen, Wasserbehälter, Zahnbürsten, Tampons, zwei Bücher, Schlafsäcke und Zelt und Tüten voller schlechter russischer Weichkaramelle „Kis-Kis" mit Vanillegeschmack stopften wir in die wasserdichten signalroten Transporttaschen. Ich bewunderte Eva, echt wahr, ich bewunderte sie dafür, dass sie Sprachen aufnahm wie andere täglich Coca-Cola. Englisch, Französisch und auch Russisch. Es war ihre Idee dorthin zu kommen und meine, es mit dem Wildwasserboot zu tun. Wir hatten uns organisiert, um durch die „echte" Wildnis zu treiben. Mein Herz lag in Ketten, an Evas Leine. Manchmal wurde ich zum Fremdkörper. Sie mochte meine Schonungslosigkeit Dinge zu benennen - die Ehrlichkeit eines Unbestechlichen. Das sibirische Krabbelgetier und wilde Tiere waren nix für mich. Spinnenweben finde ich ekelig. Wir poppten mit Sand und Ameisen am Hintern. Auf dem Weg ins Gebüsch rammte ich mit dem linken Fuß gegen einen bemoosten, unnachgiebigen Stein. Es fällte mich der Länge nach. Da stand fest: ich war fehl am Platze. Der große Zeh war angeknackt und nicht nur der. Manche sagten, ich sei wählerisch. Aber Hängeärsche und Riesenbrüste sind nix für mich. Und ich fühle mich in Bezug auf Frauen als Ästhet. Das Auge küsst mit. Dieses Mädchen hatte den Bann des Unberührbaren gebrochen. Für ihre rotblonden Locken habe ich mich in die Wildnis gesetzt. Was sie an mir mochte? Dieser Gedanke ist ein Maulwurf im Untergrund. Die aufgewühlte Erde nervt. Dreck. Bernd meint, ich hätte ja auch nach Mecklenburg oder Südfrankreich reisen können und ich sei ein Fuchs auf der Suche nach Beute gewesen, ohne Appetit.

Ich habe mich ganz gut im Griff. Das lernte ich im Sportstudium. Ich hatte mal einen Ruhepuls von 43/min. und super Laktatwerte. Die Kommilitonen interessierten mich nicht. Dieses Mädchen aber zog mich an. Sie besaß sieben verschiedene Fahrräder, die Marken habe ich vergessen.

Ich seh mich noch heute, wie ich den Griff der Doppelhubpumpe unter Russlands milchiger Sonne hinunterdrückte und wieder hochzog. In beide Rich-

tungen strömt Luft in die Kammern. Das nenne ich effektiv. Wir fühlten uns
wie die Eroberer Südamerikas, auf Schatzsuche, bevor sie Glasperlen tauschten. Der kalte Fluss zog uns mit. So ein sibirischer Fluss ist ein richtiger Fluss,
reißend, schäumend und hinter jeder Biegung unberechenbar. Kein Flüsschen
wie die Düssel. Nach einem Tag kenterten wir. Alles Gepäck im Fluss. Das
Boot wickelte sich um einen Felsen. Große Teile unseres Proviants waren
ersoffen. Wir hatten verfluchtes Glück, dass wir unbeschadet an Land kamen
und unter keine Wasserwalze. Mein Hirn war breitgevögelt. Drei Tage später
war ich zuhause.

Eva hat mich verlassen. Der Zauber meiner ersten Liebe hielt nicht mal ein
ganzes Jahr. Sie lag mit dem nächsten in der Kiste, bevor ich die Fotos unserer
Russlandreise entwickelt hatte. Nach ein paar Wochen ersetzte sie mich dau-
erhaft durch einen Freak. So einen Fahrradmechaniker glaub ich.

Bernd meint, ich sei ungerecht, trotzig und ein Romantiker.

Manchmal gehe ich auf den Tennisplatz. Das habe ich mir angewöhnt. Da dre-
sche ich Bälle an die Wand. Immer wieder, allein, im Nieselregen, bei Sonne,
egal. 500 Bälle sind nichts. Ich will siegen, einmal gegen NGO siegen. NGO,
das heißt Nice Guy Oliver. Wir waren schon Konkurrenten im Sprint auf unseren Fahrrädern, bevor uns der Bart wuchs. Ansonsten ist mir das Siegen egal.
Ich will meinen Körper perfektionieren, veredeln. Bernd findet mich eitel.

So wie beim Golfen. Das habe ich bei meinem Auslandssemester in Schottland
kennengelernt. Systematisch trainierte ich, Pitch & Putt, ohne Lehrer, einfach
in den Dünen, allein. Bernd hat keine Ahnung, dass es ein höchst komplexer
Bewegungsablauf ist, wenn man den Schläger in Bogenform um den Körper
rotieren lassen will. Die Wirbelsäule wird zur Achse. Schnelligkeit und Kraft
im Schwungrhythmus, dazu das Timing des Treffmoments – das entscheidet
über den Erfolg des Schlages. Die gelungene Rotation des Oberkörpers um
den stabilen Punkt, der Moment, in dem du ganz zur gespannten Feder wirst,
das ist mein Höhepunkt. Das Finish ist im Grunde uninteressant. Ich wollte
Golfprofi werden und kam nie über einen Handicap von 14 hinaus. Hut ab vor
Tiger Woods, Colin Montgomery und Bernhard Langer.

In Schottland geht man zum Spaß auf die Wiese. Golfen und Picknick, das
geht dort zusammen. Ich wollte Familien und echte Sportler auf den Platz
bringen. Auf der Driving Range haben sie mir das Training in meiner grauen
Jogginghose verboten.

Bernd sagt, er habe nie verstanden, warum ich einen Job als Manager auf einem Golfplatz bekommen habe. Er hätte mich so nicht eingestellt.

Dennoch saß ich einige Jahre als Manager auf einem Golfplatz im Schwa-
benland fest. Mir ist es nicht gelungen, die Golfszene in Deutschland aufzubrechen. Im Ralph Lauren Kostüm sollte man in den Matsch fallen. Am Ende
konnte ich sie nicht mehr laufen sehen, diese Schwaben. Ich kündigte, auch
wenn das Gehalt stimmte. Was bringt es den Menschen sich Systemzwän-

gen auszusetzen, die sie kaputt machen? Manche schneiden ihr Leben lang
Brötchen auf und legen Fisch rein. Ich nicht. Die merken nicht mal, dass sie
hinterher stinken. Andere lassen sich dankbar als Praktikanten unterbezahlen.
Ein Ausbeutersystem. Bernd glaubt, dass ich kompromisslos bin, aber auch
keine Kinder zu versorgen habe.
Dann war ich wieder da. Die acht Jahre meines Fortbleibens waren kaum aufgefallen. Meine Eltern hatten mir nichts zu sagen. Unter dem Dach stand mein
zuletzt benutztes Duschgel noch immer in dem silbernen Körbchen. Mein
Meniskus ist schon seit Jahren angefetzt. Bergtouren mit 45 kg Rucksäcken
sind Vergangenheit, Langlauf gestrichen, Fußball tabu. Das Verletzungsrisiko
ist zu hoch. Dann kam aus unerfindlichen Gründen das Sprunggelenk dazu.
Ich höre mich an wie ein Rentner, meint Bernd. Kein sogenannter Spezialist
wusste bis dato Rat. Die alten Abzocker. Aber es schmerzt. Zum Glück habe
ich meine minderwertigen Gene nicht an Kinder weitervererbt. Die hätten
sich bedankt. Manchmal denke ich daran, dass meine Eltern pflegebedürf-
tig werden oder dement oder beides. Mutter hat Salz statt Zucker verbacken.
Sie hat es in meinen Geburtstagskuchen geschüttet. Zum Glück musste ich
keinem Gast erklären, dass Mutter Etiketten auf Behältern ablehnt. Was hat
Etikette eigentlich mit Etikett zu tun? Der Kuchen war auch mit Sahne nicht
genießbar. Hab ich schon gesagt, dass ich auf Fleisch verzichte? Wenn das
alle täten, wären wir schon ein Stück weiter. Am wohlsten fühle ich mich in
der Tugendwächter-Partei. Regeln müssen erzwungen werden, anders ist den
Bürgern nicht beizukommen. Bernd warnt vor einer Erziehungsdiktatur.
Vor drei Wochen hat mich Bernd überrascht. Ist einfach vorbeigekommen.
Sein letzter Besuch. Ich dachte noch, wegen meinem Geburtstag, aber weit
gefehlt. Der kommt, wann er Lust hat. Der ist so begrenzt in seinem Wir-
sind-eine-heile-Familie-und haben-so-viel-zu-tun-Gefühl. Früher hat Bernd
sich Zeit für Sport und Spielerunden genommen. Tagelang haben wir Kreml
gespielt. Meistens bekam NGOliver oder ich die meisten Stresspunkte für
unsere Kandidaten im russischen Politbüro. Wer am schnellsten altert und
erkrankt, hält das stundenlange Winken mit schwerer Mütze auf der Oktober-
parade nicht aus und stirbt halt am schnellsten. Bernd sichert seinen geheimen
Einfluss und sammelt Stresspunkte im Job, mit den Kindern und dieser ewig
anstrengenden Frau. Ich machte mir immer Sorgen, dass ich ihn als nächstes
an der Kremlmauer beisetzten müsste.
Bernd war ganz schnell wieder weg. Der kriegt nix mit von dem, was wirklich in der Welt abgeht. Hat keine Zeit, Nachrichten zu saugen. Hab ihm
meine Runde um den kleinen See am Benediktinerhaus gezeigt. Eigentlich
ist Waldboden kein Sportgerät und man muss höllisch aufpassen, um nicht
umzuknicken. Bernd meint, ich pflege zwei Wölfe in mir, den Menschen-
freund und den Misanthropen. „Wer siegt?", frage ich mich. Bernd sagt, „den
du fütterst".

Profis trainieren nicht im Wald. Aber man hat seine Ruhe. Der Abfall im Wald wird immer mehr. Vögel können mir auf den Geist gehen. War das ein Spatz oder was? Haben Spatzen rote Bäuche? Im Grunde sind das doch alles Spatzen.

Bernd fragt, ob ich am Ende sagen könne, dass mein Leben eine gut genutzte Zeit gewesen sei. Ich antworte: „Das ist die falsche Frage. Am Ende will ich sagen können, dass es *mein* Leben war."

Bald platzt der Frühling aus allen Nähten. Dann kommen hier die Mücken. Ich schaue mir die Wunder der Natur lieber im Computer an. Da kann ich entscheiden, wie lange ich mir das reinziehe. Wale sind unbegreiflich, wie die über weite Strecken im Kontakt bleiben und sich um ihre Jungen kümmern. Die Japaner haben seit 1988 mehr als 10.000 Wale getötet. Ob die sich an das Urteil aus Den Haag halten werden? Bernd sagt, ihn interessieren die Zahnschmerzen seiner Kinder mehr.

Mich interessiert World of Tanks. Technisch ist das Spiel erstklassig. Kein Blut, kein Gemetzel, aber Megatonnen an Stahl. Einfach, zerstörerisch, spaßig. Ich will in der Rangliste höhersteigen. Es tut gut, wenn Panzer die Hauptrollen spielen und nicht Elfen. NGO kommt abends auch dazu. Dann legt er den Familienvater aufs Eis und setzt sich an die Kiste. Meistens erst nach 23.00 Uhr. Der Einstieg ins Team ist kostenlos. 15 Mann gegen 15 Mann. Ich will siegen, weil ich der beste Panzerkommandant bin. Manche geben 500 Euro aus, damit sie gewinnen. Ich zahle aus Prinzip nicht für bessere Panzer. Mit Kohle bist du ganz schnell oben. Entweder sammelt man echte Erfahrung und kann sich bessere Panzer verdienen oder man sammelt Geld und kauft sich die besseren Panzer, um aufzusteigen. Was da tagtäglich an Vollpfosten unterwegs ist, die schon Tausende von Spielen hinter sich haben und immer noch nicht wissen, wie sie mit einem Panzer umgehen sollen. Ich sage nur „hochsterben". Die stellen ihre Panzer ins Gefecht, bewegen sich nicht mehr und warten auf den Abschuss. So bekommen die Erfahrungspunkte hinterhergeschmissen. Diese Spielverweigerer bleiben ein unkalkulierbarer Faktor und sind eine definitive Spaßbremse, wenn ich im Team auf sie angewiesen bin. Für eine miese Taktik sollte keiner belohnt werden, sondern mit voller Härte den Ausschluss kriegen.

Bernd meint, im echten Leben würde er dieselbe Taktik fahren.

Ein Panzer, der den Gegner nicht beschädigen kann, ist bestenfalls zur Aufklärung geeignet. Die eigene Panzerung ist dabei zweitrangig. Es kommt auf Schnelligkeit und Wendigkeit an. Die quirligen „Kampfschweine" wie T50 und T50-2 sind zwar offiziell Scouts, aber gegenüber anderen, kleineren Tanks und der Arty total übervorteilt. Es nervt, wenn sich im Hightierbereich nur Meds, im anderen nur Heavys tummeln und keine Mischung erfolgt oder ein Team fast nur aus TDs, Heavys oder Meds besteht. Die Verteilung von Stockpanzern stört in jedem Fall auch. Von drei T9 Panzern auf jeder Seite waren heute Morgen bei meinem Team zwei Stock- und nur ein voll ausgebauter Panzer dabei, während das andere Team alle T9 voll ausgebaut hatte. Das zieht sich seit August durch alle Tiers. Die absolvierten Kämpfe eines Panzers sind nicht dazu geeignet eine Aussage über die Kampfkraft eines Panzerkommandanten zu treffen. Das Matchmaking sollte gerechter verteilen! Ich werde sonst zum Wutbürger. Der letzte Aufklärungspanzer ist mir auch voll auf die Eier gegangen. Ich schätze die leichtgepanzerte wendige Linie der Franzosen. Nach 13.000 Games habe ich es bis auf Level 10 gebracht. Die BatChat ist ein geiles Teil. Und, ich will NG Oliver besiegen. Der schiebt finanziell abgesichert eine ruhige Kugel und freut sich, wenn er beim Bäcker billige Brötchen von unterbezahlten Gehilfinnen kaufen kann. Der ist wirklich so wie früher auf dem Bolzplatz. Lässt mich im Feld die Drecksarbeit machen, um dann von hinten zu kommen und abzustauben!

Die Panzer müssen schießen, kämpfen, beschädigen, zerstören und siegen. Im Grunde ist das nix anders als Kater Tom der Jerry jagt oder Katze Schmidt von der Arge, die mich zur Maus macht. 18.654 Spiele hab ich schon. Die Spielemacher versuchen Millionen von Usern bei Laune zu halten, es soll ja keiner abspringen oder hinten runterfallen. Aber die reichen und zahlungswilligen Mitglieder dieser Gesellschaft sind besser gestellt und werden bevorteilt. Die Leute, die nicht bereit sind, den Spielemachern Kohle in den Arsch zu blasen, werden mit den Verlierern zusammengedrückt. Ist das eine Verschwörung oder ein Spaß auf meine Kosten? Die werden mich nicht reinlassen, so wie Mutter den Besen nicht aus der Hand geben wird.

Das ist *mein* Leben.

Bernd hat sich seins genommen.

Nadja Damm

Wie ich einen der größten Rassisten des Landes umlegte und damit durchkam? Ganz einfach.

Erstens: „umlegte" ist nicht das korrekte Wort. Es war ein Unfall.
Zweitens: Ja, ich hätte Lust gehabt, den Typen zu töten, als ich ihn reden hörte. Hab ich aber nicht. Das müsst ihr mir glauben.

Es ist schon dunkel draußen, als der Mann mein Taxi anhält. Im Winter wirds ja früh dunkel. Ich fahr dann nicht so gern. Muss aber sein, wegen der Kohle. Das Jobcenter hab ich lange genug gehabt, hatte Streit mit denen, bis vors Gericht. Das mit dem Fahren ist angenehmer, entspannter. Trotz der Idioten, die einem da manchmal unterkommen. Meistens sinds doch nette, interessante Leute. Das ist dann der Ausgleich. Dieser Typ gehört zur Sorte „Idioten hoch zehn". Noch bevor sie den Mund aufmachen, liegt schon ein giftiges Gas in der Luft, nur von den Gedanken, die sie ausatmen. Wenn ich das gleich gewusst hätte, hätt ich ihn nicht einsteigen lassen. Wär einfach weiter gefahren. Dann hätt ich mir auch den Ärger erspart. „Einmal zum S-Bahnhof Schlachtensee", sagt der Typ, nachdem er eine lange Tasche und zwei Eimer im Kofferraum verstaut hat. Will der Golf spielen oder angeln gehen oder was?, denk ich mir, während ich den Kofferraum zuschlage und hinterm Steuer Platz nehme. Es wird Abend. Was will der im Dunkeln am Schlachtensee mit dieser Ausrüstung? Nicht, dass er mich gegrüßt hätte oder so. Naja, es gibt so ne Leute. Die sagen nicht mal „Guten Tag", auch kein „Guten Abend". Das darf man nicht persönlich nehmen. Tue ich aber.

Er schmeißt seine glühende Kippe auf den Gehweg und steigt ein. Kalter, abgestandener Rauch schlägt mir entgegen. Ich atme Säuerliches ein, Zigarettenqualm, der sich in Klamotten und Haaren festgebissen hat. Sein Geruch passt nicht zu seinem Äußeren. Er trägt einen hellen Anzug aus einem Wollstoff. Sieht teuer aus. Und hat kurze strohblonde Haare. Fassonschnitt nennt man das, glaube ich. Nur ist er kein Jugendlicher mehr, eher so Rentenalter. Er trägt nen Schnauzbart, so nen typischen Bullenschnauzbart. Nicht so schmal wie der von Hitler, schon doppelt so breit. Wie bei den Schwulen, da sind diese Bärte besonders beliebt. Genauso wie Uniformen. Ihr seht, auch ich denke in Klischees. Aber deswegen bringe ich doch niemanden um.

„Einmal zum Schlachtensee", wiederhole ich, „S-Bahn. Wie Sie wünschen."
Und denke: Da hätte er doch auch die S-Bahn nehmen können. Mir soll es
recht sein. Oder auch nicht. Das könnt ihr nachher selbst beurteilen.

Wir warten an einer Ampel, und ich guck ihn mir im Rückspiegel genauer
an. Er kommt mir bekannt vor, wegen des Hängeauges auf der einen Seite.
Obwohl … das gibts häufiger mal. Er kanns nicht sein, sagt eine andere Stimme, der Echte raucht nicht und hat Bodyguards und ein eigenes Auto. Wieso
sollte der Taxi fahren? Viel zu gefährlich. Ich bin mir bis heute nicht sicher,
ob er es wirklich war. Er selbst oder doch einer seiner vielen Klone. Wenn er
es war, hätte hinterher in den Medien was drüber kommen müssen. Und wer
hat dann sein letztes Buch geschrieben? Vielleicht einer der Klone? Oder war
es ein Cyborg? Ein Untoter? „Nicht über die Avus! Durch die Stadt!", bellt er
mir plötzlich von hinten in den Nacken. Ich krieg gerade noch die Kurve und
beiß mir auf die Lippe. Fast hätte ich ihn angeblufft „Jawohl, mein Führer!"
Ich verkneife es mir und biege in die Masurenallee ein. Bin schon ein bisschen
nachtblind und die Lichter der Autos blenden mich. Nach dieser Fahrt mach
ich Schluss, es reicht für heute.

Eine Weile ist es still auf der Rückbank. Ich konzentrier mich auf den Feier-
abendverkehr. Nach einem Gespräch ist mir nicht. Wenn einer nicht mal grüßt
und im Kommandoton spricht, kann er nicht erwarten, unterhalten zu werden.
Ja. Das erwarten ziemlich viele. Aber ich hab keine Lust, hier die kommuni-
kative Drecksarbeit zu leisten.
Was? Diesen Ausdruck habt ihr schon lange nicht mehr gehört? In meinem
Beruf brauche ich den ab und an. Hab ihn mit rüber gerettet aus den Neunzigern, Philosphiestudium an der FU Berlin. Ach, das passt jetzt zu eurem Kli-
schee? Magister in Philosophie und lebt vom Taxifahren? Ich hab auch schon
andere Sachen gemacht, aber darum gehts hier nicht.

Der Dieselmotor tuckert, ansonsten schweigen wir uns aus. Von hinten höre
ich ein seltsames „Ritsch" und „Klick". Was macht der?, denke ich mir. Ir-
gendwas riecht angebrannt.
„Was machen Sie da?"
„Nichts. Kann man hier drin rauchen?"
„Haben Sie keine Augen im Kopf?" hätt ich am liebsten gesagt, sind ja nicht
mal Buchstaben, die er lesen müsste. Nur ein altbekanntes Bildchen mit ner
durchgestrichenen Zigarette.
„Nein, leider nicht", sage ich stattdessen.
„Fahren Sie schneller. Ich habs eilig."
Am liebsten würd ich in die Bremsen steigen und ihn rausschmeißen. Ich reiß
mich zusammen und schalte das Radio an, Klassikradio, leise, das hilft immer.

„Und warum leben Sie hier in Deutschland?"
Ich bin das ja gewohnt, diese Fragen „Woher stammen Sie denn?" oder „Leben Sie schon lange hier?", „Und was sind Sie für ein Landsmann?" An der letzten Frage erkennst du die Hinterwäldler, die noch nicht mitgekriegt haben, dass es in ihrer Sprache extra Bezeichnungen für das weibliche Geschlecht gibt. Ich sage ja gar nicht, dass ich frei von Vorurteilen bin. Aber diese Erfahrung hab ich schon öfter gemacht. Ich hab keine Lust, dem Rüpel die Wahrheit zu sagen. Was geht ihn das an? In meinem Beruf behalte ich es mir vor, zu erzählen, was gerade passt und Spaß macht. Schließlich fahre ich sie nur. Das ist ein Arbeitsverhältnis, keine Liebesbeziehung.

„Ich komme aus Afghanistan."
Ist immer spannend, zu gucken, was den Leuten dazu einfällt. Dass ich aus Duisburg komme und einfach nur das Glück habe, mit dunkelbraunen Locken und kleiner Statur gesegnet zu sein, das kann ich euch erzählen. Es ist vielleicht wichtig, damit ihr mich einschätzen könnt. Aber ihn geht das echt nichts an, wo ich herkomme. Ich hätt ihm natürlich die Gegenfrage stellen können: „Und aus welchem Loch sind Sie gekrochen?" Das hätte ich mal machen sollen, dann wüsste ich jetzt vielleicht, ob er das Original oder nur eine seiner Kopien war.
Mir fällt auf, dass er immer noch Fatimas Hand fixiert, die am Rückspiegel baumelt – ein Mitbringsel von meiner letzten Tunesienreise.
„Und wo ist ihr Kopftuch?", will er weiter wissen.
„Mein Mann verbietet mir, Kopftuch zu tragen. Er ist durch und durch westlich orientiert. Er sagt, das Kopftuch steht für Unterdrückung, das hat auf deinem Kopf nichts zu suchen. Du bist eine freie Frau, sagt er."
„Sehr fortschrittlich, Ihr Mann!"
Er scheint tatsächlich erfreut. Ich suche nach einer Spur von Ironie in seiner Stimme. Aber da ist nix.
„Nein, das war ein Spaß. Ich hab es auf der Flucht verloren."
„Oh, das tut mir leid."
Dieser Mann hat keinen Humor. Was soll man da machen?
„Und wann gehen Sie zurück?"

Ein Gespräch mit einem Außerirdischen wäre einfacher. Und freundlicher. Gastlicher. Empathischer. Respektvoller. So kommen wir nicht weiter. Und jetzt steh ich in der Hubertusallee mit ihm im Stau. Das hat mir noch gefehlt.
„Man trifft ja selten Ausländer, die so gut integriert sind wie Sie, muss ich sagen. Sie sprechen auch sehr gut Deutsch. Wo haben Sie das gelernt? Die Türken hier in Berlin sind ja zu siebzig Prozent integrationsunwillig, die Araber zu neunzig."

Er ist doch das Original! Vielleicht hat er in dem Medienrummel das Rauchen angefangen?

Ich kanns nicht mehr hören. Nennt mich unverantwortlich oder konfliktscheu oder kritikunfähig, ist mir egal. Ich ertrag diese Scheiße nicht mehr. Da hilft nur noch Durchzug. Ich konzentriere mich auf den Verkehr, die Scheinwerfer der Autos, die uns entgegenkommen. Meine Freundin nennt das Achtsamkeitspraxis. Sie meditiert täglich. Im Spiegel sehe ich, dass ein roter Golf hinter uns Schlangenlinien fährt. Muss gucken, dass ich den auf Abstand bekomme, nicht dass ich noch nen Unfall baue.

Der Blonde redet und redet, und ich bin stolz auf mich. Ich schaffe es, wegzuhören. Nur einzelne Wortfetzen dringen zu mir durch: „die Sowjets ... ihrer Kultur angemessen ... nicht gegen Sie ... integrationswillig ... Sozialleistungen für den Clan ... zur Wehr setzen ... Moscheen und Gemüsehandlungen ... Geburtenrate ... Naturgesetz ...“

Ich stelle mir vor, ich verstünde kein Deutsch und lasse die Laute an mir vorbeiziehen wie Schäfchenwolken. Ich atme durch den Mund, die üblen Gerüche blende ich aus.

„Die Islamisten werden sich durchsetzen, und dann werden Sie doch noch ein Kopftuch tragen müssen, glauben Sie mir. Das muss verhindert werden.“ Mist, jetzt war ich unaufmerksam und hab doch wieder hin gehört. Das muss ich noch üben. Ich erlebe das öfter, dass Fahrgäste mich so zutexten. Ihr glaubt gar nicht, was für ein Redebedürfnis manche Leute haben. Und was für extrem ausgefeilte Meinungen. So stelle ich mir den Job einer Friseurin vor: Du stehst da, schneidest Haare und hörst dir die Lebensphilosophie der Kundin an. Volle Dröhnung Weltanschauung. Ganz für umsonst.

Jetzt höre ich mich selbst sprechen: „Ich finde, dass Sie das zu pauschal sehen! Es gibt doch viele erfolgreiche Leute mit Migrationshintergrund, die als Ärztinnen, Anwälte, Wissenschaftlerinnen und Unternehmer ihren Beitrag zur deutschen Volkswirtschaft leisten.“ Und denke gleichzeitig: Was rede ich da für einen Schrott? Ich sollte ihm lieber meine Meinung sagen. Nämlich dass ich seine Pauschalisierungen zum Kotzen finde. Ich denke an meine Freundin Afsaneh, die Anfang der Achtziger aus dem Iran geflohen ist. Mit dem Pferd über die türkischen Berge. Tut mir leid, aber all diese Abwertungen, Schuldzuweisungen und Bedrohungsszenarien erinnern mich an die Hassprediger, die Afsaneh erst in den Knast gesteckt und dann ins Exil gezwungen haben. Da kommt mir alles hoch.

„Wissen Sie, ich denke, Sie sind da befangen. Wenn diese erfolgreichen Menschen, von denen Sie sprechen, trotzdem weiter Drogendealer und Kopftuchmädchen produzieren ...“ Ich schalte wieder ab. Versteht mich nicht falsch. Ich bin absolut für das Recht auf freie Meinungsäußerung. Und ich finde, auch im Sinne der freien Meinungsäußerung, dass man solchen Typen Paroli bieten müsste. Aber ich muss auch auf meine psychische Gesundheit achten. Und auf meine Kräfte.

„… Selbstmordattentäter … political correctness … gleich als Rassisten beschimpft … die Leute da viel fleißiger … viel billiger … Entwicklungsländer … keine Gewerkschaften …" Wortfetzen dringen an mein Ohr. Mein armes, armes Ohr!

„Sie können das vielleicht nicht verstehen, aber das ist nicht unsere Verantwortung, wenn die Menschen in ihren Ländern Arbeitsrechte und derlei Dinge nicht durchsetzen können."

Nee, er ist es doch nicht. Das sind keine Argumente eines Sozialdemokraten. Der Typ muss irgend so ein Ableger sein, die neoliberale Mutation.

„Das hat etwas mit ihrer Kultur zu tun. Meinungsfreiheit und Demokratie, das verträgt sich weder mit der islamischen noch mit der asiatischen Kultur. Das muss man respektieren. Da habe ich volles Verständnis, solange die in ihrer Heimat bleiben."

„Wo leben Sie eigentlich? Haben Sie vom arabischen Frühling nichts mitgekriegt in letzter Zeit? Schon mal das Wort Tian'anmen gehört?"

Warum soll ich höflich sein, wenn er sich so daneben benimmt? Ich frage mich manchmal wirklich, ob ihm und seinesgleichen gar nicht bewusst ist, dass ich es als persönliche Beleidigung auffassen könnte, wenn sie mir so abwertende Stereotype und Plattheiten über „den Moslem" oder „den Ausländer aus dem Orient" um die Ohren hauen, als den sie mich gleichzeitig ansprechen.

„In Ägypten haben die Moslembrüder die Fäden in der Hand und in Libyen Al-Qaida. Das wird noch ein böses Erwachen geben. Man soll stabile Systeme nicht aus dem Gleichgewicht bringen. Schauen Sie sich doch nur Syrien an."

Ich muss unbedingt auf den Verkehr achten. Sonst geht das hier noch schief. Der schlingernde Golf ist immer noch hinter uns. Den hatte ich schon ganz vergessen. Und auf meinen Blutdruck muss ich achten. Wir sind alle nur bis zu einem gewissen Punkt belastbar, da gibts Grenzen, auf die wir achten müssen.

„Apropos Grenzen", sagt da der Schnurrbärtige von der Rückbank, und ich höre wieder das „Ritsch" und „Klick". Ich bilde mir ein, beim Blick in den Rückspiegel Funken und Rauch zu sehen.

„Was machen Sie da eigentlich für Geräusche?", frage ich.

„Ich mache keine Geräusche. Die Einzigen, die in diesem Land Geräusche machen, sind die Ausländer. Wir Deutschen dürfen ja nicht mal mehr 'Piep' machen in unserem eigenen Land."

Hilfe, lieber Gott, hol mich hier raus. Möge er schweigen, der Typ da hinten, Inschallah!

„… überschwemmt … ins gelobte Deutschland … beim Ehegattennachzug Dänemark schon weiter … Abschaffung und Untergang … Ehrenmorde wohin das Auge reicht …"

Während er seinen Sermon rauslässt, wandern diverse Tötungsfantasien durch mein Gehirn. Dieser Wahnsinn soll aufhören. Ich stelle mir vor, mit dem Auto gegen eine Wand zu fahren. Es wäre zwar schade um den Benz und um mein Leben. Und für meine Freundin täts mir auch Leid. Sie würde mich vermissen. Aber es wäre eine gute Tat für dieses Land und für die Welt. Denke ich. So eine Art Ehrenmord an einem Westentaschen-Rassisten. Glaubt ihr an Gewaltlosigkeit? Oder an Militanz? Nicht gegen Menschen? Wenn überhaupt, nur gegen Sachen? Das ist alles ne gute Idee, solange man es sich leisten kann. Im Iran konnten sie sich das nicht leisten. Wenn sie dir verbieten, deine Meinung zu sagen, dich foltern, dich einsperren, deine Liebsten umbringen, dann glaubst du nicht mehr an Gewaltlosigkeit. Chomeini und seine Leute haben Terror und Tod verbreitet. Afsaneh hat viele geliebte Menschen verloren in dieser Zeit. Die haben sie kaputt gemacht im Knast. Sie haben ihren Mann getötet. Sie haben ihr das Liebste genommen, was sie hatte.

„… bei uns immer die Auschwitzkeule … Elite umgebracht … Intelligenz-Gen und Fundamentalismus-Gen muss man differenzieren …"
Ich stelle mir vor, den Wagen an den Straßenrand zu fahren, auszusteigen, ihm die Tür aufzuhalten und ihn dann, wenn er aussteigt, mit beiden Händen am Hals zu packen und ihn zu erwürgen. Ich hab so ne Wut in mir, dass ich das für machbar halte. Sagt man ja, dass man in bestimmten Situationen unglaubliche Kräfte mobilisieren kann. Ich würde ihm wie einem Huhn die Gurgel umdrehen, seinen Hals zerdrücken, seinen Kopf dabei schütteln und vielleicht sogar einen Genickbruch hinbekommen. Woher kommt diese Wut? Ich erschrecke über mich selbst.

Ihre Würde haben sie nicht kaputt gekriegt. Wenige hatten so ein Glück wie Afsaneh und konnten aus dem Knast fliehen. Und aus dem Land. Das Morden geht ja weiter. Habt ihr ne Vorstellung davon, wie viele Leute seitdem umgebracht worden sind? Heute immer noch! Werden gefoltert und hingerichtet. Und in Deutschland ein Aufschrei wegen der paar Flüchtlinge, die es überhaupt bis hierher schaffen. Staatsknete für Frontex-Patrouillen, die die Menschen im Mittelmeer ertrinken lassen. Oder nach Libyen bringen, wo sie eingeknastet oder in die Wüste geschickt werden. Klar, da ist Deutschland nicht allein, da sind alle europäischen Staaten beteiligt. Machts das besser?

„Ich will nur, dass die Grenzen gewahrt werden und dass jeder da bleibt, wo er hingehört."

Dann fällt mir die Schreckschusspistole in meinem Handschuhfach ein. Ich muss den Wagen nur parken, die Pistole greifen und ihm aus nächster Nähe ins Gesicht schießen. Das würde zumindest einen bleibenden Schaden bringen und ihn erschrecken. Vielleicht kann ich ihn dann zwingen, aufs dünne Eis des Wannsees zu gehen. Diese Möglichkeit verwerfe ich wieder, die Wahrscheinlichkeit, dass er überlebt, ist zu groß, und das will ich weder ihm noch mir zumuten. Europa predigt Demokratie und Menschenrechte und macht weiter Geschäfte mit dem Iran und Konsorten. Das ist sowieso so ein Phänomen für sich, wie das zusammen geht. Früher hat mich sowas aufgeregt. Heute nicht mehr so sehr. Kann ja doch nichts daran ändern.

„… die Frau am Herd und im Bett ihres Mannes und der Musulmane dort in Anatolien …"
Wenn er die Pistole nicht als Schreckschusswaffe erkennt, kann ich ihn damit bedrohen und ihn zwingen, auf das Dach unseres Hauses zu steigen und ihn von oben runter stoßen. Aber wer will schon einen zerschmetterten Rassisten im Hof liegen haben? Das würde mein ästhetisches Empfinden stören, das geht nicht. Außerdem will ich mich lieber nicht drauf verlassen, dass er sich mit Waffen nicht auskennt. Das ist unwahrscheinlich, das passt nicht.
Jetzt will ich es wissen.
„Sie reden wie einer, den ich neulich im Fernsehen gesehen hab."
„Das höre ich öfter. Das muss eine Verwechslung sein. Auch Prominente denken so wie ich. Selbst wenn die Kanzlerin das nicht wahr haben will. Seit fast vierzig Jahren bin ich im öffentlichen Dienst beschäftigt, da sammelt sich Lebenserfahrung und politische Sachkenntnis an, kann ich Ihnen sagen. Ich glaube daran, dass wir das Unglück noch abwenden können, wenn wir nur wagen, die Wahrheit auszusprechen."

Soll er doch an das Unglück und die Elite glauben. Ich glaub ihm jedenfalls nicht. Das mit dem Glauben ist sowieso so ne Sache. Ich habe aufgehört zu glauben. Ich lebe mit meiner Schuld, dass ich lebe und andere nicht. Dass ich hier geboren bin und nicht woanders. Und manchmal schaffe ich es, Spaß zu haben, mich des Lebens zu freuen. Dankbar zu sein statt mich schuldig zu fühlen. Die Kinder meines Bruders machen mir Freude, die machen mich glücklich. Das Zusammensein mit meiner Freundin, mit alten Freunden. Aber glauben tue ich schon lange nicht mehr. Schon gar nicht an die Gewaltlosigkeit. Bloß … deshalb töte ich doch noch lange keinen Menschen.
„Wissen Sie, nicht nur die Mehrheit der Deutschen denkt so wie ich. Auch die Medien haben die Gefahr erkannt. Und deshalb berichten sie endlich darüber. Wer behauptet, sie täten das nur aus wirtschaftlichen Gründen, weil unsere Position die Auflage steigert, der muss blind sein. Der will die Wahrheit nicht sehen."

Wir sind fast da, gleich hast du es überstanden, ganz ruhig, sag ich zu mir selbst.

„Angeln ist für mich der ideale Ausgleich, wissen Sie? Erholung vom Stress im Beruf. Mit der Natur und ihren Kräften im Einklang sein. Auf die Geschöpfe der Nacht lauschen. In den Sternenhimmel schauen und warten, dass ein Fisch anbeißt. Die Fische sind auch nachts hungrig. Das haben wir Menschen mit den Fischen gemeinsam. Wir können tags und nachts essen. Egal, ob wir hungrig sind oder nicht. Wenn man uns einen Wurm vor die Nase hält, dann beißen wir zu.“

Jetzt dreht er komplett durch. Irgendwie beruhigt es mich. Ich tröste mich damit, dass der Schnauzbärtige vielleicht einfach nur einer der vielen Verwirrten ist, die diese Stadt bevölkern. Gescheiterte Existenzen, von bösen Dämonen besessen. Die Folter-Szene mit den Pommes und den Aquarienfischen aus „Ein Fisch namens Wanda“ fällt mir ein, und ich stelle mir vor, wie ich ihn an einen Schemel fessele. Statt Pommes stopfe ich ihm Deutschländerwürstchen in die Nasenlöcher und gebe ihm seine Regenwürmer zu essen.

Wisst ihr, das denkt ihr vielleicht nicht, wenn ihr mich reden hört. Aber ich bin auch nicht anders als der oder die durchschnittliche Deutsche. Ich will niemandem Probleme machen. Ich will einfach nur in Ruhe leben. Ab und an mal guten Sex, ein bißchen Glück. Gute Gespräche mit netten Leuten. Meinen Sonntagskrimi. Und meine Ruhe. Lesen, Reisen, Grillen im Park. Ich will niemandem was zuleide tun.

Wir sind da, S-Bahnhof Schlachtensee. Ich halte rechts am Straßenrand. Er zahlt seine 38,30 Euro und steigt aus. Kurz überlege ich, ob ich auch aussteigen und ihm mit der Ausrüstung helfen soll. Mein gesunder Menschenverstand oder meine Intuition oder meine Wut (eins dieser drei Dinge wirds gewesen sein) halten mich davon ab. Ich öffne den Kofferraum mit dem Hebel und bleibe im Wagen sitzen.

Dann geht alles sehr schnell. Er steigt aus und zündet sich eine Zigarette an. Da sehe ich im Seitenspiegel einen roten Golf mit Karacho den Weg runter kommen. Aus der gleichen Richtung, aus der auch wir gekommen sind. Es ist der Wagen von vorhin. Er ist so plötzlich da, der muss mindestens hundert Sachen drauf haben. Ich weiss nicht, wie das geht auf so nem schmalen Weg. Hinterher versteh ich es, als ich höre, wieviel Promille die Fahrerin hatte. Mit Alkohol im Blut ist ja so einiges möglich. Sie erfasst ihn voll und schleift ihn ein ganzes Stück mit. Er ist sofort tot.

Der arme Leichenbestatter, der ihn einsammeln muss. Das ist auch kein einfacher Job. Ob mir der Typ leid tut? Ich kanns gar nicht richtig sagen, stehe irgendwie immer noch unter Schock. So ein plötzlicher Unfalltod ist wohl nicht der schlechteste Tod. Ist zwar hart für die Angehörigen, die sich gar nicht mehr verabschieden können. Aber der Mann hat sein Leben doch hoffentlich gelebt. Und so braucht er sich um die öffentlichen Kassen nicht mehr zu sorgen. Erstens, weil er es nicht mehr kann. Und zweitens, weil er mit seinen Altersleiden keine Gesundheitsausgaben mehr in die Höhe treibt. Das hätte ihm selbst auch gut gefallen, könnte ich mir vorstellen. Oh Mann, was rede ich? Um die Golffahrerin tuts mir auf jeden Fall leid. Sie hats ja nicht mit Absicht getan. Dass sie überlebt hat, grenzt an ein Wunder. Die muss ein Heer von Schutzengeln dabei gehabt haben. Übrigens hat sie mich auch an jemanden erinnert, den ich damals auf dem Titel der Bild-Zeitung gesehen hab, im Zusammenhang mit dem Schnauzbärtigen.

Vielleicht wars doch kein Unfall?

Eins ist klar: Irgendjemand trägt die Schuld. Aber ich nicht. Ganz bestimmt nicht.

Anmerkung der Autorin: Die Idee zum Titel dieser Geschichte verdanke ich Alice Walker bzw. ihrer Übersetzerin (vgl. Alice Walker [1987]: *Wie ich einen der größten Anwälte des Landes umlegte und damit durchkam? Ganz einfach.* In: Walker, A.: *Freu dich nicht zu früh. 14 radikale Geschichten.* München: Goldmann Verlag, S. 35–42)

Natalie Wasserman

Gestern glänzte noch das Morgen

Die alte Dame von Gegenüber steht wieder auf ihrem Balkon. Jeden Morgen gießt sie zur selben Zeit ihre Blumen, stellt sich ans Geländer und beobachtet das Treiben der Straße. Selbst an einem regnerischen Tag wie heute verzichtet sie nicht auf ihren gewohnten Rhythmus. Mit zarter Hand zupft sie welke Blättchen von den Stängeln und kaum sichtbares Unkraut aus den Kästen. Mit ebenso sanften Bewegungen verteilt sie zwei große Kannen und ein Kännchen auf ihre Pflanzen, ehe sie in ihre kleine Küche zurückkehrt, das karierte Kissen aufschüttelt, es auf das Fensterbrett legt und ihre Ellenbogen darauf bettet. Ihr Blick trifft die Straße und prallt von ihr ab. Heute fehlt das Leben vor ihrem Fenster, an dem sie so gerne teilnimmt – wenn auch nur von Ferne. Menschen sind heute Morgen rar gesät. Der Regen lädt sie nicht zum Schlendern ein.
Ich nehme den Topf mit der Hühnersuppe vom Herd. Der Sud hat nun lang genug geköchelt. Der frisch hinein geriebene Ingwer verströmt noch seinen süßlich scharfen Duft. Ich habe keine Zeit mehr sie zu kosten, die Brühe wird bis zum Abend warten müssen. Auf mich. Nicht auf meinen Mann. Er wird sich gleich nach dem Aufwachen etwas davon nehmen. Wenn er die grippeschweren Glieder Richtung Küche bewegt, kann er sie nicht übersehen. Ein Zettel ist nicht vonnöten. Ich greife nach meiner Tasche, der schwarzen. Sind Portemonnaie und Schlüssel auch darin? In den letzten Tagen habe ich oft die braune, die lederne genommen. Sie passte besser zu den braunen Stiefeln, dem englischen Tweed-Rock, der mich in seiner schlichten, etwas herben Eleganz schützt, wenn die Welt mich zu überwältigen droht. Geldbörse, Schlüssel? Sind sie nun in der schwarzen oder noch in der braunen? Wie ärgerlich, wenn die Hand nach der falschen Tasche greift, und wie gut, dass ich daran dachte nachzusehen. Geld und Schlüssel, sie stecken tatsächlich in der braunen … Und auch die Pfefferminzdrops finde ich noch im Seitenfach. Aus ihrer Verpackung gepurzelt, kleben sie nun aneinander. Ich breche einen ab, lege ihn mir auf die Zunge. Mein Blick streift die Uhr. Es ist schon spät. Ich muss los. Was solls, nehme ich eben doch die braune Tasche, die von gestern. Zu viel Umstand, alles in die schwarze zu verfrachten. Das sind auch die roten Stiefel nicht wert, die ich heute tragen wollte. Es regnet sowieso, das tut dem feinen Leder gar nicht gut.
Der Bonbon schmilzt. Langsam lösen sich die Sandkörnchen heraus, die an ihm kleben. Woher der Sand nur kommt? Seit Jahren sitze ich nun schon nicht mehr auf Spielplatzbänken, klettere nicht mehr auf Piratenschiffe und stoße auch keine jauchzenden Kinder mehr in den Schaukelhimmel – *10 mal noch*

und dann ausschaukeln, schau mal da warten auch noch andere Kinder. Vor
ein paar Jahren waren die Spielplätze voll wie das Maybachufer am Markt-
samstag. Wenn Berliner und Touristen sich zwischen den orientalisch anmu-
tenden Ständen begegnen, verwischen sich ihre Identitäten, vermengen sich
wie die Pfade meiner Erinnerungen. Mit meinen Kindern scheinen auch all
die anderen dem Sandkasten entwachsen zu sein. Ich sehe keine Kinder mehr.
Erst abends bevölkern sich die Plätze, sitzen Teenies auf den Lehnen der Bänke, stemmen Füße gegen Sitzflächen, schnipsen ihre Kippen in den Sand.
Die alte Dame stand auch damals schon auf dem Balkon. Auf dem Nachhauseweg nickte ich ihr zu, rief einen kurzen Gruß in die Höhe. Sie lächelte,
winkte, warf sogar dann und wann Bonbons für die Kinder herunter. Inzwischen habe ich lange nicht mehr zu ihr hochgeblickt, sie nur aus der Anony-
mität des Fensterblicks beobachtet. Ob sie den gelegentlichen Gruß vermisst?
Der Sand in meiner Tasche, in meinem Mund, wo der nur herkommt? Er hinterlässt raue Spuren auf der Zunge, knirscht zwischen den Zähnen, rastet in
Gedanken ein. Jene Jahre, jenes Zählen, das Hin und Her der Schaukel, die
Sekunden bis die Kleinen sich versteckten, die letzten fünf Minuten bis es
nach Hause ging. Die Zahlen werden mir zu Bildern, die Bilder rumoren mir
im Bauch. Ich greife nach der Tasche, schnüre meine Stiefel. Sehne mich nach
meinen Kindern, die sie nicht mehr sein wollen. Abitur schreibt die Große im
nächsten Frühling. Der Kleine, der ist im Auslandsjahr. Die Stiefel schmiegen
sich an meine Waden. Wenigstens etwas, das sich noch an mich schmiegt.
Den Schlüssel in der Hand ziehe ich leise die Tür ins Schloss. Selbst auf der
Treppe gehe ich noch auf Zehenspitzen, öffne sacht die Tür zum Hof. Ich
freue mich aufs Fahrradfahren. Auf meine Arbeit freue ich mich nicht. Wie
viele Menschen sind in den letzten Jahren wohl durch meine Kurse gegangen?
Wie viele habe ich in die deutsche Sprache eingeführt? Meine Abneigung gegen die Arbeit rührt nicht von den Menschen, auch nicht von der Sprache her.
Es ist der Rahmen, der mir die Lust vergällt. Zu viele werden in die Kurse
gestopft, zu wenig Zeit bleibt für den Einzelnen … seine … ihre Geschichte.
Wenn die Menschen das Gefühl haben, dass man ihnen zuhört, dass ihre Worte etwas zählen, lernen sie schneller, wenden die neue Sprache ungezwunge-
ner an. Wenn ich die Muße habe, mich auf jede und jeden einzulassen, kann
ich wirklich etwas geben. Zusätzlich zu Plusquamperfekt und Futur II. Doch
die Zeiten sind vorbei. Es zählt die Ökonomie der Worte, die Quote der erfolgreich unterschriebenen Zertifikate.
Der Ledersattel trieft vor Nässe, der Lenker friert in meinen Händen. Das
Prasseln der Steine an den feuchten Reifen, das sanfte Schmatzen des Gum-
mis auf den Fliesen des Hausflurs, das schwere Einrasten der Haustür. Geräusche, die mir Gesellschaft leisten, nach denen ich mich nicht sehnen muss.
Nur das Kopfsteinpflaster-Klackern mag ich nicht, das Gerüttel des Gepäck-
trägers, das Geklapper des Rahmens, das sich auf meine Handgelenke und

den Nacken überträgt, mir schmerzenden Schwindel in die Schläfen treibt. Ich bleibe auf dem Bürgersteig. Er besteht immer noch aus denselben Platten, auf denen ich auch damals fuhr, mit dem Kindersitz, der bei jedem Bordstein hüpfte und wildes Gejohle nach sich zog. Die Große auf dem Laufrad voneweg, der Kleine mit seinen Füßen in meinem Kreuz. An der Ecke endet das Kopfsteinpflaster. Ich wechsele auf die Straßenspur, wieder ein schmatzendes Gleiten. Auf Beton klingt es heller als auf Fliesen.

Meine Füsse ruhen jetzt auf den Pedalen. Die Geschwindigkeit, kaum gebremst, fordert keinen Antrieb mehr. Das Sirren, das silberne Schnarren des Leerlaufs massiert mir die Ohren. Ich atme aus, gleich darauf noch tiefer ein. Ich lasse die Stiefel rückwärts treten, spiele mit dem Leerlauf, lasse die Pedalen kreisen. Ich hebe die Augen und schließe sie. Für einen Moment nur spüre ich das Rieseln des Windes auf meinen Lidern, genieße den Sekundenbruchteil Schwärze vor den Augen. Als ich aufblicke springt die Ampel schon auf Rot. Meine Finger greifen nach der Bremse als meine Lider sich jäh wieder schließen wollen … in der Erwartung des nächsten nieselnden Schauders. Fast muss ich mich zwingen, die Augen zu öffnen, sie nach links und rechts zu wenden. Die Straße ist auf beiden Seiten frei und meine Füße treten durch – entbinden die Finger von der Pflicht des Bremsens. Plötzlich will ich nicht mehr warten. Das leuchtende Rot vor der menschenleeren Fahrbahn reizt mich, weckt eine Wut, die ich nicht erkenne. Im Rollen, dem Tempo der Kurve spüre ich mir Sporen wachsen.

Die Reifen rasen über den Asphalt, ich lasse ihnen freien Lauf. Sie nehmen nicht den Weg ins Institut, sie rollen ohne festes Ziel und hängen die Gedanken ab. Die Arbeit verschwindet vom Horizont und mit ihr auch die Folgen meines soeben vollzogenen Fehlens. Die Straßen stehen mir Spalier, ziehen mich in ihren Bann. Die Pfützen rufen mich besonders laut. Ich freue mich am Zischen der Räder, das lauter wird, je höher der Wasserspiegel in den Rinnsteinen steht. Meine Stiefel sind längst nicht nur besprenkelt, das Wasser rinnt mir die Knöchel hinab. Regentropfen hängen an der Nasenspitze. Von meiner Zunge aufgefangen, kühlen sie mir den trockenen Mund. Erneut schließe ich kurz meine Augen, fühle die Kälte an meinem Gaumen schwinden. Als ich die Lider wieder öffne, bin ich fast am Ziel. Ja, tatsächlich, *ich bin da*, schießt es mir durch den Kopf, obwohl ich weder ein *da* noch ein *hier* angesteuert habe. Ich stehe vor dem Alten Museum. Die große Schale vor den Eingangstreppen ist noch abgedeckt. Gut, denke ich bei diesem Wetter würde sie doch nur vollaufen. Trotz der von ihren Rändern tropfenden Rinnsaale erinnert mich ihr Anblick an den Sommer. Ich sehe die sich aus ihr zurückziehenden Sonnenstrahlen, ihren sich ausbreitenden kühlen Schatten vor mir, der uns damals einlud, näher zu kommen. Als wir vor ihr standen, wirkte ihr Inneres unerreichbar, zu hoch der Rand, zu glatt ihr Äußeres. Wir legten unsere Hände auf den kalten Stein, schmiegten unsere Wangen an den Marmor, aneinander.

Die Augen schlossen wir nicht. Konnten uns nicht satt sehen am anderen, dem zur Neige gehenden Licht am wachsenden Nachthimmel. Wir setzten uns auf die Stufen, hielten die Köpfe in den Nacken und den Abstand zwischen uns gering. Wenige Worte fielen in der Dunkelheit. Seine Hände formten sich zur Räuberleiter, auf die sich meine Füße stützten. Ich erklomm die Schale. Seine Füße fanden keinen Halt, meine Hände zogen ihn hinauf. Unter dem schweigenden Schein der sich mehrenden Sterne übernahmen unsere Hände das Gespräch, das uns bis heute am Leben hält. Ja, mit der Zeit kehrten die Worte wieder und die Hände … die Hände zogen sich im Lauf der Jahre zurück. Selten begegnen sie sich noch. Oft sehnen sich meine Finger nach den seinen, spricht meine Haut ins Leere. Jetzt zum Beispiel. An die Glätte der steinernen Schale schmiegt sie sich allein. Ohne helfende Hände, bleibe ich an ihren Rändern hängen.

Mit dem Rücken lehne ich am Marmor. Der Lustgarten spricht heute nicht von Lüsten. Außer dem Regen und mir bewegt sich nichts. Ich wische den Sattel mit dem Ärmel trocken und greife nach dem Lenker. Schwarz fließt die Spree um die Museumsinsel, träge liegt sie in ihrer Bahn. Ich entschließe mich, es ihr nachzutun, nehme die Füße vom Pedal und gleiche mich ihrem langsamen, behäbigen Rhythmus an. Die Körnchen und Steinchen formen feine Mosaiken. Der Splitt des Uferweges kratzt leise knirschend an meinen Sohlen. Die Geräusche des Sandes übertönen das Bild des Wassers unter mir.

Ich bin stehen geblieben. Am anderen Ufer durchsucht ein Mann die Papierkörbe. Mit einer Taschenlampe leuchtet er in ihre Bäuche. Trifft der Lichtkegel auf Verwertbares, zieht der Mann es ans Tageslicht. Pfandflasche auf Pfandflasche verschwindet in der Einkaufstasche, die ihm als Behälter dient. Ein ums andere Mal greift die Hand des Mannes in den Abfall. Zwei Jacken trägt er übereinander. Die eine lugt unter der anderen hervor. Konzentrierten Blickes läuft der Mann das Ufer ab als liefe er die Strecke jeden Tag. Jung ist er nicht mehr, dieser Mann. Ob er schon Rente bekommt? Ob er wohl überhaupt jemals Rente bekommt? Der Hut auf seinem Kopf ist farblich auf die untere Jackenschicht abgestimmt. Ein edler Anthrazitton auf nur leicht ergrautem Haar. Ein attraktiver Mann, denke ich bei mir und zähle. Eben steckt er die elfte Pfandflasche in seinen Beutel. Ist das eine gute Ausbeute? Wie lange stehe ich schon hier, wie lange sammelt er schon vor meinen Augen sein täglich Brot zusammen? Sind es fünf Minuten oder zehn? Wie lange warten die Schüler schon auf mich? Ob mein Mann wohl aufgestanden ist, seine heiße Suppe isst? Steht die alte Dame noch am Fenster, den Blick ins nieselnde Grau des Tages geheftet?

Mich fröstelt. Der Flaschensammler ist kaum noch zu erkennen. Seine Suche hat ihn zum Pergamonmuseum geführt. Gerade sehe ich seinen anthrazitfarbenen Hut entschwinden. Es wird Zeit, schießt es mir durch den Kopf. Aber Zeit wofür? Meine Gedanken haben sich dem trägen Fließen der Spree angeglichen, sind außer Stande mir den nächsten Schritt zu weisen, geschweige denn den Weg. Mit klammen Fingern schiebe ich mein Fahrrad vorwärts, den Flaschensammler hole ich nicht mehr ein. Das Pergamonmuseum. Still und dunkel steht es vor mir. Monumentaler Schutz antiker Schätze. Zuletzt war ich mit den Kindern hier. Dem lärmenden Alter waren sie damals schon entwachsen. Gelangweilt schlurften sie an den Zeugnissen der Vergangenheit vorbei, würdigten weder griechische, römische noch islamische Künste auch nur eines Blickes. Fragten dafür ständig, wann sie wieder gehen könnten. Was wir danach unternahmen, weiß ich nicht mehr. Wahrscheinlich trennten sich unsere Wege. Schon damals passte ich nicht mehr zu ihren Plänen.

Ich laufe weiter. Leise rasselnd rollt mein Rad neben mir her. Hinter dem Bode-Museum bauen Bühnenarbeiter bereits an der Sommerstätte des Hexenkessel-Hoftheaters. Brett für Brett. Der Regen scheint sie nicht zu stören. Shakespeare, Molière … was sie wohl dieses Jahr spielen werden? Hinter den sich langsam abzeichnenden Kulissen ragen die schweren Balken der Märchenhütte hervor. Ihr Anblick versetzt mir einen Stich. Hier schauten mir die Augen meiner Kinder noch nicht voller Überdruss entgegen. Bezaubert saßen sie in der ersten Reihe, quietschten und kringelten sich vor Lachen. Auch wohin wir nach den Vorstellungen gingen, weiß ich noch, als wär' es gestern erst gewesen. An jeder Hand hielt ich ein hüpfendes Kind. Unser Weg führte uns zur nächsten Eisdiele. Je drei Kugeln gönnten wir uns, ließen Vanille, Schokolade und Waldmeister in unseren Mündern schmelzen, erzählten uns die lustigsten Szenen der Vorstellungen wieder und wieder. Die Kinder kicherten und krächzten in den Stimmen Rumpelstilzchens oder böser Hexen. Die Klänge dieser bunt getupften Sommertage legen sich betörend über die Stille, die mich über die Brücke ans andere Ufer begleitet.

In der Manteltasche vibriert es. Die Schule versucht, mich zu erreichen. Wo ich bin und ob ich komme? Warum ich nicht zur Arbeit erschienen bin? Ob es mir gut gehe? Ich lasse es vibrieren. Zu viele Fragen, auf die ich ja doch keine Antwort weiß.

Schritt für Schritt laufe ich an der Seite meiner neben mir herrollenden Erinnerungen durch den Monbijoupark. Der Regen hinterlässt keine Flecken mehr auf meinem Rock. Gleichmäßig durchnässt, schmiegt er sich an meine Oberschenkel, begleitet jede meiner Bewegungen mit sanftem Gewicht. Es fröstelt mich nicht mehr. Ich setze mich auf eine Bank, blicke in das dichte, dunkle Weiß der Wolkendecke über mir und lausche meinen stiller werdenden Gedanken. Bevor sich Tränen in die vom Himmel tropfenden Rinnsaale auf meinem Gesicht mischen, schließe ich meine Augen. Zu der Stille gesellt sich nun die Schwärze.

Wenn du mich willst, so musst du nach mir greifen. Alleine finde ich nicht zurück. Zu dir nicht, zu euch nicht und auch keinem anderen. Die Schwerkraft hat mich aufgegeben …

Ich höre Schritte auf mich zukommen. Sie gehören dem Ordnungsdienst. Ob etwas … nicht in Ordnung sei? Alles bestens, bin nur etwas müde, ruhe mich aus vom langen Fahren. Ja, Sie haben recht, habe mich bei dem Wetter wohl etwas übernommen. Ja, vielen Dank, jetzt werde ich die Straßenbahn nehmen. Nachhause fahren. Nachhause.

In winzigen Bächlein sammelt der Regen den Staub von den Scheiben. Eben noch netzte er mir Gesicht und Hände. Herabperlendes Wasser – hinter Glas mischt es sich mit dem Schmutz unzähliger Tage, verliert seinen Glanz, trübt meinen Blick. Ich wage nicht, mich hinzusetzen. Aus Sorge, einen nassen Fleck auf den gepolsterten Bänken zu hinterlassen, bleibe ich neben meinem Fahrrad stehen. Schwankend gehen wir in die Kurven, schwankend kommen wir zum Stehen. Der Weg zurück ist nun nicht mehr weit. Der Regen, der hat aufgehört.

Heike Lange

Erdbeerhimmel

Wie kam es, dass wir dich wie einen Käfer auf dem Rücken liegend, zappelnd, weinend, hinter dem rostroten Hoftor fanden?

Deine Riesenbrille verrutscht, die wassergewellten Haare zerzaust, die Tränen laufen, weil Du aus eigener Kraft nicht mehr hochkommst.

Mein Blick wandert von dir hin zu dem Hof, zu den roten Holztüren der ehemaligen Ställe. Ich höre das Wiehern und Schnauben meines Ponys, das Grunzen des Schweines und sehe in leeren Käfigen, hinter Drahtgittern die Wollnester der kleinen Hasen. Die Felle der großen Hasen hängen an der Holztür zur Waschküche, dort aus dem großen Kessel steigt der Duft der Metzelsuppe für das Schlachtfest auf, vermischt sich mit dem Geruch verbrannter Federkiele. Vorsichtig rupfst Du die Letzten. Du in buntbedruckter Schürze auf einem rostigen Stuhl, eine Sitzfläche aus bunten Plastikbändern. *Die alten Gassen noch, die alten Freunde sind nicht mehr.*

Du liegst, nur gestützt von deinem Korsett und der buntbedruckten Kittelschürze, auf dem Rücken, ein Lächeln erhellt dein Gesicht, als du uns bemerkst.

Wir bringen deinen steifen, schweren Körper mit vereinten Kräften wieder auf die Beine, setzen dich auf den Stuhl. Ich sehe die Federn, die braunen Federn um dich herum, die versengte Haut brennt in meiner Nase. Du freust dich, wir geben dir ein Glas Wasser und bringen dich in deine Küche.

Dort auf dem alten Herd sehe ich die Kartoffelplätzchen braten und aus den großen Korbflaschen entweicht der Duft des selbst gekelterten Apfelweines. Ich sitze auf dem Schoß meines Großvaters, gehalten von seinen Riesenhänden, geborgen im Schweiß seines karierten Hemdes und seinem Lied. *Am Brunnen vor dem Tore.*

Der Großvater, der nach dem Krieg nichts fertig machen konnte, außer dich, dem dein Essen nicht schmeckt, der dich anschreit, schimpft und schnell wieder verschwindet. Dem Tränen der Rührung in die Augen steigen, wenn er mit dir singt!

Du sagst: „Ich muss euch was zeigen", öffnest die Klapptür des blauweißen Küchenschranks. Wir schauen auf wohl hundert Gläser Erdbeermarmelade.

„So billig kann ich es nicht selber machen", sagst du und lächelst uns an und wir sagen: „Ja", und ich kämme dein schlohweißes Haar und denke an die Federn um dich herum und an die kleinen Hasen in den Wollnestern.

Ich denke an dich gebückt zwischen den strohunterlegten Erdbeerpflanzen.

„Nur die Roten, nur die Roten", sagst du.

Wir bringen dich ins Wohnzimmer, setzen dich auf dein Sofa und ich denke an deine Hände, die aus Löchern, aus Seelenlöchern einen Stoff, ein Kleid zauberten, so wunderbar gesmokt mit Rüschen und Spitzen und einer passenden Schürze, dass mir die Bewunderung der anderen Kinder sicher war. Ich liebe deine Abmessungen mit dem Zentimeterband an meinen Körper, hasse das Picksen der bunten Stecknadeln und das Stillstehen. Freue mich über mein Wachsen, Zentimeter für Zentimeter.

Ich sehe deine Hände, wie sie flink den Faden durch das Nadelöhr fädeln und summe:

Ich ging einmal spazieren nanu nanu nanu, ich ging einmal spazieren, was sägst du denn dazu, sie sagt sie wär von Adel nanu nanu nanu nanu, ihr Vater führt die Nadel, was sägst du denn dazu!

Wir sehen deine Hände, die jetzt dickgeschwollenen Finger, das Däumchendrehen fällt dir schwer. Du versuchst es, die Daumen reiben aneinander und du sagst: „Der Himmel ist so schön blau, nicht wahr", und noch dreimal, „der Himmel ist so schön blau".

Mein Gesicht spürt deine Handflächen, zärtlich deckst du mich zu und singst die Gutenachtlieder.

Weißt du wie viel Sternlein stehen?

Du sitzt auf dem rosa Polstersessel mit gefalteten Händen, drehst deine Daumen und singst, bis ich schlafe. Du singst und drehst die Daumen und betest mit mir.

Du betest, du liest vor und schreibst mir Hoffnung ins Poesiealbum:

Was ich Dir wünsche bis zum letzten Schlag, ein wenig Sonnenschein an jedem Tag, ein frohes Kinderlachen ungetrübt und eine Seele, die die deine liebt.

„So billig kann ich die Marmelade nicht selber machen", sagst du jetzt und schaust so liebevoll mit deinen wasserblauen Augen. „Ja", sagen wir und beschließen Marianne vom Dorfladen erneut zu erinnern, dass sie dir keine Erdbeermarmelade mehr verkaufen soll.

Wie kam es, dass du eines Morgens neben dem erkalteten Körper aufwachtest?

Einmal hast du gefordert, nur einmal hast du gewagt zu wünschen. Einmal Ferien, raus aus der Enge des Dorfes in die Berge und vielleicht hast du gewagt zu sagen: „Dies bist du mir schuldig." Hast die Hände gefaltet und gedacht, Gott wird helfen. Und Gott hilft, vielleicht auch Maria.

Viele Jahre ist das Allgäu euer gemeinsames Ziel, euer Ausruhen, ein anderes Zueinanderfinden und Beisammensein. Dass Großvater beim ersten Mal im Zug Tränen vor Angst und Heimweh vergießt, eine Anekdote auf jedem Familienfest.

Wie kam es, dass du eines Morgens neben dem erkalteten Körper aufwachtest?

Dein Hörgerät auf dem Nachtisch, vor dem Fenster die Berge und der Himmel juniblau. Schmerzen in der Herzgegend an seinem letzten Abend, stechende Schmerzen. Du willst einen Arzt rufen. „Firlefanz", schimpft er und du fügst dich. Firlefanz, aber die Berge bleiben und die Bilder vor den Gipfeln, zärtlich schaut er dich an.

Firlefanz, du erholst dich nicht!

Lange bleibt die grüne Flasche mit dem Waldameisenalkohol gegen Rheuma neben dem leeren Bett des Großvaters stehen. Das große Bett, eine Hüpfburg zum Himmel für uns Kinder, aus den drei Matratzen auf jeder Seite baue ich Höhlen. Die große Gänsedaunendecke nun viel zu schwer für dich.

Zum Sonntagsessen wirst du eingeladen. Glücklich danach quälst du dich rückwärts, um deine Knie zu schonen, die Treppe hinunter. In den Taschen deiner Schürze Essensreste. Aufheben, die Kinder werfen doch alles weg. Ich lese dir aus dem Kasseler Sonntagsblatt vor und wärme dir den Lindes-Kaffee auf. Langsam fällt die Dämmerung in deine Tage.

Die Stunden schlagen stiller, Wiederholungen beginnen, die immer wieder gleichen Geschichten, von den Bergen und den blauen Himmeln, das Vergessen kommt langsam und du nervst uns mit deinen Nachfragen. „Wann kommt ihr nachhause und was macht ihr?"

Ich bin fünfzehn, ich bin verliebt, ich lerne küssen auf duftenden Heuballen, verabrede mich heimlich im hohen Gras. Ich schleiche an deinem Zimmer vorbei, sage nicht gute Nacht, ignoriere dein Rufen: „Ist da jemand?"

Ich bin fünfzehn, kaufe Lewis Jeans und ein T-Shirt mit Sternenbanner. Ich höre deine Stimme: „Die hätte ich dir doch nähen können."

Wir sitzen mit dir und ich streichele deine Hände und die rosigen Backen.

Wir sitzen und erzählen vom Erwachsensein, der neuen Wohnung, der Arbeit.

Das Hörgerät fiepst.

Wir sitzen neben dir im Wohnzimmer und hören den Zeiger der Siebengeißleinuhr ticken.

Ich rolle die Strümpfe hinunter, „Strumpfhosen sind neumodisch", sagst du und ich reibe dir die Knie mit der Schmerzsalbe ein, die nach Eukalyptus duftet.

Ich sehe, wie du mir die Butter auf den Grind meiner ständig aufgeschlagenen Knie schmierst.

Zu viele Kanten und Ecken das Leben.

Wir sitzen und schauen auf den Wohnzimmerschrank, auf das schillernde Tablett mit dem Vogel, der nicht fliegen wird.

Wir holen die alten Fotos und du sagst: „Ja, die französische Besatzung im ersten Weltkrieg und der Offizier."

Du lächelst verschmitzt.

Du zeigst uns das Bild von dir und deiner Lieblingsschwester Hannah, aufgenommen im vierten Kriegsjahr 1917. Hannah 9 Jahre alt, du, Marta bist 14.

Zärtlich berührt deine Hand die Schulter der Kleinen.

Du sagst: „Heute stirbt niemand wegen einer Blinddarmentzündung."

Du sagst: „Ja, das waren schlimme Zeiten", und wunderst dich über deinen demütig geneigten Kopf auf dem Hochzeitsbild.

„Als er im Krieg war, nähten wir im Halbdunkel auf den Schneidertischen, deine Mutter eine schwere Zangengeburt."

„Ach", sagst du, „lang ist es her, aber die Berge waren schön und der Himmel so blau und da war er freundlich", und ich sehe, wie Großvater deine Hand vor dem Bergbach hält.

„Es kommt keiner mehr vorbei", sagst du und wir sehen das bestickte Kissen auf dem geöffneten Fensterbrett liegen, damit die Ellenbogen nicht schmerzen.

Meine Ellenbogen schmerzen dort unten im Kartoffelkeller. Ich liege auf dem Rücken, neben dem Berg dunkler Knollen. Mutter hat mich eingesperrt. Ich sehe die bemalten Steinkrüge, in denen der Weißkohl zu Sauerkraut wird, die eingelegten Eier in den Gläsern schauen mich an, die Mirabellen daneben scheinen mir wie Sonnen auf dem Regal. Ich höre deine Stimme: „Lass sie raus!"

Wir können dich nicht rausholen.

Wir geben dem Himmel keine andere Farbe.

Friedlich schläfst du davon, unter der schweren Gänsedaunendecke.

Ich sehe die braunen Federn wirbeln.

Wie kommt es, dass ich auf dem Rücken liege?

Däumchen drehe in meinem Sehnsuchtskleid.

Ich spüre das Abendlicht auf meinen geschlossenen Augen. Sonnenstrahlen zeichnen Muster verlorener Orte.

Ich sehe Dich gebeugt zwischen den strohunterlegten Erdbeerpflanzen.

„Nur die Roten, nur die Roten", rufst du.

Der Himmel bleibt blau mit Wolken aus Erdbeermarmelade.

So billig kann ich es nicht selber machen.

Benjamin Häring

Schrott Brommbüchel

Die Katze liegt vor ihm. Blutverschmiert das kleine Gesicht, der Bauch zerfetzt. Letzte Nacht hatte Karl-Heinz laute, schrille Schreie gehört. Er war aus seinem Bett aufgeschreckt und hatte nach seinem Baseballschläger gegriffen. Das Schreien hatte sich fast menschlich angehört. Als er rausgerannt war, kamen Sinatra, Armstrong und der Wendler friedlich angelaufen. Damit war das Thema für ihn erledigt. Hoffentlich weint jetzt nicht irgendwo ein Kind. Der Tod ist eine dämliche Erfindung. Vorsichtig umschließen seine riesigen Hände den leblosen Körper. Die letzte Reise der kleinen Katze wird in einem großen Container enden. Das ist das Leben, fressen und gefressen werden denkt Karl-Heinz. Wenn Sinatra, Armstrong und der Wendler im Dschungel ausgesetzt werden würden, dann kämen halt Tiger oder Schlangen und würden die kleinen Dobermänner zerfleischen. Die Katze stinkt; der Container jetzt auch. Es ist ein regnerischer Tag in Castrop-Rauxel. Seit Jahren gibt es auf diesem Schrottplatz keine schönen Tage mehr. Mit dem Tod seiner Eltern war die gemütliche und schier nicht enden wollende Familienmelancholie einem langsamen und schwermütigen Zerfließen von Karl-Heinz Lebenszeit gewichen. Die Zigarette brennt wohltuend und erfüllt seinen Körper mit Kraft.

Er spürt dem Kratzen im Hals für einen Moment nach und findet dann erfolgreich einen Platz im randvollen Aschenbecher. Sein Kaffeebecher steht auf dem kleinen Tisch mit der grünen Wachsdecke.

Es gehört sich nicht für einen 60-Jährigen. Karl-Heinz weiß das, aber trotzdem stiert er auf die prallen Brüste. Das Video ist aus den Neunzigern, aber das tut der Realität der Bilder auch im Jahre 2012 keinen Abbruch. Momentan ist die Blondine bei ihm zu Besuch und erfreut ihn. Ihr brauner, nackter Körper und ihre hohe Stimme wecken in ihm das Bedürfnis, auf den Bildschirm zu spritzen. Das rhythmische Stöhnen hilft ihm in den Tag zu kommen. Langsam greift er nach seinem schlaffen Schwanz und beginnt ihn zu reiben.

Er schaut auf das Bild seiner Eltern und bleibt regungslos sitzen. Diese Aufnahme ist 1970 entstanden, direkt vor dem großen Eingangstor des Schrottplatzes. Der Eichenrahmen passt zum verblichenen Foto und der alten Mustertapete im Hintergrund. Karl-Heinz würde dieses Zimmer niemals streichen. Er konzentriert sich voll auf die Brüste. Schön braun. Sie reitet auf dem Mann. Karl-Heinz betrachtet die Oberschenkel und sein Schwanz erwacht. Jetzt gibt es nur noch ihn und sie. Sein Blick wandert blitzschnell von seiner Eichel auf den Bildschirm. Vom Bildschirm auf die Eichel von der Eichel auf den Eichenrahmen. Schluss. Sein Schwanz wird schlaffer. Er steht auf, wischt sich

die Hände am Blaumann ab und nimmt das Bild von der Wand. Er guckt sei-
ner Mutter nicht ins Gesicht, lediglich seinen Vater guckt er eine Sekunde an.
Er hat bestimmt Verständnis für so was, schließlich hat Karl-Heinz vor sechs
Jahren eine Reihe Pornohefte in der Werkstatt seines Vaters gefunden. Karl-
Heinz legt das Bild aufs Regal.
Er setzt sich wieder in den Sessel. Das wird auch nicht verhindern, dass sie
ihn so sehen können. Der letzte Erbgutträger sitzt außer Form auf dem Sessel
in der Wohnküche und kriegt keinen hoch.
Er sieht sich im Spiegel der Schrankwand und nimmt einen großen Schluck.
Die lauwarme Flüssigkeit belebt seinen Geist. Er guckt in den Spiegel und
zieht an seinem Schwanz. Er lächelt. Er betrachtet das Glied in seiner Hand.
Dieses Glied hat noch nie eine Frau von innen gesehen. Außer seine Mutter,
aber das war vor seiner Geburt. Dieses Glied hat seine Bestimmung noch
nicht gefunden, deswegen wird Karl-Heinz sich mit diesem Pornofilm zufrie-
dengeben. Jetzt geht es nur um die Befriedigung und nicht um die endgültige
Partnerwahl. Er konzentriert sich voll auf den Film. Er sieht die prallen Oberschenkel und ihre wundervolle, riesige Brust. Er stellt sich vor, wie er sie auf
die Wachstischdecke legt. Er könnte das … und es würde ihr auch gefallen …
er könnte das wirklich … er würde sie hier in der Küche durchvögeln.
Er zieht die Hose hoch und reibt seine Hand am Blaumann. Er schaltet den
Videorekorder ab und steht auf. Er guckt aus dem Fenster und sieht die ge-
stapelten Autos. Das Chaos gibt ihm Sicherheit und es erfüllt ihn mit Angst
zugleich. Was wird aus diesem Platz, wenn er nicht mehr da ist?
Das alles sind Relikte aus einer anderen Zeit. Einige der Modelle, die hier
stehen, fuhren noch zu Tausenden auf den Straßen in dem Jahr, als sein Vater
gestorben war. Heute sieht er diese Modelle kaum noch auf den Straßen. Irgendwann fahren sie gar nicht mehr.
Er öffnet eine Dose Hundefutter und entleert den Inhalt in einer großen Schüs-
sel. Sinatra, Armstrong und der Wendler schnauben und schnüffeln wild an
seinen Beinen. Die verstehen gar nichts. Die haben auch keine Probleme.
Er stellt die Metallschüssel auf den Boden. Gierig schnappen die drei Rüden
zu. Nur der Wendler kommt zu kurz und ernährt sich ausschließlich von den
Resten, die Sinatra und Armstrong in ihrer Gier aus dem Trog werfen. Der
Wendler beschwert sich nicht, sondern begnügt sich mit dem Rest. Intelligen-
tes Tierchen, denkt Karl-Heinz.
Er geht ins Schlafzimmer und öffnet die Tür des massiven Kleiderschrankes
aus Eiche. In diesem Schrank war nie viel los, aber heute fällt es ihm besonders auf. Zwei Jeans, zwei Pullover, vier weiße T-Shirts, ein Ersatzblaumann,
löchrige Socken, Unterhosen, ein weißes, gebügeltes Hemd und sein schwarzer Anzug.
Er zieht sich aus, hängt den Blaumann auf einen Kleiderbügel aus Eiche und
geht ins Badezimmer. In diesem Haus gibt es keinen Grund mehr sich anzu-

ziehen. Er betritt den dunkel grünen Raum, guckt auf den CD-Player unter
dem Waschbecken und öffnet die verkalkte Glasschiebetür, hinter der sich die
Dusche versteckt. Das warme Wasser regnet auf seinen muskulösen Körper.
Nur sein Bauch und sein Glied stören das Bild, aber der Spiegel hängt hoch
genug.
Seine Haare wäscht er nur zu besonderen Anlässen. Er greift nach seinem
„Wash & Go"-Shampoo und massiert seinen Kopf und sein Gesicht damit ein.
Er wird sich nicht rasieren, denn dann bekommt er Hautausschlag und blutet
im ganzen Gesicht. Er greift nach der Kernseife und fährt mit ihr über seinen
Körper.
Eine Träne läuft ihm die Wange herunter.
Er denkt an die vielen LKW bei ihm auf dem Schrottplatz.
Auch der LKW, mit dem Peter tödlich verunglückte, steht jetzt bei ihm. Mit
einer roten Friedhofskerze im Führerhaus.
Jeden Tag zündet Karl-Heinz eine Kerze im Schlafzimmer seiner Eltern an
und seit drei Tagen auch die im Führerhaus von Peters LKW.
„Kein Bier mehr mit Peter!"
Der Boden ist nass, der Spiegel beschlagen und Karl-Heinz ist betroffen.
Er öffnet das Fenster und stiert auf Peters LKW. Direkt dahinter, über der
Hofeinfahrt, prangen die Metallbuchstaben. BROMMBÜCHEL. Die Kerze
brennt noch immer.
Direkt über dem zerknautschten Mercedesstern hat Karl-Heinz ein Schild an-
gebracht. Bevor da wieder jemand kommt und ungefragt ein Teil ausbaut.
Er greift nach der Zigarettenschachtel auf dem Fenstersims und zündet sich
eine an. Da vor dem Tor standen einmal seine Eltern und posierten für den
Fotografen und die Nachwelt. In dem Führerhaus saß letzte Woche noch ein
lebendiger Peter und fuhr vom Hof. Irgendwann ist es vorbei. Irgendwann ist
auch der neueste Opel Insignia der nächste Opel Kadett.
Die kalte Luft tut gut. Er geht zum Waschbecken und greift nach der Zahnbürste. Dr. Best hatte schon einmal bessere Zeiten, aber seit dem Tod seines
Vaters hat er die Zahnbürste nicht mehr gewechselt. Acht Jahre hält diese
Bürste jetzt schon. Er hustet, spuckt die Zahnpasta in den Spülstein und zieht
an seiner Zigarette. Sein Blick fällt auf das Rasierwasser seines Vaters. Heute
darf er es benutzen. Heute ist ein besonderer Tag. Heute wird er nicht nur das
Rasierwasser seines Vaters benutzen, sondern auch die Elfenbeinbürste seiner
Mutter. Die weichen Borsten kämmen sein Haar wie von Geisterhand.
Kein Schmerz, kein Ziepen, kein Widerstand. Diese Bürste ist etwas Besonde-
res. Im Badezimmer riecht es nach seinem Vater, nach Sonntagmorgen, nach
Aufwachen, nach Kaffee. Nach Kirche.
Die Digitaluhr auf dem Schränkchen zeigt die Uhrzeit. Es ist 08:44:53 Uhr. In
einer Stunde und fünfzehn Minuten wird er vor der Kirche stehen. Er wirft die
Zigarette ins Klo, pinkelt und betätigt die Spülung.

Peters Sammlung hat er an sich genommen. Es wäre wahrscheinlich auch nicht ratsam, sie Peters Mutter auszuhändigen.

Wobei Peters Vater wahrscheinlich glücklich wäre und die komplette Sammlung sofort inhalieren würde. Das Schicksal meinte es nicht gut mit ihm, denn sonst hätte es mit Sicherheit eine andere Frau für ihn vorgesehen. Gerda Bernhards redet zu viel und zu schnell. Außerdem sieht sie etwas untersetzt aus und versteckt das unter zu engen Kleidern in zu bunten Farben.

„Wir halten aber den Kontakt, Karl-Heinz!" Dieser Satz klang fast wie eine Drohung aus ihrem Mund. Peter und er hatten nie verstanden, wie sie Frauen ansprechen und kennenlernen könnten. Wann kommt der Moment, wo man weiß, diese Frau gehört zu mir?

Karl-Heinz Eltern wirkten immer so, als ob sie zusammen geboren worden wären, und auch Peters Eltern waren auf tragische Weise so miteinander verbunden, dass es von außen wie eine Art Bestimmung aussah.

Zwischen Karl-Heinz Eltern hat kein Blatt Papier gepasst, aber natürlich haben sie sich irgendwann kennengelernt. Darüber wurde aber nie gesprochen. Über Peters Eltern wurde auch nur gemunkelt.

Peters Vater hatte eigentlich eine andere Partnerin und war auf einer Weihnachtsfeier des Finanzamtes so betrunken, dass er mit Gerda Cordes auf dem Klo verschwand. Schon damals konnte das in Castrop-Rauxel keiner verstehen, weil Gerda Cordes auf jeder Veranstaltung auf betrunkene Männer wartete, um ihre Chance zu nutzen.

Karl-Heinz Vater erzählte ihm einmal, dass Gerda Cordes mit 17 Jahren auf dem Parkplatz an der großen Raststätte auf Lkw-Fahrer wartete, um mit ihnen erste intime Erfahrungen zu sammeln. Nach ca. drei Wochen wurde sie allerdings vom Pächter der Raststätte gebeten, das Gelände zu verlassen, weil sich mehrere Lkw-Fahrer über ein aufdringliches, hässliches Mädchen beschwert hätten. Dann kam die Weihnachtsfeier des Finanzamtes und aus Gerda Cordes wurde Gerda Bernhards. Immerhin entstand in dieser Nacht Peter.

Aber wenn man im kleinen elterlichen Betrieb arbeitet, gibt es solche Weihnachtsfeiern einfach nicht. Die Zeiten, wo Karl-Heinz vermittelt werden sollte, waren zwar witzig gewesen, waren aber auch schon lange vorbei.

Da war noch was los gewesen auf dem Hof. Eine Frau kam mit Stöckelschuhen auf den Schrottplatz gelaufen und trug ein blaues Kleid. Karl-Heinz Vater hat die Frau nur wenige Sekunden aus dem Fenster der Wohnküche beobachtet und direkt vom Hof geschickt. „Sie passen nich zu uns und wir passen uns ihnen nich an." Dies war ein kurzer Satz, der gesessen hatte. Die Frau ging direkt vom Schrottplatz und drehte sich nicht mehr um. Karl-Heinz hätte sie gern kennengelernt. „Das Geld musse ersma verdienen, wat die im Monat ausgibt! Dat is nix!" Daraufhin war sein Onkel, der das Treffen arrangiert hatte, sauer und sprach nicht mehr mit dem Vater von Karl-Heinz.

Eine andere Frau war unglaublich nett und wurde ihm von einer Freundin seiner Mutter vorgestellt. Karl-Heinz freute sich immer, sie zu sehen, aber seine Mutter hatte ein Machtwort gesprochen. Sie sei zu zierlich für einen Schrottplatz. Er traf sich noch einige Male mit ihr, aber irgendwann wollte sie eine Entscheidung. Was wohl aus seinem Leben geworden wäre, wenn Cordula jetzt an seiner Seite wäre?

Hätte seine Mutter ihm diesen Schritt verziehen oder hätten seine Eltern ihn vom Schrottplatz geschmissen?

Viele Frauen wünschen sich Männer, die Erfahrungen mit Frauen haben, und keine komischen Einzelgänger, die bisher nur ihre eigenen Mütter nackt gesehen und ihr Wissen über Liebe aus Pornofilmen haben. Die Sehnsucht nach Geborgenheit und Liebe macht einen Mann nicht attraktiv. Karl-Heinz betrachtet sich im Spiegel. Er schaltet den CD-Player ein, und Udo Lindenbergs Stimme erklingt. Das ist seine CD. Peter hatte sie ihm geschenkt, und eigentlich wollten sie einmal in ihrem Leben zu einem Konzert von Udo Lindenberg. In Hamburg. Karl-Heinz reißt sich sein Handtuch vom Körper und wedelt es mit seiner rechten Hand durch die Luft.

„Ich mach mein Ding, egal watt die andan laban. Ich geh meinen weg, dat is okay. Lalalalalala. Dadadadaaaaaaaaaaaa."

Sein Gesang wird von einer älteren Frauenstimme unterbrochen. Karl-Heinz greift hektisch nach seinem Handtuch, um sich zu bedecken, um direkt im nächsten Moment die Musik auszuschalten. Eine dickliche Frau steht in der Tür und schaut ihn mit glasigen Augen an. Karl-Heinz' Mundwinkel zucken, er blickt zu Boden und dann auf den CD-Player.

„Ich habe. Also. Die CD. Die habe ich vom Peter bekommen."

„Wir wollten noch einmal den LKW sehen. Ich habe neue Kerzen mitgebracht. Dieser Umschlag lag in Peters Zimmer. Es steht dein Name darauf."

Karl-Heinz guckt sie verdutzt und ein wenig hilflos an. Er nimmt den Umschlag entgegen.

„Danke! Ich muss mich noch kurz anziehen." Peters Mutter geht. Warum haben die Hunde nicht gebellt? Wahrscheinlich hat sie ihnen wieder Schinken mitgebracht.

Der schwarze Anzug sitzt. Sein Vater und er hatten ihn für die Beerdigung seiner Mutter gekauft. „Nimm ihn zwei Nummern zu groß, dann kannst du ihn bei meiner Beerdigung auch noch tragen." Drei Wochen später musste er den noch zu großen Anzug erneut tragen. Bei der dritten Beerdigung seines Lebens sitzt der Anzug perfekt.

Er betritt das Schlafzimmer seiner Eltern und öffnet den Schrank seines Vaters. Hier ist die Anleitung für den Krawattenknoten. Auf seinen Vater kann er sich verlassen. Alles an seinem Platz.

Er setzt sich aufs Bett und öffnet den Umschlag.

„Lieber Kalle! Herzlichen Glückwunsch zu deinem Geburtstag!

60 Lenzen bist du alt, und das lässt mich nicht kalt. Am Freitag werden wir zusammen abreisen! Wohin? Nach Hamburg. Ins Atlantikhotel. Keine Panik. Meine Mutter füttert die Hunde. Wir gehen zum Konzert vom Udo und wir trinken ein Bierchen auf der Reeperbahn und machen durch. Morgens gehen wir dann auf den Fischmarkt! So wie wir es immer wollten! Wir lassen es für drei Tage richtig krachen."

Karl-Heinz zieht die Konzertkarten aus dem Umschlag. Seine Hände zittern. Die Karten werden von zahlreichen Tropfen benetzt. Nachdem ihm keiner zu seinem 60ten Geburtstag gratuliert hat, ist dies nun die nächste Keule. Nichts hatte er sich mehr gewünscht als mit Peter zu feiern. Karl-Heinz steckt den Umschlag in sein Sakko, und vom Anzug getragen verlässt er das Haus. Er schlendert an Sinatra, Armstrong und dem Wendler vorbei. Nicht einmal der Wendler hatte ihn gewarnt vor den Eindringlingen.

Peters Eltern stehen vor dem LKW. Der Regen stört die beiden nicht, Karl-Heinz geht es ebenso. Bis zur nächsten Beerdigung hat der Anzug hoffentlich genug Zeit zum Trocknen. Es wird die letzte Beerdigung eines Menschen sein, für den er seinen schwarzen Anzug trägt. Den Anzug wird er nur für Sinatra, Armstrong oder den Wendler noch mal anziehen. Er zündet sich eine Zigarette an. Die Lunge brennt angenehm, und er betrachtet mit Peters Eltern den LKW. „Ist alles eine Scheiße." Peters Eltern nicken. Gerdas Mundwinkel zucken, sie zerquetscht mit ihrer Hand ein Taschentuch. Tränen sammeln sich in ihren Augen.

Auch Peters Vater sieht mitgenommen aus. Karl-Heinz steigt in seinen schwarzen Mercedes E 280. Er startet den Motor. Peters Eltern fahren in ihrem Golf vorweg. Er betätigt die Fernbedienung, und das schwere Eisentor schließt sich langsam. „Wegen Trauerfall geschlossen"

Dieses Schild hing dort schon bei der Beerdigung seiner Mutter, seines Vaters und jetzt eben bei Peters Beerdigung.

Hinter dem Schild stehen seine drei Lieblinge. Sie wissen, wie es ihm geht. Gleich wird er auf dem Friedhof stehen, mit der Familie von Peter. Der Oma, den Tanten und dem ganzen Haufen. Alle werden ihn angucken, wie sie immer gucken, wenn sie ihn sehen. Sie sehen in ihm einen Verlierer, der keine Frau abgekriegt hat. Er wird den Gesprächen aus dem Wege gehen. Karl-Heinz folgt dem Golf. Der Wagen hält an einer roten Ampel. Karl-Heinz drückt auf den Knopf, und aus dem Radio trällert Udo Lindenberg. „Ich mach mein Ding." Seine Hände wippen auf dem Lenkrad, und er spürt die Kraft des Motors. Überflüssige PS. PS, die eigentlich nur für den Stadtverkehr gebraucht werden. In seinen Augen sammeln sich Tränen. Karl-Heinz guckt in den Rückspiegel und sieht in die Augen eines alten Mannes. Sein Haar ist grau geworden in den letzten Jahren. Eigentlich war er immer nur mit älteren Menschen zusammen gewesen, deswegen fühlte er sich immer so jung. Karl-Heinz wollte schon immer raus aus Castrop-Rauxel.

Die Ampel springt auf grün, und Karl-Heinz dreht auf der Kreuzung. Er drückt aufs Gaspedal, und der Golf verschwindet im Rückspiegel. Er biegt ins Industriegebiet ab. Er hält vor dem Eisentor und drückt auf den Knopf der Fernbedienung. Er öffnet die hintere Scheibe und Armstrong, Sinatra und der Wendler springen ins Auto. Er drückt wieder auf den Knopf und das Eisentor schließt sich.

Anka Pahlenberg

Das Breitensteiner Fenster

Das Breitensteiner Fenster muss ein magischer Ort sein, ein riesiges Felsentor, das sich hoch über den Baumspitzen des Bergwaldes wölbt. Riesen können darunter hindurchgehen. Was wird dahinter zu sehen sein? Ein fremdes Königreich mit Burgen und goldenen Schlössern, die man in nebliger Ferne auf den Hügeln stehen sieht? Und was wird geschehen, wenn ich hindurchgehe? Werde ich mich in eine Prinzessin verwandeln oder einem Riesen begegnen?

Mutter, Kati und ich hatten während unseres ganzen Sommerurlaubs in Talbach immer wieder nach diesem geheimnisvollen Ort gesucht, vergeblich. Dabei wünschte ich mir so sehr, dass wir ihn finden würden! Dann könnte ich endlich sein Geheimnis kennen lernen. Und ich stellte mir vor, wie Vater staunen würde, wenn er im nächsten Jahr wieder bei uns wäre und wir ihn hinführen würden. Wir sahen das Fenster oft als kleines Loch im Felsen hoch oben am Berg, wenn wir im Tal spazieren gingen und zur westlichen Schulter des Breitensteins hinaufschauten. Von unten erschien es uns ganz leicht, dorthin zu gelangen, aber oben im steilen Wald verloren wir jedes Mal die Orientierung.

Wir lassen uns an der Stelle nieder, wo der Wanderweg zum Breitenstein oberhalb der Bucher Alm eine Linkskurve macht und nach rechts ein schmaler, kaum sichtbarer Pfad in den Wald abzweigt. Über der Almwiese flirrt die Hitze. An jedem anderen Tag hätte ich gerne eine Pause gemacht und eine Zitrone gelutscht, aber heute kann ich keine Sekunde still sitzen und warte ungeduldig, bis Mutter endlich das Netz mit unserem Proviant zusammenpackt und aufsteht. Sie streicht den bunten Rock mit dem afrikanischen Muster glatt, der in Vaters letztem Paket war, und biegt als Erste in den Waldweg ein.

Als wir gegen Ende der Sommerferien wieder zu Hause ankamen, weinte ich, weil ich nicht wieder in die Schule gehen wollte. Abends konnte ich nicht einschlafen und schlich zu Mutter ins Arbeitszimmer. Wie fast jeden Abend im letzten halben Jahr saß sie an ihrem großen Schreibtisch, vor sich einen Bogen des blauen Luftpostpapiers, mit dem man so gut basteln konnte. Sicher wollte sie an Vater schreiben, aber sie hatte noch keinen Buchstaben zu Papier gebracht. Im Zimmer war es nicht sehr hell, Vaters Schreibtisch lag im Dunkeln. Nur Mutters Gesicht war vom Licht der Lampe erfasst. Sie erschien mir kleiner als sonst und die steile Falte auf ihrer Stirn war tief eingeschnitten. Sonst wickelte sie mich immer, wenn ich weinte, in eine warme Decke und las mir etwas vor. Wohlig auf dem Sofa liegend durfte ich ihrer Stimme lauschen, bis ich ganz müde wurde. An diesem Abend achtete sie kaum auf mich. Sie saß da wie erstarrt, zündete in ihrer Zigarettenspitze eine um die andere Zigarette an und horchte auf die Nachrichten aus dem Radio, die endlos lang waren. Als ich nicht aufhörte zu weinen, sagte sie: „Sei nicht traurig, vielleicht fahren wir schon bald wieder los." Ich fühlte mich getröstet und konnte gleich einschlafen, aber am nächsten Morgen dachte ich, ich hätte geträumt.

Im Wald ist es kühl und dämmrig. Endlich sind wir wieder auf dem Weg, vorne Mutter, ich in der Mitte, hinten Kati. Im letzten Sommer ging Vater vorne und Mutter hinten. Deshalb fühlt Kati sich jetzt sehr wichtig und versucht immerzu, mich herumzukommandieren. Jetzt sagt sie: „Lauf doch mal ein bisschen schneller!" Dabei muss Mutter heute kaum auf mich warten. So schnell ich kann, steige ich über die grün bemoosten Baumwurzeln. Eine dicke Schicht von Tannennadeln federt unter meinen Füßen. Der Weg zieht im Zickzack zwischen den Stämmen dahin und hört nach einer Weile auf. Bis hierher waren wir schon bei einer unserer früheren Suchaktionen gekommen. Der Bucherbauer, bei dem wir wohnen, hat uns erzählt, dass nur die Jäger den Weg zum Fenster kennen. So hat Mutter beschlossen, dass wir dieses Mal einfach ohne Weg weiterlaufen werden. Der Berghang ist ein bisschen abschüssig, aber zwischen den Baumwurzeln bilden sich natürliche Tritte. Vor jeder Wegbiegung denke ich, das Felsentor werde gleich dahinter erscheinen. Ich stolpere, während ich angestrengt nach vorne starre. „Guck doch auf den Weg!", schimpft Kati. Mutter schlängelt sich schweigend zwischen den dichter werdenden Stämmen hindurch. Nach der fünften oder sechsten Biegung höre ich auf, Ausschau zu halten, und folge Katis Rat. Nach einer Weile schaut Mutter zurück und sieht mein enttäuschtes Gesicht. „Hab noch ein bisschen Geduld", sagt sie, „bestimmt sind wir gleich da." Aber auch nachdem wir eine weitere halbe Stunde gelaufen sind, sehen wir nur Wurzeln und Stämme. Kein einziger Felsen lugt zwischen den Bäumen hervor. Mutter bleibt stehen.

Als sie uns am Ende der Sommerferien sagte, dass wir schon am nächsten Tag wieder nach Talbach fahren würden, fühlte ich mich plötzlich ganz leicht und fiel ihr um den Hals. Nicht um sieben aufstehen, keine langweiligen Schulstunden, sondern auf ins Abenteuer! Endlich würden wir das Breitensteiner Fenster finden! Das versprach uns Mutter, als wir die gerade erst auf dem Hängeboden verstauten Koffer wieder herunterholten und neu packten. „Nehmt warme Sachen mit", riet sie uns. Als wir protestierten, sagte sie: „Jetzt ist es noch richtig heiß, aber wir wissen ja nicht, wann wir zurückkommen werden." Ich spürte ein kleines Kribbeln im Bauch. Eine Reise, bei der man nicht wusste, wann sie zu Ende sein würde, das hatte es noch nie gegeben!

Wir setzen uns auf den Waldboden und machen eine Pause. Ich streichle das weiche Sternmoos, das die Wurzeln überzieht. Als ich klein war, habe ich im Sternmoos Zwergengärten gebaut. Ich überlege kurz, ob auch am Breitensteiner Fenster Zwerge wohnen könnten, vielleicht in kleinen Felshöhlen. Ich nehme mir vor, nachher darauf zu achten. Mutter zeigt auf die Wanderkarte. „Ein Stück unterhalb ist ein Weg eingezeichnet", sagt sie, „vielleicht führt der uns weiter." Sie steht auf und läuft geradewegs den Berghang hinunter, ich und Kati hinterher. Wir hüpfen über Wurzeln, rutschen juchzend über Blätter, Tannennadeln und lose Steine und halten uns an Ästen und Baumstämmen fest. Mutter ruft, wir sollen vorsichtig sein. Kati überholt uns. Dann rutscht sie aus und kugelt ein Stück den Berg hinunter, eine große Tanne hält sie auf. Mutter und ich steigen vorsichtig abwärts. Kati ist nichts passiert, sie will gleich weiter. Aber der Hang wird immer steiler und Mutter verbietet ihr weiterzulaufen. Von einem Weg ist weit und breit nichts zu sehen.

Nachdem wir mit dem Packen fertig waren, ging Mutter zur Post, um ein Telegramm an Vater aufzugeben. Eigentlich hatte sie vor alleine zu gehen, aber Kati und ich wollten unbedingt sehen, wie man ein Telegramm aufgibt. Vater hatte jedem von uns beiden eins zum Geburtstag geschickt. Ich hatte es schon selber lesen können. Der Postbeamte forderte Mutter auf, ihm den Text des Telegramms zu diktieren. Sie hatte ihn vorher auf einem Blatt Papier notiert. „Mach dir keine Sorgen – Stopp", las sie vor, „Grenze noch offen – Stopp – Fahren morgen zurück nach Talbach." Als wir wieder zu Hause waren, packte ich noch mein Lieblingskleid in den Koffer und die Giraffe mit den bunten Nähten, die Vater mir auch zu meinem Geburtstag geschickt hatte.

Dicht aneinander gedrängt stehen wir bei der großen Tanne, die lange graue Bärte aus Flechten hat. Mutter gibt jedem von uns ein Stück Dextro Energen. „Kommt, Kinder", sagt sie, „so schnell geben wir nicht auf. Wir versuchen es oben herum." Und sie beginnt den Hang wieder hochzusteigen, den wir eben hinuntergerannt sind. Als wir an der Stelle ankommen, wo wir abgezweigt sind, führt tatsächlich eine schmale Wegspur nach oben, die wir vorhin übersehen haben. Wir steigen weiter steil bergan. Nach einer Weile läuft mir der Schweiß den Rücken hinunter. Mein Mund ist trocken. Kati schimpft hinter mir leise vor sich hin. Sie langweilt sich. Nach oben ist kein Ende in Sicht. Mutter sagt: „Los, wir singen das Lied vom kleinen Matrosen!" Ich liebe es, wenn Mutter dieses Lied mit uns singt. Sie macht das nur ganz selten, weil es so lang ist. Also stimme ich gleich mit ein und nach einer Weile macht auch Kati mit. „Ein kleiner Matrose…" – Hand an die Mütze legen, „umsegelte die Welt" – mit der Hand eine Welle in die Luft zeichnen. Es ist schwierig, immer die richtigen Bewegungen zu machen. Ich muss genau aufpassen, auch weil Kati es von hinten genau sieht, wenn ich einen Fehler mache. Als wir bei „das

Mädchen musst sterben" – Hand an der Kehle vorbeiziehen – sind, hört der
Wald auf. Bei „der kleine Matrose in seinem Liebeswahn" – mit dem Finger
an den Kopf tippen – ist der Weg zu Ende und wir stehen vor einer Felswand.
Ich sehe mich um und kann weit über das Tal schauen. Wir haben die Gipfel-
wand des Breitensteins erreicht. Aber wo ist das Fenster?

Am Abend, bevor wir uns wieder nach Talbach aufmachten, kam Mutter ins
Kinderzimmer. Um diese Zeit ermahnte sie uns immer, die Zähne zu putzen
und ins Bett zu gehen. Kati und ich hatten die Spielkarten wieder aus der
Reisetasche gezogen und spielten Leben und Tod. Jeder legt eine Karte hin
und wer die höhere hat, bekommt den Stich. Kati war dabei zu gewinnen und
wollte natürlich noch nicht ins Bett. Gerade machte sie den Mund auf, um zu
protestieren, als Mutter sagte: „Zieht euch die Schuhe an, wir fahren zu Oma."
Ich freute mich, denn ich besuchte sie gern in ihrer winzigen Dachwohnung
mit den alten Bücherregalen, der Glasvitrine und dem Schreibsekretär, der
viele kleine Schubladen hatte. Ich freute mich auf das große Straußenei und
den Feuerkeil, die in der Vitrine lagen. Vielleicht würde Oma auch eine der
kleinen Schubladen aufschließen und mir die Tierbilder zeigen, die Opa früher gemalt hatte. Als wir ankamen, fielen gerade die letzten Sonnenstrahlen
ins Zimmer. Ich gab Oma einen Kuss und wollte wie üblich auf ihren Schoß
klettern, aber sie setzte sich nicht in ihren großen Sessel, sondern blieb mitten
im Zimmer stehen. Während ich das Straußenei und den Feuerkeil betrachtete
und Kati auf dem kleinen Balkon der Sonne beim Untergehen zusah, erzählten
sich Mutter und Oma, was in Vaters Briefen gestanden hatte, dass jetzt Regen-
zeit sei und die Straßen voller Schlamm und dass viele grüne Raupen durch
Vaters Zimmer gekrochen waren. Ich hörte diese Geschichten gern, es war
dann ein bisschen so, als ob Vater bei uns wäre. Heute war außerdem von einer
Mauer die Rede und dass wir deshalb wieder nach Talbach fahren würden. Ich
dachte an die Mauer aus roten Backsteinen auf dem Ruinengrundstück, auf
dem wir immer spielten. Sie war schon halb verfallen, kleine Blumen hatten
sich in den Mauerritzen angesiedelt und man konnte leicht darüber klettern.
Mutter fragte Oma, ob sie mit nach Talbach kommen wolle. Ich dachte, Oma
würde sich genauso darüber freuen wie ich, aber plötzlich fing sie an zu weinen. Die Sonne war inzwischen untergegangen, es war dämmrig im Zimmer.
Oma sagte: „Es gibt wieder Krieg." Und nach einer Weile, während der es
ganz still im Raum war: „Aber fahrt ihr nur, ich bleibe hier." Ich wollte sie
umarmen und trösten, vielleicht würde sie dann doch mitkommen, doch in
diesem Moment sagte Mutter: „Jetzt übertreibst du aber maßlos. Du machst
den Kindern ja Angst." Ich ging zurück zur Vitrine und schaute mir noch den
japanischen Fächer und die Tänzerin mit dem Spitzenkleid an, die sich zu
drehen begann, wenn man einen Schlüssel unter ihrem rechten Fuß drehte.
Jetzt traute ich mich aber nicht, Oma zu fragen, ob sie sie zum Tanzen bringen

könne. Da nahm Mutter schon ihre Handtasche und forderte uns auf, Oma auf
Wiedersehen zu sagen. An diesem Abend konnte ich wieder nicht einschlafen,
aber ich mochte auch nicht zu Mutter ins Arbeitszimmer gehen. Ich kroch
schließlich zu Kati ins Bett, die mir murrend Platz machte.

Kati und ich wollen über die Felsen weiterklettern, aber Mutter verbietet es.
„Das ist viel zu gefährlich", sagt sie, „außerdem kann das Fenster da oben gar
nicht sein. Wir haben es doch ein Stück unter dem Gipfel gesehen. Ich glaube,
wir sind wieder falsch. Wer weiß, ob wir es heute überhaupt noch finden."
Meine Knie sacken unter mir weg. Zum Glück lande ich nur mit dem Po auf
dem warmen Felsen. Der Hang hat hier oben einen kleinen Absatz. Unter
uns liegt der Bergwald. Ich bin müde. Ein Schluchzen steigt in meiner Kehle
hoch. „Jetzt heul bloß nicht!", sagt Kati mit dünner Stimme. Mutter schaut uns
an. „Das wäre doch gelacht, wenn wir das Fenster nicht finden würden, wo wir
jetzt schon so lange danach gesucht haben", sagt sie, „irgendwo da unten muss
es sein. Wisst ihr was, wir gucken jetzt alle mal ganz genau, ob wir dort irgendwo im Wald einen Felsen sehen. Wer ihn zuerst sieht, bekommt den letzten Bonbon." Sie holt einen großen gelben Zitronenbonbon aus ihrer Tasche.
Kati und ich halten eifrig Ausschau. Das undurchdringliche Grün unter uns
wölbt sich an einer Stelle links am Hang ein wenig auf. Und tatsächlich sehe
ich dort ein winziges Stück Felsen aus dem Wald ragen. „Da, da!", schreie
ich und jetzt sehen die anderen es auch. Gleich darauf löst sich der große
Bonbon mit einem frischen, süßsäuerlichen Geschmack in meinem Mund auf.
Kati guckt böse, aber nicht lange. Auch sie brennt darauf, wieder loszugehen.
Gleich werden wir wissen, ob wir unser Ziel endlich gefunden haben.

Morgens waren wir schon früh auf der Autobahn, weil Mutter die ganze
Strecke nach Talbach an einem Tag durchfahren wollte. Neben ihr auf dem
Beifahrersitz lagen zwei große Koffer und obenauf ein kleiner. Mutter sagte,
darin seien unsere Papiere, und sie nahm ihn sogar mit in das Häuschen an der
Grenze, wo sie unsere Ausweise abgeben musste. Auch ich hatte seit kurzer
Zeit einen Kinderausweis. Dieses Mal dauerte es lange, bis sie wieder zurück-
kam. Kati und ich spielten inzwischen fünfmal Leben und Tod. Wir brauchten
uns nicht wie sonst um den Platz auf der Rückbank zu streiten. Zwischen uns
stand eine große Tasche mit den Wintersachen und wir hatten uns beim Einsteigen gerade so auf unsere Sitzplätze quetschen können. Mutter kam zurück
und ließ den Motor an. Kerzengerade saß sie hinter dem Lenkrad und hielt
es fest umklammert. Zwischen ihren Brauen war wieder die steile Falte. Sie
blickte nur starr nach vorn, als ich ihr erzählte, dass ich beim Kartenspielen zweimal gewonnen hatte. Auch Kati beachtete mich nicht mehr. Sie hatte
die Aufgabe, die Landkarte zu lesen und Mutter zu sagen, wo sie abbiegen
musste. Ich schaute aus dem Fenster, dachte an Kastor, den Hofhund, dem

ich in den Sommerferien das Pfötchengeben beigebracht hatte, träumte vom Breitensteiner Fenster und malte mir aus, dass ich ein rosarotes Spitzenkleid wie Omas Tänzerin tragen würde, wenn ich durch das Felsentor getreten war und mich in eine Prinzessin verwandelt hatte. Mutter stellte das Radio an. Der Nachrichtensprecher erzählte von der Mauer und dass Menschen aus dem Fenster gesprungen seien, um hinüber zu kommen. Ich horchte auf. Von Oma hatte ich gehört, dass im Krieg Leute wie brennende Fackeln aus den Fenstern gesprungen waren. Ich lauschte den Worten des Nachrichtensprechers, aber er sagte nichts davon, dass die Menschen gebrannt hatten.

Wir tauchen wieder in den Wald ein und queren vorsichtig den steilen Hang. Ich halte mich dicht hinter Mutter. Vielleicht ist ein Riese in der Nähe? Im weglosen Gelände kann ich nicht nach vorne schauen, sondern muss genau gucken, wo ich hintrete. Das hat mir Vater im letzten Jahr beigebracht. Ich würde jetzt gerne seine Hand nehmen. Aber wenig später wird das Gelände flacher, vor uns ist etwas Graues zu sehen und dann sind wir da. Die Bäume geben die Sicht auf das Felsentor frei. Es ist riesig. Ich muss den Kopf weit in den Nacken legen, um die kleinen blauen Blumen erkennen zu können, die sich auf dem oberen Torbogen im Wind wiegen. Direkt hinter dem Fenster ist ein Platz mit einem flachen Felsplateau. In der Ferne sieht man den Himmel mit ein paar Sommerwolken und die Berge. „Ist ja langweilig", sagt Kati und schlägt einen Seitenweg ein. Tatsächlich sieht alles ganz harmlos aus, aber mein Herz klopft bis zum Hals. Zögernd bleibe ich neben Mutter stehen. Noch will ich nicht durch das Tor treten. Ich bin noch nicht so weit. Ich überlege, wie der Herrscher des fremden Königreichs hinter dem Fenster aussehen könnte. Vielleicht trägt er ein langes, weißes Nachthemd und einen Turban wie der König von Bungudu, von dem Vater mir in einem seiner Briefe erzählt hat. Vater hatte geschrieben, dass er sehr freundlich sei und immer lache. Aber vielleicht erwartet mich doch ein Riese hinter dem Tor oder ein Ungeheuer. Kati ruft: „Komm mal her, hier kann man auf das Fenster raufklettern!" Ich folge Kati auf dem Weg, der durch dichtes Gestrüpp an die Seite des Felsentores führt. Kati klettert an den gestuften Felsen des linken Torbogens herum. Weiter oben ist ein Drahtseil zu sehen, das bis zu den blauen Blumen hinaufführt. Ich suche mit den Augen nach Zwergenhöhlen im Fels, kann aber keine entdecken. Kati kommt nicht weiter. Sie klettert wieder herunter. „Wenn wir bis zu dem Drahtseil kommen, haben wir's geschafft", sagt sie, „dann sind wir gleich oben. Komm, ich mach dir Räuberleiter." Ich steige auf Katis Hände, ihre Schulter und ihren Kopf, klammere mich am Felsen fest und habe das Drahtseil fast erreicht, als ich abrutsche. Ich schreie laut vor Schreck, aber Kati fängt mich auf. „Schrei doch nicht so", ermahnt sie mich, „wenn Mutter das hört, verbietet sie uns gleich, hier zu klettern." Eigentlich komisch, sonst kommt sie immer gleich, wenn ich schreie. Ich habe eine kleine Schramme am

Knie. Sie tut nicht sehr weh. Trotzdem soll Mutter mir ein Pflaster draufkle-
ben. Katis Protesten zum Trotz gehe ich den Weg zurück durch das Gestrüpp,
aber Mutter steht nicht mehr dort, wo wir uns getrennt haben. Ich starre in den
dunklen Wald rechts von mir.

Ziemlich spät am Abend kamen wir in Talbach an. Der Bucherbauer und seine
Frau begrüßten uns mit besorgten Gesichtern. Mutter berichtete ihnen, dass
die Mauer an einigen Stellen offen sei, dass wir aber an der Grenze lange
warten mussten. Ich erzählte dem Bucherbauer, dass ich während der Warte-
zeit zweimal beim Kartenspiel gewonnen hatte. Kati sagte sofort: „Und ich
dreimal!" Bevor ich mich ärgern konnte, führte uns die Frau des Bucherbauern zu unserem Zimmer. Dieses Mal wohnten wir direkt unter dem Dach. Es
waren nicht mehr viele Gäste da und wir hatten das Obergeschoss ganz für uns
alleine. Wir traten auf den Balkon. Der Breitenstein stand im Abendlicht vor
uns. Das Fenster war von hier aus nicht zu sehen. Unser Zimmer hatte schräge
Wände und war sehr gemütlich. Später lagen wir im Bett, Mutter und Kati
in dem großen geschnitzten Ehebett, ich in einem kleinen Bett, das die Frau
des Bucherbauern für mich dazugestellt hatte. Mutter und Kati wollten noch
lesen, mir fielen schon fast die Augen zu, als Kati plötzlich fragte: „Wieso
sind wir eigentlich wieder hier? Und was ist mit der Mauer?" Mutter sagte lange nichts. Ich wartete gespannt. Schließlich antwortete sie: „Sie haben
eine Mauer um Berlin herum gebaut und ich hatte Angst, dass wir nicht mehr
rauskommen. Deshalb sind wir hier. Jetzt sind wir frei, niemand kann uns
von Vater trennen. Morgen suchen wir nach dem Breitensteiner Fenster und
nächstes Jahr führen wir ihn hin." Ich mummelte mich in meine Decke ein.
Weil ich nun wieder wach war, erzählte ich mir selber eine Geschichte, in der
Kastor uns auf unserer Wanderung begleitete und uns den Weg zum Fenster
zeigte. Dort erwartete uns Vater, der König von Talbach war und einen Turban
trug. Er streckte seine großen Hände aus und fing viele kleine Zwerge auf,
die mit brennenden Zipfelmützen vom Fenster herabsprangen. Aber das war
vielleicht schon ein Traum.

Im Wald bewegt sich nichts. Ich wage es, den Blick abzuwenden und schaue
nach links, wo das Felsentor steht. Im Hintergrund sind immer noch der Himmel und die Berge zu sehen. Auf dem Felsplateau hinter dem Fenster sitzt
Mutter. Sie ist ganz zusammengesunken. Ohne nachzudenken, trete ich durch
das Tor und gehe zu ihr. Mutter weint. „Wenn doch Vater hier wäre", sagt sie
leise, als sie mich sieht. Ich lege meine Arme um sie.

Annette Isheim

Die Geschichte einer Pendlerin

Mit beiden Händen spannte sie einen dicken Packen Papier in ihre Schreibmaschine ein. Inzwischen gelang ihr dies, ohne dass sich Wülste bildeten oder Fetzen an den Rändern entstanden. Sie hämmerte auf die Tasten. Auch auf dem letzten der sieben Durchschläge hinterließen die Typen noch ihre Abdrücke. Sie war schnell, und doch wirkte der Rhythmus von Einspannen, Tippen, Ausspannen und Ablegen ruhig. Nach vier Stunden waren ihre Fingerkuppen taub und über ihre Handrücken kroch ein brennender Schmerz. An Feierabend war trotzdem noch lange nicht zu denken.

Sie legte die Arme auf die Schreibtischplatte und sah aus dem Fenster auf den Firmenparkplatz. Es war dunkel in ihrem kleinen Büro und draußen gab es nicht viel zu sehen. Sie schaute auf die Uhr. Der Sekundenzeiger drehte gemächlich seine Runden.

Sie holte ihren Roman aus der Tasche, schlug ihn auf und legte ihn in die Schreibtischschublade. Diese würde sie unauffällig schließen, falls jemand herein käme. Sie begann zu lesen und augenblicklich zauberte der dicke Schmöker Licht und Farbe in ihren eintönigen Alltag.

Sie wusste nicht, wie viel Zeit vergangen war, als ein energisches Klopfen an der Tür sie zurückriss aus den geheimnisvollen, schaurigen Gassen von Damaskus. Frau Heinemann, die Abteilungssekretärin, öffnete die Tür einen schmalen Spaltbreit, der ausreichte, um ihren dürren Körper hindurchzuschieben. Marion versuchte die Schublade zu schließen, jedoch klemmte diese. Nah bei der Tür blieb Frau Heinemann stehen und drehte die großen pinkfarbenen Perlen ihrer Halskette hin und her. „Ach! Schon fertig?" „Ja, gerade eben." „Aber Sie können nicht hier sitzen und lesen!" Auf Frau Heinemanns Stirn zeichnete sich eine steile Falte ab. Sie schaute im Raum umher, als suche sie etwas. „Ich bin fertig mit den Vorgängen. Was soll ich denn machen?" Frau Heinemann drehte die Perlen etwas hektischer, wandte sich wieder durch den Türspalt und zog mit einem lauten Knall die Tür hinter sich zu. Marion zuckte zusammen. Sie blickte in ihr Buch, versuchte sich wieder einzufinden in ihren Roman, doch die Wörter verschwammen ihr vor den Augen und es gelang ihr nicht mehr, sich in der verwinkelten orientalischen Altstadt zu verlieren.

Sie packte das Buch wieder ein und starrte an die Wand. Ob sie sich ihr Büro mit einem Bild verschönern sollte? Ein wogendes Meer oder ein Wasserfall würde sich gut machen. In kleinen Pausen könnte sie von Wildwasserfahrten träumen.

Ohne anzuklopfen riss Frau Heinemann erneut die Tür auf und marschierte ins Büro. „Kommen Sie mit in die Kantine?" Seufzend stand Marion auf, nahm ihre Jacke von dem verrosteten Haken, der neben einem kleinen Waschbecken hinter der Tür angebracht war. Sie trottete hinter Frau Heinemann durch die langen Gänge, an unzähligen Türen vorbei. Alles war grau in grau. Ihre Schritte hallten von den kahlen Wänden wider.

Die Kantine lag am Ende eines Ganges. Rechts war die Essensausgabe und auf der linken Seite zum Fenster hin befanden sich zehn dunkelbraune Tische mit jeweils sechs weißen Plastikstühlen drum herum. Blumenkübel unterteilten den großen, rechteckigen Raum in kleinere Tischgruppen.

Sie fanden einen Platz am Fenster. Es gab Schnitzel mit Bratkartoffeln oder Gemüselasagne als vegetarische Alternative. Marion entschied sich für Schnitzel und zum Nachtisch gab es Schokoladenpudding. Auf Frau Heinemanns Teller lagen ungefähr fünfzehn hellgrüne Salatblätter, die sie mit fünf Tropfen Dressing aus einer braunen Flasche mit verklebtem Rand beträufelte. Neben den Salatblättern lagen zwei Gewürzgurken, die jeweils so groß waren wie Marions kleine Finger. „Wenn Sie nichts zu tun haben, können Sie nachher die Post verteilen. Frau Jakobi ist krank. Ich zeige Ihnen nach dem Essen, worauf zu achten ist." Marion nickte, während sie auf einem Bissen ihres Schnitzels herumkaute. Frau Heinemann schnitt sich ein kleines Stück Gurke ab und schwärmte dabei von ihren beiden Töchtern, die etwa in Marions Alter waren.

Marion betrachtete den Benjamini, der ihren Tisch vom Nachbartisch trennte. Die Blätter waren in tadellosem Zustand, einheitlich grün. Keine einzige braune Stelle war zu sehen, so dass er fast schon künstlich wirkte. Sie streckte die Hand nach einem Blatt aus und befühlte es. „… sie sind unglaublich begabt. Sie werden nicht irgendwo als Tippse landen, so wie ich. Aber das waren ja ganz andere Zeiten damals in meiner Jugend …" ‚Tippse', hallte es in Marions Kopf nach. ‚Tippse!'

Nach einer knappen Einweisung in die Postverteilung zog Marion mit einem Wägelchen los, wie alte Leute es für ihre Einkäufe nutzten. Sie ging durch düstere Flure und öffnete Türen, an denen sie bisher nur vorbeigegangen war. Manche musste sie mit viel Kraft aufziehen. „Einen schönen guten Tag, ich bin Marion Michel, die neue Sekretärin aus der Exportabteilung. Ich vertrete Frau Jakobi mit der Post." Sie wurde von einigen Kollegen freundlich willkommen geheißen, manche streckten ihr beherzt die Hand entgegen, andere nickten ihr kurz zu. Sie sah viele neue Gesichter und hörte Namen, an die sie sich vermutlich am nächsten Tag nicht mehr erinnern würde. Während sie Post verteilte und einsammelte unterdrückte sie ein Gähnen.

Zuletzt ging sie über das Firmengelände zur Werkhalle. Auf dem betonierten Firmenhof rumpelte und polterte das Wägelchen. Draußen war es windig geworden. Die wenigen knorrigen Sträucher, die wie hingestreut den Betriebshof schmückten, bewegten sich gespenstisch hin und her.

Marion stemmte ihren Oberkörper gegen das kalte Tor, bis dieses quietschend nachgab. In der Halle herrschte geschäftiges Treiben. Arbeiter in grauen Kitteln standen konzentriert an Drehbänken, andere setzten kleine Kunststoffteile in Maschinen ein. Funken sprühten an der Schleifbank. Es wurde gelötet und geschweißt. Motoren brummten. Marion atmete den Geruch von Lösungsmitteln, Gas und Metall ein. Sie fühlte sich in ihre Kindheit zurückversetzt und Bilder der kleinen Schlosserei ihres Vaters stiegen vor ihr auf.

Nach der Postverteilung verweilte Marion noch einen Moment am Tor, ehe sie ihren Rückweg über den Firmenhof zur Poststelle antrat. Inzwischen hatte Regen eingesetzt und peitschte, vom Wind angetrieben, über den Asphalt. In der Ferne grollte ein Donner. Die Räder des Wägelchens schmatzten und glucksten, als Marion es durch kleine Pfützen zerrte.

Die Poststelle befand sich in einem fensterlosen Raum, eingerichtet mit grauen Metallschränken, silbernen Blechregalen und dunkelbraunen Schubladenschränken. Eine Neonröhre flackerte. An der Stirnseite befand sich eine Durchgangstür zur Kantinenküche, durch die die strengen Abluftdünste der Spülmaschine hereinzogen.

Marion sortierte die eingesammelte Post in die Drahtablagen. Plötzlich stutzte sie. Ein dicker Umschlag war an sie selbst adressiert. Sie hielt inne, wog den Brief kurz in ihren Händen und legte ihn neben sich. Sie würde ihn später öffnen, schaute aber immer wieder zu ihm hin, während sie weiter die Briefe sortierte. Außer ihrem Namen und der Abteilung stand nichts darauf. Vermutlich war es ein hausinterner Brief. Vielleicht enthielt er eine Überraschung. Die Firma hatte eine Niederlassung in England, in der Nähe von Manchester. Ob Marion etwa eine Versetzung dorthin angeboten würde? Sie stellte sich vor, wie sie in einem kleinen roten Backsteinhaus in der englischen Arbeiterstadt leben und abends mit ihren Kollegen ins Pub gehen und Ale trinken würde.

Sie hielt den Brief gegen das Licht wie vor einen Röntgenschirm, aber er verriet seinen Inhalt nicht. Sie hielt ihn sich an die Nase. Er roch staubig. Sie beeilte sich mit dem Postverteilen, ging schnell in ihr Büro und riss bereits auf dem Weg den Umschlag auf.

Der Brief kam aus der Personalabteilung und enthielt verschiedene Schriftstücke vom Arbeitgeber und von der betrieblichen Altersversorgung. Marion überflog diese. Ein Dokument betrachtete sie sich genauer. Dieses Schriftstück kündigte den Tag ihres fünfundzwanzigjährigen Dienstjubiläums an: 1. September 2017. Dabei hatte sie doch gerade erst die Probezeit überstanden. Auf die Zahl starrend rechnete sie. Da wäre sie fünfundvierzig. Sie stand auf, lief durch ihr Büro, blieb vor dem Spiegel stehen und betrachtete sich. Ein bisschen zu pummelig fand sie sich, aber ihre feinen blonden Haare glänzten und die Augen schimmerten je nach Lichteinfall braun, grün oder grau.

Sie stellte sie sich ihr Gesicht mit fünfundvierzig vor. Sie sah Falten, die wie Furchen um ihren Mund angesiedelt waren. Die Mundwinkel waren nach unten gezogen, die Augen matt, die Haare stumpf und grau. Mit den Fingerspitzen klopfte sie sich leicht gegen die Schläfen und erblickte wieder ihr vertrautes Spiegelbild.

Sie ging zurück zu ihrem Schreibtisch, setzte sich und las das Schreiben erneut. Mit einem Textmarker strich sie das Datum an und setzte ein fettes Ausrufezeichen an den Rand. Neben die Anschrift zeichnete sie ein paar Leute mit erhobenen Zeigefingern und finsteren Blicken. In die Mitte malte sie eine kleine gebückte Gestalt mit traurigen Augen und heruntertropfenden Tränen. Schließlich packte sie ihre Sachen zusammen und ging zur Straßenbahnhaltestelle, den Blick starr auf den Gehweg gerichtet. Ein paar Sonnenstrahlen durchdrangen die Wolken und glitzerten auf der regennassen Straße. Drei Stationen waren es bis zum Bahnhof. Dort fegte ein eisiger Wind über Marion hinweg. Sie zog die Schultern hoch und wickelte ihre Jacke fest um sich. Viele Menschen drängten sich am Bahnsteig, rempelten und schubsten.

Als der Zug einfuhr, rochen die Bremsen leicht verbrannt. Die Wartenden verteilten sich auf die Waggons des bereits vollen Zuges. Marion fand einen Stehplatz direkt an der Tür und lehnte sich an eine Scheibe, mit der die Sitzbänke von den Türen getrennt waren. Sie schloss kurz die Augen und lauschte dem Gemurmel in der Bahn. Ihre klamme Kleidung klebte auf der Haut. Kondenswasser lief in dünnen Rinnsalen an den Fenstern herab.

Am nächsten Haltebahnhof ergatterte sie einen Sitzplatz. Sie zog das Dienstjubiläumsschreiben aus ihrer Tasche und starrte auf die orange markierte Zahl, bis es schien, als drehe diese sich im Kreis. Eine ältere Frau ihr gegenüber beobachtete sie aufmerksam. Marion faltete das Schreiben verstohlen zu einem kleinen Viereck zusammen und steckte es weg. Sie dachte an Frau Heinemanns begabte Töchter. Sie selbst war nicht begabt, was immer Frau Heinemann damit auch meinte. Aber sie war neugierig und einfallsreich. Ihre Eltern waren früher immer ganz bekümmert von den Elternabenden aus der Schule zurückkehrt. „Marion ist eine Träumerin. Sie passt nicht auf, ist immer sonst wo mit ihren Gedanken", hieß es. Sie war zum Schulpsychologen geschickt worden. Da war sie gerne. In einem kleinen Raum unter dem Dach hatte sie rote Punkte in schwarze Kringel setzen müssen. Das hatte sie lustig gefunden. Der Schulpsychologe hatte nichts Auffälliges feststellen können, außer, dass „das Mädchen offensichtlich eine blühende Fantasie" hatte.

Als sie aus dem Zug ausstieg, fuhr ihr der Bus vor der Nase weg. Marion ging zu Fuß nach Hause. Sie wohnte in einem kleinen Dreifamilienhaus in einer engen Straße, an deren Ende das Universitätssportgelände lag. Müde stieg sie in die dritte Etage hinauf und schloss die Tür auf. Die Wohnung bestand aus einem großen Zimmer – welches Wohn-, Ess- und Schlafzimmer zugleich war – und einem winzigen Badezimmer. Eine Kochnische war lediglich durch einen Pfosten vom Zimmer abgeteilt. Marion bezeichnete die Wohnung als ihren *Dachboden*. Fotos und Postkarten zierten die Wände. Zwei übereinander

gestapelte Matratzen dienten zugleich als Bett und als Sofa. Vor dem Fenster stand eine alte Eiche, die im Sommer dicht belaubt war und den Dachboden in ein Baumhaus zu verwandeln schien. Ein aus Weinkisten gezimmertes Regal war vollgestopft mit vergilbten, eselsohrigen Taschenbüchern, die Marion regelmäßig von ihren sonntäglichen Beutezügen über Flohmärkte mitbrachte. Auf dem Anrufbeantworter waren Nachrichten von ihrer Mutter und von Nicole, die Marion aus dem Sekretärinnenkurs kannte. Zuerst rief sie ihre Mutter zurück und hörte sich die immer gleichen Geschichten an von den Nachbarn, die den Hof nicht fegten, von der dementen Tante Gertrud, die schon wieder aus ihrem Heim weggelaufen war und von der Polizei gesucht werden musste. Marion sagte nichts. Nach kurzem Schweigen erkundigte sich ihre Mutter: „Dir geht's aber gut?" „Nein!" „Ach?" „Es ist so langweilig an der Arbeit. Ich tippe Zahlen auf Papier, verteile Post, höre mir uninteressante Geschichten von meiner Kollegin an." „Ja, aber du hast einen ordentlichen Arbeitsplatz. Und unbefristet. Man kann nicht immer nur Spaß haben im Leben ..." ‚Unbefristet‘, ertönte es in Marions Kopf. ‚Unbefristet. Unendlich. Lebenslang. Tippse‘, rappte sie innerlich. ‚... du musst mal langsam erwachsen werden.‘ „Ja. Ich weiß. Ich gewöhne mir einfach Wünsche und Träume ab. Dann wird alles gut ..." „Du bist wieder so schnippisch!" Mit dem Zeigefinger schob Marion winzige Staubkörnchen auf dem kleinen Glastisch zusammen. „... noch einen schönen Abend ...", hörte sie ihre Mutter mit wehleidiger Stimme sagen. „Ja. Tschüss."
Sie verschlang eine Handvoll Gummibärchen und rief Nicole an: „Stell dir vor: Heute erhielt ich einen Brief, in dem stand, wann ich mein fünfundzwanzigjähriges Dienstjubiläum haben werde. Kannst du dir das vorstellen? Fünfundzwanzig Jahre?" „Du hast es gut! Ich hätte auch gerne in fünfundzwanzig Jahren Dienstjubiläum. Ich habe heute schon wieder eine Absage erhalten." „Aber bis dahin? Das ist doch mein Leben!" „Was willst du denn noch?" Marion schwieg und verabschiedete sich bald von Nicole. In verschiedenen Tonlagen – langsam und tief, dann schnell und hoch, erst freundlich, dann drohend – imitierte sie Nicoles Frage: „Was willst du denn noch?" Sie schenkte sich ein Glas Wein ein. Es schellte an der Tür. Marion betätigte den Türöffner und sah Matthias die Treppe heraufsteigen, die Hände tief in den Jackentaschen vergraben. Dort behielt er sie auch, als er Marion einen trockenen Kuss auf den Mund drückte. Er hatte sich rar gemacht in letzter Zeit. Die Jacke behielt er an, als er sich neben Marion auf die Matratze setzte. „Magst du ein Glas Wein?" Zögerlich schmiegte sie sich an ihn. Er reagierte nicht. „Weißt du, was ich heute erlebt habe an der Arbeit? Das war unglaublich ..." Matthias kaute auf seiner Unterlippe herum. „Hörst du mir zu?" Er spielte mit der Fernbedienung. „Ich will dir erzählen, wie es mir geht an meinem Arbeitsplatz, was in meinem Leben passiert!" Er zappte durch die Programme. „Interessiert dich das überhaupt nicht?" „Was soll ich denn sagen zu deinen Firmenge-

schichten? Ist halt ein Job – fertig. Du redest von nichts anderem mehr!" Er
starrte auf den Fernseher, schaute dann auf die Uhr. „Ich muss wieder los, bin
noch verabredet." Marion begleitete ihn zur Wohnungstür. Matthias hielt inne,
nahm eine Hand aus der Jackentasche und strich ihr kurz über den Rücken.
„Es ist langweilig mit dir, seit du diesen Job hast, weißt du das? Du warst so
witzig, hattest immer tolle Ideen. Und jetzt …" Marion wollte ihn aufhalten,
etwas sagen, aber ihr fiel nichts ein. Sie schaute ihm nach. Er drehte sich nicht
mehr um. Sie ging zurück ins Zimmer, setzte sich im Schneidersitz auf den
Boden, nahm ihr Glas und trank zügig den Wein aus. Sie blickte in das leere
Weinglas und die Leere schien in sie hineinzukriechen. Eine Weile blieb sie
noch reglos sitzen, ehe sie zu Bett ging.
Schrill riss der Wecker sie am nächsten Morgen aus einem abenteuerlichen
Traum, in dem sie sich gerade von einem steilen Felsen abseilte. Sie duschte
kalt. An den Kühlschrank angelehnt trank sie eine Tasse Kaffee und beobachtete ein Eichhörnchen, welches auf der Eiche vor dem Fenster herumturnte.
Sie musste sich beeilen, rannte zur Bushaltestelle und fuhr zum Bahnhof.
Im Zug beobachtete sie die anderen Fahrgäste und dachte sich Geschichten zu
diesen aus. Zwei junge Frauen unterhielten sich angeregt, warfen ihre Haare
in den Nacken, lachten und scherzten. Marion stellte sich vor, diese beiden
seien Flugbegleiterinnen auf dem Weg zum Flughafen. In wenigen Stunden
würden sie in einer Notsituation selbst das Flugzeug landen. Ein etwas älterer
Herr war in eine Zeitung vertieft. Ihn erfand Marion als erfolgreichen Broker,
der gleich zu ihr aufschauen würde. Er würde sich mit ihr verabreden und ihr
einen hochdotierten Job anbieten. Schließlich sorgte sie sich um ihre „blühende Fantasie" und dachte gerade noch rechtzeitig daran, in die Straßenbahn
umzusteigen. Den Kopf lehnte sie ans Fenster. Das Vibrieren der Bahn über-
trug sich auf ihren Körper.
Marion lief zur Firma, schloss ihr Büro auf, bereitete die Kaffeemaschine vor
und ließ sich von Frau Heinemann die Arbeitsaufträge für den Tag geben. Sie
nahm ihren Kalender und ein paar Unterlagen aus ihrer Tasche, faltete die
Dienstjubiläumsankündigung auseinander, legte sie vor sich auf die Schreibmaschine und starrte auf die inzwischen orange verschmierte Zahl: 1. September 2017. Aus den Tiefen ihres Inneren stieg ein zaghaftes „Nein" auf
und wurde zu einem Schrei. Erschrocken hielt sie die Hände vor den Mund.
Zaghaft kam ein Fünkchen Hoffnung in ihr auf. Eine blasse Erinnerung an
Energie und Lebenslust begann die innere Leere zu füllen. Ihr Kopf fühlte
sich prall und heiß an. In ihren Ohren rauschte und fiepte es.
Nach einer Stunde saß sie immer noch untätig vor ihrer Schreibmaschine, als
Frau Heinemann sich durch die Tür in ihr Büro schob. „Frau Michel! Was ist
denn mit Ihnen schon wieder los! Geht es Ihnen nicht gut?" Marion schrak
auf, drehte sich zu Frau Heinemann um. „Doch. Mir geht es gut. Richtig gut
sogar!" Sie lachte, stand auf, nahm das Schreiben und hielt es hoch. „Ent-

schuldigen Sie bitte, Frau Heinemann. Ich mache mich sofort an die Arbeit. Aber mein Dienstjubiläum werde ich hier nicht feiern. Nicht als Tippse in einem verstaubten Büro!" Frau Heinemann sah Marion mit flatternden Augenlidern und gekräuseltem Mund an. „Aber …" Sie ging auf Marion zu, machte wieder kehrt und verließ das Büro. Ihre Absätze klackerten laut, gefolgt von einem leisen Echo.

Marion spannte die Zollpapiere ein und begann zu tippen. Mit jedem Anschlag wurde sie energischer. Voller Elan arbeitete sie die Vorgänge ab. Anschließend zog sie mit ihrem Wägelchen von der Poststelle durch die Abteilungen. Sie summte im monotonen Gleichklang zu dem Rumpeln des Postwägelchens, winkte einem Kollegen in der Ferne zu und versuchte sich an die Gesichter und Namen zu erinnern.

„Ist Frau Jakobi immer noch krank? Die ist ja dauernd krank!" „Sind Sie fest angestellt in der Exportabteilung?" „Wollen Sie morgen mit uns in die Kantine gehen? Oder darf ich *du* sagen? Wir treffen uns immer um zwei." Marion lächelte: „Ja, gerne komme ich mit in die Kantine." Nur sie alleine wusste, dass ihre Frist sich von fünfundzwanzig Jahren auf ein einziges Jahr verkürzt hatte.

Auf der Heimfahrt sah sie aus dem Zugfenster. Die Hochhäuser der Vorstadt standen wie riesige Mahnmale zusammen. Sie wurden abgelöst von sanften Hügeln und weiten Feldern, die sich bis zum Horizont erstreckten. Kleine Ansammlungen von Häusern sahen aus wie ein paar Dorfbewohner, die sich zum Tratsch versammelt hatten. Die untergehende Sonne tauchte alles in flammendes Rot.

Zuhause stieg Marion nicht in den Bus um, sondern fuhr mit dem Zug zwei Stationen weiter bis zur Endstation. Von hier waren es noch zehn Minuten Fußweg. Mit leichtem Herzklopfen betrat Marion das Gebäude und ging durch das menschenleere Foyer. Auf Anhieb fand sie das Sekretariat, klopfte an und wurde sofort hereingebeten. Eine kleine rundliche Frau mit dicker Brille schaute sie freundlich an. „Einen schönen guten Abend, was kann ich für Sie tun?" „Ich möchte mich zum Kolleg anmelden, für den Kurs im nächsten Jahr. Ich will Abitur machen und studieren, Germanistik oder Literaturwissenschaften. Ich will selbst eine Geschichte schreiben. Über eine junge Frau, die täglich zwei Stunden im Zug sitzt, auf dem Weg zu ihrer Arbeit und wieder zurück. Die Arbeit der Frau ist langweilig, aber im Zug lernt sie viele interessante Menschen kennen, Flugbegleiterinnen, die einen Flugzeugabsturz verhindern und zu Heldinnen werden, einen Broker, der sehr erfolgreich ist, in den sie sich am Ende verliebt …" Marion strahlte die Sekretärin an. Diese suchte geschäftig aus verschiedenen Ordnern einige Zettel zusammen und reichte sie Marion. „Ich gebe Ihnen die Anmeldeformulare mit." „Danke, und noch einen schönen Abend." Marion konnte es kaum erwarten, den Antrag auszufüllen.

Der Wind hatte die Blätter von den Bäumen gefegt, so dass diese wie ein bunter Teppich auf dem Gehweg lagen. Marion stapfte durch das Laub und stieß mit der Schuhspitze die Blätter vor sich her. Hinter Schleierwolken war der Mond in voller Größe zu sehen. Es schien, als zwinkere er Marion zu. Sie zwinkerte verschwörerisch zurück und streckte siegessicher den Daumen nach oben.

Kati Ohst

Der Preis der Freiheit

Der Wecker klingelt. Ich öffne die Augen. Mein Blick fällt auf den Kalender. Ich ziehe die Decke über meinen Kopf. Jedes Jahr an diesem Tag kreisen die Erinnerungen. Mein Herz beginnt, heftig gegen meine Rippen zu hämmern. Ich schiebe meinen Fuß unter der Decke hervor und drücke mit dem sockengeschützten Zeh auf den An-Knopf des Heizstrahlers. Nach zwei Minuten ist es warm genug, dass ich mich aus meiner kuscheligen Höhle wage. Ich ziehe ein dickes Paar Socken über meine Schlafsocken, Jogginghose und Sweatshirt über den Pyjama, stecke die Hose in die Socken und das Sweatshirt in die Hose. Dann drehe ich mich zum Herd um und setze einen Kessel mit Wasser auf.

Der Heizstrahler fängt an zu stottern, ich brauche eine neue Propangasflasche. Doch bis morgen muss sie reichen. Ich greife in das Regal, das über meinem Kopf hängt. In der Packung mit dem Pfefferminztee ist nur noch ein Beutel. Ich gieße das heiße Wasser auf den alten von gestern und gebe drei Tüten Zucker dazu. Die Zwiebackpackung ist leer, ich finde noch zwei Scheiben Knäckebrot. Während der Tee zieht, räume ich mein Bettzeug weg, klappe den Tisch herunter und setze mich. Ich beiße in das trockene Knäckebrot, weiche die staubige Masse im Mund mit etwas Tee auf, kaue langsam, um das Gefühl des Essens so lang wie möglich auszudehnen. Mit dem Finger klaube ich die letzten Krümel zusammen und lasse sie auf der Zunge zergehen, als wären es feinste Schokopralinen.

Langsam ist es warm genug, dass die Atemwolken verschwinden. Ich greife die Wasserflasche, die sich neben dem Heizstrahler aufgewärmt hat, und fülle das Waschbecken. Mit jeder Zwiebelschicht, die ich ablege, spüre ich, wie die kalte Luft, die durch die undichten Fenster kriecht, das bisschen Wärme aus meinen Gliedern herauszieht. Das lauwarme Wasser verwandelt sich auf meiner Haut in eisige Bergbäche. Die Härchen auf meinen Armen stellen sich erschrocken auf. Ich flitze mit dem Lappen über meinen Körper, hüpfe von einem Bein aufs andere, rubble mich wieder warm und ziehe mir eine frische, dicke Kleiderschicht an.

Dann lausche ich. Alles ist still. Ich sehe durch die Fenster. Der Platz ist menschenleer, die anderen Wohnwagen stehen dunkel da. Nur die Straßenlaternen vorn an der Straße lassen Umrisse erahnen: Müll, leere Flaschen, ein paar vergammelte Stühle um einen Plastiktisch. In der Nacht haben meine Nachbarn draußen gesessen, getrunken und herumgegrölt. Doch sie lassen mich in Ruhe, leben und leben lassen.

Ich setze mich auf die Bank, meine Hand tastet vorsichtig zu der losen Paneele neben dem Tisch. Mit ein wenig Ruckeln geht sie ab, und ich ziehe den Brustbeutel aus seinem Versteck, hänge ihn um meinen Hals und schiebe ihn unter alle Schichten, so dass ich ihn auf meiner Haut spüre.

Ich stopfe die Dreckwäsche in den Rucksack, setze ihn auf und schnappe mir den Gitarrenkasten, schiebe mich an meinem Fahrrad vorbei und schließe die drei Vorhängeschlösser auf.

Ich greife nach dem Lenkrad. Mit etwas Drängeln bekomme ich den rostigen Drahtesel durch die schmale Tür. Die Schneeflocken spiegeln sich im Licht der Laternen. Ich atme tief durch, genieße einen Moment lang diese friedliche Ruhe, hauche eine weiße Wolke aus und fahre los.

Als erstes halte ich bei McDonalds und schleiche mich an den Schlangen vorbei zur Toilette. Auf dem Rückweg nehme ich ein paar Päckchen Zucker mit, drei Tüten reiße ich draußen gleich auf und schütte sie mir in den Mund.

Der Waschsalon ist nicht weit, und beim Radeln bleibe ich warm. Der Laden ist fast leer. Ich werfe meine Wäsche in eine leere Maschine, krame Waschpulver und Weichspüler aus dem Rucksack. Das Zwei-Euro-Stück wandert in den Einwurfschlitz. Ich setze mich auf einen Stuhl, schüttle den restlichen Inhalt meines Portemonnaies in die Hand und zähle die Münzen. Gestern war kein guter Tag. Wenn ich morgen eine neue Propangasflasche kaufen will, muss ich heute mehr Geld zusammen bekommen.

Während sich die Wäsche im Kreis dreht, kritzle ich ein paar Ideen in mein Notizheft und summe dabei vor mich hin. Das monotone Brummen der Maschine gibt mir den Rhythmus vor, das Klackern der Knöpfe in der Wäschetrommel klingt nach einer Weile wie eine Melodie. Mein Fuß wippt im Takt mit. Eine Textzeile schwebt mir durch den Kopf. Ich schreibe sie auf, bevor sie verloren geht. Dann noch eine. Ich hole die Gitarre raus und versuche, Melodie und Text in Einklang zu bringen. Ich schreibe und spiele, spiele und schreibe. Als die Maschine piept, tauche ich wieder auf. Ich lese die Worte, die ich geschrieben habe, meine Kehle wird eng. Ich schlage das Heft zu und packe es weg, doch die Zeilen geistern wie Dämonen durch meinen Kopf.

Mein Magen knurrt. Ich packe alles zusammen und fahre zum Supermarkt. Ich gehe durch die Regalreihen, ohne nach links oder rechts zu blicken, will nicht sehen, was ich nicht haben kann. Erst bei den Backwaren bleibe ich stehen. Ich mag Zwieback lieber als Knäckebrot. Knäcke ist billiger, aber Zwieback hat mehr Kalorien. Draußen ist aus dem morgendlichen Schnee ekliger Regen geworden, der den Gehweg in eine matschige Schlitterbahn verwandelt hat. Die Leute hetzen durch die Straßen, da wird nicht viel abfallen. Also nehme ich das Knäcke. Dazu noch eine Packung Tee und Vitamintabletten, die für einen Euro im Angebot sind. Ich kann es mir nicht leisten, krank zu werden.

Vor dem Regal mit Glückwunschkarten bleibe ich stehen. Mein Blick huscht über die bunten Luftballons, Katzen und fröhlichen Sprüche. Schnell zahle ich und fliehe hinaus in die Kälte.

Ich schiebe mein Rad durch den Schneematsch zur Sparkasse. Ich klopfe meine Schuhe ab so gut es geht, bevor ich die Schalterhalle betrete. Hier ist es warm. Ich rücke meine Sachen ein wenig zurecht und stelle mich in die Schlange. Als ich an der Reihe bin, sieht mich der Kassierer von oben bis unten an. „Wie kann ich Ihnen behilflich sein, junge Frau?"

Ich zerre den Brustbeutel aus seinem Versteck hervor. „Ich möchte gern Geld einzahlen." Ich nehme das Bündel Scheine heraus, lasse die Geldstücke auf einen kleinen Haufen fallen und schiebe alles über den Tresen. „Auf dieses Konto, bitte." Ich lege den Zettel mit den Kontodaten neben das Geld. Dann sehe ich auf meine Finger, dann links an seinem Ohr vorbei und wieder auf die Theke vor mir.

„Sehr gern." Der junge Mann in seinem ordentlichen Anzug und dem säuberlich gestriegelten Haar nimmt das Geld mit spitzen Fingern und beginnt zu zählen.

„732,83 Euro." Ich sehe aus dem Augenwinkel, wie er zu mir hoch sieht und die Augenbrauen zusammenzieht. „Ist das Ihr Konto?"

„Nein", antworte ich.

„Dann wird noch eine Einzahlungsgebühr von fünf Euro fällig."

„Ich weiß." Ich lege einen Fünf-Euro-Schein zusätzlich auf den Tresen.

Der Mann dreht das Geldbündel in seinen Händen, dann entschuldigt er sich und verschwindet mit dem Geld in einen Raum mit Glaswänden. Ich sehe, wie er mit einer Frau spricht und mit dem Kopf auf mich deutet. Die Frau sieht kurz zu mir herüber und wieder zu ihrem Gegenüber. Ich höre das Gemurmel in der Schlange hinter mir. Schweiß läuft mir den Rücken hinab.

Er kommt zurück, räuspert sich. Die Frau beobachtet uns durch die Glasscheibe.

„Wir benötigen noch eine Kopie Ihres Personalausweises."

Ich weiß, dass das Unsinn ist, aber ich will keine Aufmerksamkeit erregen und gebe ihm meinen Ausweis. Er sieht sich das Foto darauf und mich genau an. Das Bild ist schon einige Jahre alt, ich habe mich seitdem verändert. Doch scheinbar reicht die Ähnlichkeit aus, denn er macht ohne weitere Fragen eine Kopie, zählt noch einmal das Geld und gibt mir meinen Einzahlungsbeleg. Ich stopfe den Zettel in die Hosentasche und eile hinaus. Der Wind peitscht mir feinen Schneeregen wie Nadeln ins Gesicht, ich spüre, wie mein Herzschlag wieder regelmäßiger wird.

Ich laufe durch die Straßen. Es ist früher Nachmittag, um diese Zeit und bei dem Wetter sind kaum Menschen unterwegs. Die Laternen sind im diesigen Grau nicht ausgegangen. Die Ruhe, die ich sonst verspüre, wenn es Zeit für mich wird, will sich heute nicht einstellen. Mein Kopf arbeitet ohne Unterlass.

Als ich an einem Schreibwarenladen vorbei komme, gehe ich hinein, stehe wieder vor einem Regal voller bunter Karten. Ohne nachzudenken nehme ich eine, frage nach einer passenden Briefmarke, bezahle, stecke beides in den Rucksack und mache mich auf den Weg.

Unter dem Schutz der Bahnbrücke stelle ich mich auf meinen gewohnten Platz. Ich nehme meine Gitarre aus ihrem Kasten, lege den Kasten auf eine Plastikfolie und platziere ein paar Kopien meiner CD darin. Ich ziehe meine Handschuhe aus und reibe meine Finger warm, stimme die Saiten, atme noch einmal durch, richte mich gerade auf und beginne zu spielen. Die Leute hetzen vorbei. Doch als ich anfange zu singen, bleiben einige stehen. Die ersten Münzen landen im Gitarrenkasten. Die Menschentraube um mich wird immer größer. Es klimpert immer häufiger. Eine junge Frau nimmt eine CD und hinterlässt dafür einen 10-Euro-Schein. Nach jedem Lied klatschen die Leute. Mit jedem neuen Ton kann ich besser atmen, werde größer, fühle mich losgelöst von allem. Die Menschen sehen mich an und lächeln, kein Naserümpfen, kein Kopfschütteln. Sie sehen mich.

Am Ende stimme ich das Lied an, das ich heute Morgen geschrieben habe. Es will heraus, ich habe keine Wahl. Die Worte haben den ganzen Tag in meinem Kopf herum gewirbelt, so dass ich sie nicht suchen muss. Es wird still, eine Mutter drückt ihr Kind an sich und wischt sich über die Augen. Sie weint meine Tränen.

Nachdem der letzte Ton verklungen ist, verbeuge ich mich kurz und sammle das Geld aus dem Kasten zusammen. Die Leute drehen sich um, gehen nach dieser kurzen Unterbrechung ihres Lebens wieder ihrer Wege. Ich sehe ihnen nach, frage mich, ob sie nachher, wenn sie im Kreise ihrer Familie sitzen, noch an meine Lieder denken werden oder ob die Worte für sie nur flüchtig waren. Ich schüttle die Gedanken weg, denn ich werde es nie erfahren.

Doch jetzt wird es Zeit. Ich stecke den 10-Euro-Schein in den Brustbeutel, das Kleingeld in mein Portemonaie. Es reicht für die Propangasflasche, eine Dusche und etwas Ordentliches zu essen. Den Großteil werde ich morgen beim Gemüsehändler gegen Scheine tauschen, damit sich der Beutel wieder füllt.

Ich räume meine Sachen zusammen, schiebe mein Rad rüber zur Einkaufspassage, setze mich auf die Treppe. Kurz schließe ich die Augen, atme tief durch, hole die Karte aus dem Rucksack und ziehe sie aus der Cellophanverpackung. Ich klickere mit dem Kuli, während ich über den Text für die Karte nachdenke. Um Zeit zu schinden, schreibe ich die Adresse auf den Umschlag und klebe die Briefmarke auf. Jedes Jahr stehe ich da und überlege, was ich schreiben soll. Am Ende wird es ein kurzer Gruß: „Alles Liebe zum Geburtstag, deine Mama."

Katinka Kraft

Morgenblau

Die Sonne spiegelt sich in meinem Löffel, der alleine neben der Tasse liegt. Gabel und Messer wurden mit meinem Bauernfrühstück weggetragen. Der Geruch von Hefe, Zimt und Rosinen quillt aus der Küche in das Stimmengemurmel des Cafés. Zwei Mädchen toben auf dem Spielplatz vor dem Fenster. Ein rosaroter und ein knallgrüner Pulli hüpfen mit Schwung auf die Rutschbahn. Ihre Stimmen quietschen im Kanon, als sie zusammen in den Sand purzeln. Dort strahlen sie sich gegenseitig an und springen wieder auf die Beine, um das Ganze zu wiederholen.

„Sorry, dass ich zu spät bin. Wie immer. Tut mir leid. Aber es ist einfach so." Corinne stellt ihre braune Ledertasche auf den Stuhl neben mir, zieht ihren Designermantel aus und nimmt ihre rote Mütze ab. „Langsam wird's kalt, aber so lange die Sonne noch scheint …", sage ich und schaue den zwei Mädchen noch einmal zu, wie sie die Rutsche herunter sausen. Corinne sucht ihr Spiegelbild im Fenster und fährt mit einer Bürste durch ihr zerzaustes Haar. „So, da bin ich!" Corinne blinzelt mich an. Sie sieht blass aus. Ihr beiges Kleid hängt lose an ihrem Körper, und ihre überschminkten Wimpern stehen erschöpft um ihre braunen Augen. Sie findet das schön. Ich finde es ein bisschen heavy.
„Na, mein Spargel, wie geht's?", frage ich.
„Jetzt fängst du auch noch damit an. Ich habe George schon gesagt, er soll aufhören, mich so zu nennen!"
„Sorry, du hast recht. Er muss damit aufhören und ich auch. Wann hast du George denn gesehen, er hat mir gar nichts erzählt?"
„Ach, vor kurzem in meiner Pause. Er hatte ein paar Fragen wegen so ´ner Rechtssache an seinem Institut. Hat er bestimmt vergessen, war auch nicht so wichtig." Corinne dreht sich weg und winkt nach dem Kellner. Ihre Armreifen klappern so laut, dass sich mehrere Leute nach uns umdrehen.
„Was soll's sein?"
„N' Milchkaffee bitte, kein Essen, nur Kaffee."
Der Kellner verschwindet wieder Richtung Tresen.
„Okay, Katrin, erzähl mal, wie geht's?"
„Ganz gut. George und ich planen eine Reise nach Gran Canaria. Ich muss unbedingt mal wieder ans Meer."
„Ach, wie schön", sagt Corinne. Ich versuche ihren Blick zu halten, will Wärme zwischen uns spüren. Aber sie zupft mit Daumen und Zeigefinger an ih-

ren Wimpern. „Diese doofe Tusse an der Chanel-Theke hat mir gesagt, die Schminke macht keine Klumpen. Ach, verdammt!" Corinne schmiert mit dem Daumen ein Klümpchen Mascara auf die weiße Serviette.

„Sorry, dass ich in der Bio Company keine Zeit zum Quatschen hatte." Sie wischt sich ein paar Tränen aus dem Augenwinkel.

„Ist okay. Du hattest 'nen Termin."

„War aber schön, dich zu sehen. Du hast so süß ausgesehen, wie du da gedankenverloren vor dem Müsli gestanden hast."

„Crunchy-Müsli ist gerade DAS große Thema. Seit George bei mir eingezogen ist, versucht er mir Zucker auszureden: Katrin, ohne Zucker wirst du ein anderer Mensch. Deine Emotionen haben dich dann nicht mehr so im Griff. Du wirst ausgeglichener. Blablabla!"

Corinne rollt mit den Augen. „Was ist denn mit dem los? Der soll erst mal aufhören zu rauchen, bevor er dir Gesundheitstipps gibt."

An dem Abend, an dem ich Corinne überraschend in der Bio Company getroffen hatte, lag ich nach dem Essen mit George auf unserer Couch, meinen Kopf auf seinem Schoß. Seine Cordhose roch nach *Old Spice* und Zigaretten. Kleine Falten verliefen von seinen grünen Augen über seine Schläfe. Er gähnte.

„Busy mit der Arbeit, das ist Corinnes Erklärung", sagte ich und richtete mich auf. „Deswegen meldet sie sich seit Monaten nicht mehr bei mir. Sie konnte mir bei dieser Erklärung noch nicht mal in die Augen schauen. Stress hatte sie schon immer, aber noch nie hat sie mich so ignoriert."

„Sie wird schon einen Grund haben", erwiderte er und wippte mit seinem Fuß, „Vertrau' ihr doch ein bisschen." George zog die Schultern hoch und presste sich gegen das Polster.

„Aber irgendwas stimmt nicht …"

„Weißt du, ich glaube, du hast gerade einfach ein bisschen zu viel Zeit, um an solchen Dingen rumzudeuteln."

Ich folgte seinem leicht abwesenden Blick durch das Wohnzimmer, bis er am Schreibtisch stehen blieb.

„Ich muss jetzt noch arbeiten, okay?"

Mein Blick wanderte aus dem Fenster, wo die Stadt sich in kleine, leuchtende Punkte verwandelt hatte. Ich war so froh, als mich Corinne ein paar Tage später anrief. Sie schlug vor, dass wir uns im „Morgenblau" treffen könnten.

Jetzt sitze ich ihr gegenüber und habe ein Ziehen in meinem Bauch. Mit meiner Zunge spüre ich das raue Ende meiner Kapuzenschnur. Meine Zähne kauen drauf los. Stück für Stück gelingt es der Schnur, tiefer in meinem Mund zu verschwinden. Das Plastik knirscht in meinem Kopf.

„Hör auf damit, Katrin, deine armen Zähne."

Ich lasse die Schnur wieder aus meinem Mund fallen. Der Kellner dreht die
Musik lauter. Ich verstehe nur Bruchstücke, sie erzählt von ihrem neuen Job
in der Kanzlei und ihrem Chef, der sie nervt.
„So viel unnötiger Stress, sag ich dir."

Corinne und ich haben zusammen an der Humboldt-Universität studiert. Ich
sah sie zum ersten Mal auf der Wiese im Innenhof des Hauptgebäudes. Sie
saß dort mit George und seinen Freunden. Corinnes Tanktop hing von ihrer
Schulter und eine Kippe an ihren Fingerspitzen. Sie amüsierten sich gemeinsam über Corinnes Prof für Rechtswissenschaften. Ich saß an einen Baum
gelehnt in ihrer Nähe und sah ihr zu, wie sie die Aufmerksamkeit der Jungs
auf sich zog. Sie war lebendig und selbstsicher und konnte gut argumentieren,
das gefiel mir.

Im nächsten Semester saß ich in einem Politik-Seminar neben ihr und kaute
auf meinem grünen Stift, der fleißig eine Reihe von Flammen auf den Rand
meines leeren Blattes gemalt hatte. Seit einer Stunde ertrugen wir den Mo-
nolog unseres Profs, Herrn Lorns. Er war ein langweiliger Laberer. Corinne
fuhr plötzlich aus ihrem Stuhl hoch. „Das geht ja gar nicht", schmetterte sie
Lorns entgegen, „welche Männer haben sich denn das schon wieder ausgedacht! Ist ja schon wieder alles patriarchaler Bullshit." Er rollte nur mit den
Augen.
„Aber Frau Schnetter, das ist jetzt ganz schön übertrieben", sagte er und drehte sich zurück zur Tafel, um den Kurs fortzusetzen. Corinne stürzte aus dem
Raum, ich hinterher. Den Rest der Stunde verbrachten wir zusammen auf der
Wiese im Innenhof und rauchten.

Später traf ich Corinne vor dem Waschbecken. Ich drückte Seife in meine
Handfläche und spülte sie im warmen Wasser ab. Sie malte sich rosaroten
Lippenstift auf den Mund. Im Flur entschuldigte sie sich, murmelte etwas von
einem Termin und verschwand hinter der Tür von Herrn Lorns Sprechzimmer.

„Der Milchkaffee", sagt der Kellner.
„Ich glaube, mein Chef will eine heiße Büroaffäre mit mir anfangen. Darauf
hab ich echt keinen Bock mehr. Diese Arschlöcher gibt's wirklich überall.
Und dann noch diese Sekretärin! Die wartet nur drauf, dass er sie anmacht.
Mir wirft sie nur krasse Blicke zu, weil sie denkt, ich stünde ihr im Weg. Ich
will einfach meine Arbeit machen, meine Mandanten beraten und in der Pause
in aller Ruhe meinen Salat im Büro essen."
Der Kellner steht immer noch an unserem Tisch und wirft mir einen fragenden
Blick zu.
„Ach nee, danke, ich brauch' grad nichts."

Ein kleiner Junge mit einem Affengesicht auf seinem Sweatshirt rennt den zwei Mädchen auf dem Spielplatz hinterher, deren Blicke jetzt auf ihn gerichtet sind, während sie die Leiter zur Rutsche hochklettern.

Am letzten Abend des Semesters saßen George, Corinne und ich, in Decken eingewickelt, zusammen auf der Couch vor dem Fernseher.
„Ihr hättet sein Gesicht sehen sollen. Als ob ich das letzte Stück Dreck bin", sagte Corinne.
„Aber Corinne, Lorns hat 'ne Frau, das war dir doch klar!", sagte George. „Was hast du dir denn gedacht, was er machen würde, wenn du bei ihm zu Hause auftauchst?"
„Ich dachte, die wäre nicht da. Ist doch nicht meine Schuld, dass er was mit mir angefangen hat."
Ich hatte Bananen angebraten und Vanilleeis dazu serviert.
„Schön, dass ihr mich ablenkt", sagte Corinne und wickelte ihren Arm um meinen. „George, Katrin behalten wir, ne? Die ist 'ne ganz Liebe."
Ein paar Monate später warf ich mein Jurastudium hin, und George und ich wurden ein Paar.

Corinne hat ihren Milchkaffee schon ausgetrunken und bereits einen zweiten bestellt. Worte sprudeln aus ihrem Mund wie ein Wasserfall, der irgendwo ankommen will. Ihre Hände spielen mit der kleinen Glasvase, die zwischen uns steht. Stille streckt sich Minuten lang zwischen uns aus.
„Katrin, wie geht's dir nun wirklich?"
„Gut!"
Dann ist es wieder still. Corinne zieht leicht an den grünen Blättern der Rose, die ihren Hals aus der Glasvase streckt.
„Du siehst gut aus. Gesund. Glücklich. Ferien am Meer hört sich toll an. Hast du dir dieses Jahr schon einen süßen, neuen Bikini gekauft? Ich find ja, dass diese knalligen Farben, die gerade so in sind, dir super gut stehen würden. Du hast so einen schönen Hautton."
Corinnes Komplimente hören sich an, als ob sie mir eine Rechnung schreibt, die ich irgendwann abzahlen muss.

Der Junge mit dem Affensweatshirt sitzt jetzt mit dem rosaroten Pulli in der Sandkiste. Mit Schaufel und Eimer bauen sie eine Sandburg.

„Corinne, warum rufst du mich eigentlich seit dem Sommer nicht mehr zurück?" Corinnes Augen fallen auf ihre Hände, die sich jetzt fest um die Vase gewickelt haben.
„Die Arbeit, Katrin, es ist einfach …"
„Nee, wirklich? Corinne, warum rufst du mich nicht zurück?"

Mein Bauch zuckt jetzt gewaltig, und mir wird ein wenig schlecht.
„Warum guckst du mich nicht an? Corinne!"
„Sei doch nicht so dramatisch, es kann doch mal passieren, dass ich einfach ein bisschen viel zu tun habe."
Der Schmerz ist in ihren Augen zu sehen.
„Wirklich, Corinne?"
„Du bist immer so intensiv, Katrin, das irritiert mich total. Ich muss kurz auf die Toilette. Okay? Dann können wir darüber sprechen."

Corinne zieht ihren schlanken Körper Richtung Toilette und verschwindet hinter der Tür. Das Radio spielt ein Lied von *The Gossip*. Beth Dittos Stimme drückt sich gegen die Fensterscheiben des Cafés. Kleine Wassertropfen springen aus ihrem Ruhestand in Bewegung und stürzen in Richtung Steinboden. Der Kellner hetzt an meinem Tisch vorbei. Die Gläser auf seinem Tablett klappern schwungvoll gegeneinander und hoffen, es in einem Stück bis zum Tresen zu schaffen.

Ich höre nur noch meinen Herzschlag. Dumpf und schnell. Meine Hände suchen in meiner Geldbörse nach einem Stück Papier. Mein Stift schreibt: *Ich hätte die Wahrheit verdient.* Vor dem Fenster fliegt ein Vogelschwarm durch einen knallblauen Himmel. Ein Vogel löst sich und fliegt quer durch ihre Mitte.
Ich fahre ans Meer. Alleine. Will nie wieder von dir hören.

Ich öffne die Tür des Cafés. Der kalte Wind bläst mir ins Gesicht. Das Mädchen in grün sitzt jetzt alleine auf der Rutsche. Sie zögert kurz, greift die Seitenwände der Metallrutsche und stößt sich ab.

Sabine Meisel

Wie schön ist Málaga

Weiße Häuser in gleißendem Abendlicht. Eine kleine Bar in einem Keller, bei dem die extrem niedrigen Deckenbalken mit Schaffellen gepolstert sind. Eine Stümperlösung. Ich ducke mich durch den kleinen Raum, damit meine Haare bloß nicht die speckigen Felle berühren.

Den Magen über Stunden vollgestopft mit Tapas, schleicht sich jetzt auch noch der Knoblauch durch die Zahnpasta und Mundspülung. Das Blut fließt hektisch, ein bekanntes Phänomen bei zu viel schwerem Rotwein. Von allem zu viel.

Aber es hält mich wach.

Ich glaube nicht, dass man mich lieben kann. Schließlich bin ich der Auslöser für die Krankheit und den frühen Tod meiner Mutter gewesen.

In der Dunkelheit liege ich neben meiner Partnerin, rieche das Shampoo ihres Haares, was mich heute nicht im gleichen Maß beruhigt wie sonst. Sie ist ein Stück weggerückt, mein Körper ist ihr oft zu dicht und zu heiß. Durch die weit geöffneten Terrassentüren streicht nur Wärme herein.

Ich stelle mir vor:
wie er in diesem warmen Wasser des Uterus schwimmt:
Schwerelos. Genährt und getragen. Das Gluckern des Gedärms, den Schluck-
auf. Die Ausweitungen des Magens, das Strömen des Blutes. Das beruhigende
Wummern des Herzschlages. In dieser sanften Schaukel macht er Purzelbäu-
me als Fetus von 12 Wochen. Er schluckt oft und atmet ein und aus. Er spürt
schon das Streicheln über den Bauch. Mit 16 Wochen wiegt er ungefähr 150
Gramm. Der Junge bewegt die Augen, dreht die Füße, faltet die Stirn, macht
eine Faust und presst die Lippen. Jetzt sprießen Haare, blonder Flaum, so-
gar schon Augenbrauen und Wimpern. Sein Gewicht ist auch schon ein gutes
Pfund. Die Finger und Fußnägel sind fest. Die Mutter spürt seine Bewegun-
gen, wenn sie hin und her rennt, dann purzelt er sofort aus seinen Träumen.

Ich stelle mir vor, *wie der Fetus in der 26. Woche erschreckt. Ein lauter heu-*
lender Ton. Der ganz lange dauert. Helles rötliches Licht. Hände kneten ihren
Körper, kein sanftes Streicheln. Fremde Hände.
Bittere Stoffe überfluten den Fetus, ihr Herz knallt, seines galoppiert. Etwas
da draußen hat sich verändert, das spürt der Fetus. Ihr Herz schlägt ganz
schnell und er sackt immer in einen Morphiumschlaf. Der Fetus kann kei-

ne *Purzelbäume mehr machen. Ständig hat er einen bitteren Geschmack im Mund, seine Geschmacksknospen sind voll ausgebildet, vergangen die sanfte, leicht modrige Süße. Dauernd wird ihr Bauch gedrückt, er kann dem gar nicht ausweichen. Sein wolliger Flaum auf der Haut schützt ihn nicht gegen dieses ständige Drücken. Reflexartig versucht er auszuweichen, aber er kann sich nur ein bisschen in die hinterste Ecke bewegen. Die Augenlider öffnen sich wieder. Nun ist er fast sieben Monate alt und da draußen ist etwas im Gange, das nicht gut ist. Ein fürchterlich lauter schriller Ton. Sie weint und schreit wieder, der Fetus hört das Schluchzen gedämpft. Aber, er hört es.*

Ich stelle mir *die Angst und die Verwirrung des Fetus vor: Er denkt, sie ist nicht allein, ich bin bei ihr, wie kann sie da nur traurig sein.*

Die Dunkelheit liegt auf meiner Brust. Vielleicht sollte ich mich nicht mit den neuesten pränatalen Forschungen beschäftigen, meine Fachgebiete sind klarer, schöner und beständig.
Außer den Grillen und ihrem gleichmäßigen Atmen höre ich keine Umgebungsgeräusche. In der Ferne heult ein Hund. Spanisches Schimpfen. Die Gedankenspirale dreht sich und würgt mich, obwohl ich mich dagegen wehre.

Wellen pressen durch ihren Körper. Wellen, die ihn beständig nach unten drängen. Er ist doch erst sieben Monate, was soll das, er ist noch gar nicht reif? Auf seinem Gesicht könnte man die zusammen gekniffenen Lippen sehen, als ob er weinen würde.

Alles schreit ganz fürchterlich, besonders sie, und der Fetus hat einen rasenden Puls, so rasend wie noch nie. Viele Menschen schreien. Jetzt kann er den Fuß nicht mehr bewegen. Einer ist weg. Schnell zieht er den anderen an. Und die Wellen schlagen wieder schmerzhaft zu, besonders das eine Bein, das weg ist. Doch plötzlich ist alles schwarz, nichts tut mehr weh.

Eine Sturmflut presst ihn durch einen Kanal. Er will aber nicht. Er wehrt sich. Der Griff um sein Bein ist ganz stark.
Helle Blitze leuchten auf. Er schreit. Und jetzt stecken sie ihm auch noch ein langes Ding in die Nase. Sie legen ihn in einen Glaskasten.

In dieser Dunkelheit, die mich verschluckt, stelle ich mir vor:

Alle sind weit weg und der Kleine ist allein. Ganz allein. Kein Schaukeln und kein Gluckern mehr. Nichts, was ihm in der letzten Zeit Freude bereitet hat. Sogar die Hände an ihrem Bauch, die ihn in die Ecke drängten, vermisst er, denn da waren sie wenigstens zusammen. Sie pressen ihm ein starres Teil in den Mund, aus dem tropft etwas. Erst mal verschluckt sich das Neugeborene. Neben ihm scheint jemand genervt und stöhnt, das ist nicht Mama. Die Hand riecht streng und scharf, sie steckt ihm wieder etwas in den Mund. Das Schlucken klappt. Wo ist Mama. Er wartet und wartet.

Ich tauche wieder auf. Das Warten auf ein Wiederkommen. Die Angst vor dem Nie-mehr-Wiedersehen. Meine früheste Erfahrung war auch gleichzeitig die Vorbereitung auf mein zukünftiges Leben. Getrennt von ihr sein, ihr Blut sehen, ihr Weinen und diesen Sog spüren, der sie unaufhörlich von mir weg zieht.
Ständig gedrückt, geknufft, gepikst und untersucht. Weiße Kittel, weiße Wände, geschäftiges Treiben, Schreie, die die Farbe von weiß haben. Weiß ist meine früheste Farbe und schwarz.
Die zwei Nichtfarben prägen mein Leben.
Bin ich deshalb Architekt geworden?

Der Morgen graut, die Vögel fangen an zu singen, durch die Schlitze des Rollos kriecht zunehmend die Helligkeit. Ihr Atmen verstummt. Vorsichtig lege ich meine Hand zur Kontrolle auf ihre Brust. Meine Hand hebt und senkt sich. Das Pochen des Herzens ist spürbar. Die Haut ist warm. Alles, wie es sein soll. Meine Nase, gebläht wie Nüstern, nähert sich ihrem Gesicht, eine Mischung aus Tränen und Nachtcreme, ein Haar kitzelt den Nasenflügel. Ich puste es behutsam weg. In mir lauert Unruhe. Der Wunsch raus zu rennen, in das chlorige Wasser des Pools zu stürzen. Sich auflösen, zurück zum Wasserwesen. Geruch nach allem Menschlichen bei Anderen stösst mich ab. Sobald mein Uhrband etwas riecht, das heißt nach etwas anderem als frischem Leder, dann wechsele ich es. Mein Geruchssinn ist leicht reizbar, überhaupt bin ich im Innersten fahrig, aber das weiß nur ich und im Ansatz vielleicht sie, neben mir. Meine Fassade ist das Spielen des dauernd sympathischen, ruhigen, hilfsbereiten und freundlichen Saubermanns. Und wenn meine Tränen damals nicht für immer eingetrocknet wären, dann könnte ich darüber kotzen bis die Tränen aus den Augen spritzten.

Ich bin der Schrei von Munch. Diese Panik im Blick, das bin ich. Aber das weiß nur ich. Der Albtraum von den fließenden Wänden, in diesen schwarzenroten Wänden, die zum weinroten Blutgemisch wurden.

Ein Kuss weckt mich, zart. Meine Mundwinkel verziehen sich sofort zu einem Lächeln, ich schlage die Augen auf und blicke in ihre. Das Strahlen leuchtet bis tief in die Iris, die Lachfalten. Strahlen, die mich wärmen, mich für kurze Momente vergessen lassen. Der zweite Kuss streift knapp meine Lippen.
„Schwimmen!"

Ich rieche den abgestandenen Schweiß meines immer wiederkehrenden Albtraums. Brustwarzen verschwinden im Bikinioberteil.

Zuerst stelle ich mich mit meiner Stirnlampe vor den Badezimmerspiegel. Reiße dabei den Mund soweit auf, dass ich mein Zäpfchen sehe, die Schleimspuren, die verschiedenen Dellen und Furchen im Fleisch.
Das große Buch der Erkrankungen war meine Lektüre, sobald ich lesen konnte. Es machte mein Herz schwer, diese vielen Krankheiten, die man bekommen kann. Seit damals höre, schmecke, rieche und taste ich in meinen Körper hinein.

Das Wasser ist kalt und ich tauche unter, es nimmt mir für einen kurzen Moment den Atem. Ich kraule durchs Becken, weiche ihr und einer toten Wespe aus. Kraule durchs Becken, immer und immer wieder, bis meine Haut eiskalt ist, die Bilder eingefroren. Sie ist schon lange aus dem Becken gestiegen, mitsamt der Wespe, sie friert schnell, die Wespe war tot. Das weiße Handtuch riecht nach Chlor, ein Faden hat sich aus dem Frottier gezogen. Um die Kälte zu vertreiben, renne ich die Treppe hoch, nehme drei Stufen auf einmal, an den gedeckten Tisch.

Mattes Chrom im Sonnenlicht, sie schenkt mir Kaffee aus der italienischen Espressokanne ein. Er ist so heiß, dass ich mir die Zunge verbrenne.
„Frisch gekocht, die erste Kanne habe ich weggeschüttet." In ihrer Stimme liegt kein Vorwurf, aber es dröhnt anders in meinen Ohren. Das Brot biegt sich. Wespen umkreisen die Teller. Die Sonne strahlt direkt auf die Markisen, sie wärmt, die Wespen umschwirren das Essen.

Der Vater muss alleine ins Krankenhaus zu Mama, heute braucht er meine Hand nicht. Mir ist das gar nicht recht. Ich muss doch Mama sehen, damit ich weiß, was los ist. Papa schimpft los und Worte krachen an die Wand. Sein Gesicht ist rot und verzerrt. Er reißt mich am Arm und lässt mich nicht mehr los, bis wir bei der Nachbarin sind. Ihr Blick ist zuckersüß, aber keine Wespe kommt. Papa bedankt sich mindestens dreimal und wirft mir einen drohenden Blick zu. Mein Bruder ist woanders untergebracht. Lieber wäre es mir, hier mit ihm zu sein, obwohl ich sonst nicht so wild auf ihn bin. Ich muss halt auch auf ihn aufpassen. Genau wie auf den Rest der Familie. Ohne mich wäre Mama nicht krank geworden. Großmutter kräuselt immer die Lippen, wenn sie mich sieht. Mit einem lauten Knall fällt die Tür zu, und Papa ist weg. Zwischen meinen Zähnen ist ein Teil meiner Unterlippe. Von außen sieht man nicht, dass ich drauf beiße. Ich gucke ruhig auf die Wand, sie ist pippigelb gestrichen. Pippigelb, wenn alles gut ist. Mama blutete in die Kloschüssel und ich bin hier, wo ich noch nie war.

Meine Turnschuhe warten vor der Tür aufs Heimgehen.
Die Nachbarin greift nach meinem Arm und hält mich ganz fest. Wie eine
Schraubzwinge, wenn man ein Stück Holz einklemmt. Ihr Atem riecht ko-
misch, schlimmer als nach dem Schlaf am Morgen.
„Jetzt waschen wir dich erst mal richtig ab.“ Sie zerrt mich ins Bad und rupft
mir die sauberen Sachen, den Pulli runter, das T-Shirt, die Hose und sogar die
Unterhose, zupft mit spitzen Fingern und mit Ekel meine Socken von den Fü-
ßen. Vor einer halben Stunde hatte mich mein Vater gerade unter die Dusche
geschickt. Ich schäme mich ganz entsetzlich und konzentriere mich auf die
Fliesenmuster. Sie sind blau, blau wie der Himmel. Das Wasser steht schon in
der Wanne und ist nur noch lauwarm, das Wasser bedeckt gerade die Schen-
kel. Mit raschen Bewegungen schmiert sie Seife auf eine Bürste und fängt an,
mir die Hände zu bearbeiten unter den Nägeln, sie taucht die Bürste wieder
ins Wasser. Meine Konzentration gilt den Seifenschlieren, die Ränder der Sei-
fe sind noch ganz neu und hart. Wahrscheinlich denkt sie, dass ich ansteckend
bin, weil meine Mama im Krankenhaus liegt. Solche Bürsten liegen dort auch
an den Waschbecken. Im Mund schmecke ich Blut, so fest beiße ich auf meine
Lippe, als sie mir den Rücken und die Brust abreibt. Auch den Po, ich muss
mich hinstellen. Blaue Fliesen, viele blaue Fliesen, ich zähle und beiße meine
Lippe. Ich bin ein tapferer kleiner Mann.

Ihr Blick berührt mein Schweigen, ich schaue auf den Rasen und nippe an
dem kühler gewordenen Kaffee. Ihr Blick prallt an der Mauer ab, ihre Trauer
sehe ich durch schmale Schlitze. Grün ist eine beruhigende Farbe.

Nach der Prozedur muss ich in einen löcherigen Schlafanzug steigen, der nach
Mottenpulver riecht. Meine Haut brennt und ich warte bewegungslos und
stumm auf dem Küchenstuhl. Die Nachbarskinder rennen im oberen Stockwerk
hin und her, ich höre sie schreien und krakeelen. Ich rühre mich nicht und sage
auch keinen Ton. Die Furche zwischen ihren Augenbrauen glättet sich. Ich muss
nur Geduld haben und an den Himmel denken. Er ist weit und blau und der
liebe Gott wartet dort auf jeden. Vielleicht sogar auf mich. Die Zeit quält mich.
Das Ticken der Küchenuhr verhöhnt mich. Sie hat mir einen Kanten Brot, dünn
mit Butter bestrichen, vor mich hingestellt. Der Kakao ist so dunkel wie drau-
ßen, trägt eine Plane, das Brot wellt sich, als ich endlich die Stimme meines
Vaters höre. Ich springe vom Stuhl und laufe ihm entgegen, presse mein Gesicht
an seinen Körper. Mein Vater mustert den Schlafanzug, er versucht meine Hand
von seinem Bein zu ziehen. Die Haut hat von der Bürste Striemen bekommen,
aber ich zeige sie ihm nicht, dann würde er denken, dass ich nicht lieb war.

Das Brot sieht nicht mehr ansprechend aus, ich nehme nur Melone, obwohl
mein Magen ziemlich knurrt. Die Sonne wärmt stärker, langsam vertreibt sie

meine Gänsehaut. Das Blau am Horizont, verzupfte Watte. Die einzelne weiße Rose auf dem Tisch lässt den Kopf hängen.

Ich bin sein kleiner Schatten, nur halb so groß. Mein Bruder ist in der Schule. Mutter wieder einmal im Krankenhaus. Am liebsten bin ich dann ganz nah bei meinem Vater. Setze mich in der Gärtnerei, in der Blumenbinderei unter den Tisch und atme das dumpfe Aroma ein. Nach Erde, altem Blumenwasser, frischem Grün und blumigen Noten. In der Nähe seiner schmutzigen blauen Arbeitshose, die das Aroma des Raumes aufgesogen hat und selbst nach dem Waschen noch immer so riecht, knie ich auf dem grauen Betonboden. Dort sitze ich gern, mit dem Rücken zur Wand und dem Blick ins Freie, schaue wie die Äste schwanken, die hellgrünen Blätter tanzen im Wind. Seit ich mein schönes Kissen von einer Nonne bekommen habe, ist es auch richtig bequem, vorher musste ich die ganze Zeit auf dem harten Beton knien. Das Kissen ist braun und die weißen Ornamente fremd und wunderhübsch. Es ist meine Kostbarkeit. Jeden Tag suche ich vergebens nach ihr, um mich zu bedanken. Männer mit weißen Kitteln, die Arme auf dem Rücken verschränkt und Frauen in Weiß rennen hin und her. Geduldig warte ich. Warte, dass eine schöne Blume auf den grauen Betonboden fällt, die ich für mein Gesteck nehmen kann. Für Mama. Wenn eine Blume geflogen kommt, frage ich lieber „brauchst du die", meistens brummt Vater nur zurück, was „ja" bedeutet. Im Frühling gibt es Tulpen, Narzissen, Hyazinthen, Sträucher gibt es immer. In meinem Gesteck ist eine rote Tulpe mit viel grünem Strauch. Ich pfeife lautlos vor mich hin, bloß nicht stören, denn Mama ist sterbenskrank. Plopp, macht es neben mir, nochmal eine kurze Tulpe in rot, fast direkt am Kopf abgebrochen. Schon zwei wunderschöne Blumen, die ich ihr nachher mit ins Krankenhaus nehmen kann. Es sieht schon richtig hübsch aus. Vater brummt oben vor sich hin. Ich rutsche langsam nach vorne, damit ich sein Gesicht sehen kann. Er schaut mich nicht an, nimmt mein Gesteck in die Hand und die Tulpe mit dem längeren Stil heraus. „Die brauche ich doch."

Die Rosenblätter liegen schlaff in meiner Hand. In der Ferne heult die Hundemeute, sie fressen sich gegenseitig auf. Auf dem Stuhl neben mir liegen die Ausdrucke, ich schmeiße alles über pränatale Forschung in den großen Abfalleimer und die schlappe Rose hinterher. Der Müll stinkt, schnell schließe ich den Deckel.

Ich habe den Babyvogel in alten Tulpenblättern beerdigt. In den Tulpenblättern, die so schnell gewelkt waren, weil ich die Tulpen gegenseitig bestäubt hatte. Dafür hat mich Papa versohlt. Mama wird bald sterben, obwohl sie so jung ist. Ich soll sie nur genießen und ein tapferer kleiner Mann sein. Sterben. Dem kleinen Vogel schlackerte der Kopf mit dem riesigen Schnabel so herum,

*er war nackt aus dem Nest gefallen. Ich muss immer Papas Hand halten.
Mama ist richtig dick geworden, wie aufgeblasen, und die Tränen kullern über
die Pausbacken, wenn wir ins Zimmer kommen, Abend für Abend.*

Der Rasenmäher gleitet durch das Grün, es riecht würzig. Beruhigt meine Sinne. Die Falte ist eine Wunde zwischen ihren Augenbrauen, sie folgt meinem Rasenmäher mit angespannter Miene, aber sie schweigt. Es gibt einen Gärtner in der Ferienanlage. Die Zitronen am Baum leuchten, sie duften nach Frische, Sauberkeit und Sonnenschein. Jetzt ist der Rasen sehr kurz, stachelt an den Fußsohlen.
Auf ihrem Gesicht haben Tränen eine Spur in der Sonnenmilch hinterlassen.
Sie übernimmt das, was ich nicht kann. Niemandem kann ich davon erzählen.
Von meinem Gefühl der Schuld, dem fest gebackenen Schweigen in mir.
Sie weint, wenn sie meine Trauer spürt. Ferien in Málaga.

Susanne Diehm

Eine existentielle Erfahrung

„Sakrament noch mal, in einer halben Stunde bin ich da, so viel Zeit wird es doch noch haben", sagte sie leise, aber betont deutlich ins Handy und legte auf. Gestern hatte sie ein Betriebsfest für 400 Menschen im Hangar des Flughafens Tempelhof durchgeführt. Konnte sie doch nichts dafür, dass der Geschäftsführer ihres Unternehmens *Movies Entertainment* vorab unbefugt durchs Gelände gestreift und von den Security-Kräften aufgegriffen worden war. Endlich befreit, wurde seine schlechte Laune noch dadurch gesteigert, dass eine Serviererin ihm auf der Treppe den Begrüßungssekt über die Hose gegossen hatte. Nichts mehr zu retten war, als die Technik just in dem Moment versagte, als er zu seiner Begrüßungsrede ansetzte. Da konnte aller Applaus der Mitarbeiter für die gelungene Organisation des Fests nichts mehr ausrichten: In seinen Augen hatte sie versagt.

„Scheiß der Hund drauf", sagte sie und ignorierte den verblüfften Blick eines Typen in Jeans, der sie gehört hatte. Sie lief mit wehendem Mantel die Stufen zur U-Bahn am Ernst-Reuter-Platz hoch. *Komisch, warum standen da so viele Leute auf dem Bahnsteig Richtung Zoo? War die U-Bahn ausgefallen? Oder gleich mehrere?* Gedränge, total überfüllt, die Leute standen dicht an dicht. Überall verärgerte Gesichter.

In die Gegenrichtung schien es glatt zu laufen, die Bahn fuhr gerade ab. Auf der digitalen Anzeige war nichts zu lesen. Über Lautsprecher kam die Ansage, dass es eine Verspätung gäbe im U-Bahn-Verkehr Richtung Pankow. Mit einem Blick auf die teilnahmslosen bis aufgebrachten Gesichter der Wartenden drehte sie kurz entschlossen um, rannte die Treppen hinunter und auf der Gegenseite wieder hinauf. Mit der U1 Richtung Ruhleben bis Bismarckstraße, dort umsteigen in die U7. So könnte es gehen. Sie würde den Stau einfach clever umfahren. Als die U1 ein paar Minuten später einfuhr, ergatterte sie sogar einen Sitzplatz. Sie winkte den Wartenden auf dem anderen Gleis übermütig zu, als ihr Zug sich in Bewegung setzte.

Ein Pärchen, beide in creme-beigem Anorak, war neben ihr in die Sitze geplumpst. Ihrem Dialekt nach zu urteilen kamen sie aus Schwaben. Sie hatten ein verschnürtes Paket dabei. Gestern Abend hatte sie bei *Anne Will* eine Diskussion über den Terror von Al Kaida verfolgt. Unter den geladenen Gästen eine rotlockige junge Frau, die aus Deutschland stammte und jetzt in Israel lebte. Sie gab den Deutschen Tipps aus dem Krisengebiet: Der aufmerksame Bürger sei gefragt, der jede Auffälligkeit sofort den Behörden meldet. Für Ende November seien Anschläge geplant, so hatte Innenminister de Maizière gewarnt, „ohne Hysterie verbreiten zu wollen".

Sie musterte erst das Paket und dann das Paar, das sie so Mitte Vierzig schätzte und das gar nichts Bedrohliches an sich hatte. *Obwohl, das sollen ja die Schlimmsten sein …?* Vor allem der Klang ihrer Sprache lullte sie ein. Schwäbische Mundart. Belanglose Themen. Sie schüttelte den Kopf über sich. So weit war es schon mit ihr gekommen, dass sie harmlose Mitbürger auf Berlin-Urlaub verdächtigte und auf deren Gefährlichkeit hin scannte?

Deutsche Oper. Eine typische „Charlottenburger Witwe" bestieg den Zug und setzte sich ihr gegenüber. Dunkle, schwarz gefärbte Haare, sauber geschnitten. Make-up wie gemalt, die Augenbrauen gezeichnet. Teure Markenkleidung, enge schwarze Hose, die in kleinen Stiefelchen steckte, lila Bluse und Jacke von *Strenesse.* Kaum, dass sie saß, schlug sie erst ein Bein über das andere und dann die Gala auf.

Wieder ruckelte der Zug an. *Nur noch eine Station bis Bismarckstraße. Wenn jetzt nichts mehr dazwischenkommt, dann könnte ich es noch schaffen,* dachte Hannah. Der Zug hielt. Aber nicht im Bahnhof, sondern im Tunnel. Zwei Minuten später stand er da noch.

Der Zugführer meldete sich über Lautsprecher. Sie spürte den Druck ihres Blutes in den Fingerspitzen, als ihr das Adrenalin in die Adern schoss. „Werte Fahrgäste, bitte haben Sie ein wenig Geduld. Es geht gleich weiter …" Es klang, als ob er noch mehr sagen wollte, aber die Lautsprecheranlage gab nur noch ein Krächzen von sich. Sie rutschte auf ihrem Sitz hin und her, während es in der U-Bahn ganz still geworden war. Sogar das Paar neben ihr hatte das Schwäbeln eingestellt. Der Mann nahm das Paket jetzt auf seinen Schoss.

Als die Beleuchtung ausfiel, guckte die Charlottenburger Witwe erschrocken auf. Jetzt brannte nur noch die Notbeleuchtung. Vom anderen Ende des Waggons her hörte sie einen Hund leise winseln. Im fahlen Licht sah sie, wie ein älterer Herr sich über einen Dalmatiner beugte und ihn beruhigend streichelte.

Hannah setzte sich auf. *Was zum Teufel hatte das zu bedeuten?* Sie hatte keine Zeit … In zehn Minuten müsste sie schon an der Warschauer Straße sein. Das war kaum zu schaffen. Nur noch ein Wunder konnte da helfen. Sie hörte wieder eine Stimme. Ein Junge, vielleicht 14 Jahre alt, in Jeans und Sweat-Shirt.

Er saß ihr gegenüber und redete beruhigend auf einen anderen ein: „Pass auf, Dario, es geht bestimmt gleich weiter – nicht wie letztes Mal." Dario antwortete nicht. Er stöhnte nur und wiegte sich immer schneller vor und zurück. Hannah schaute weg.

Sie öffnete ihre Handtasche. Kramte herum. Zog einen Block mit leerem kariertem Din-A-4-Blatt heraus. Legte den Block auf ihren Schoß und zückte den Stift. „Na, schreiben Sie Ihren Abschiedsbrief?", fragte mit hochgezogenen Brauen die Charlottenburger Witwe, die ihr gegenüber saß. Hannah sah sie an und lächelte: „Nein, hoffentlich nur eine Kurzgeschichte."

Hannah blickte konzentriert auf ihren Block und setzte den Stift an. „Ich wüsste gern, ob es gebrannt hat", sagte die Dame leise. „Vielleicht machen wir das Fenster auf. Die Luft wird schon schlecht." Der Junge, der seinen Freund getröstet hatte, drehte sich auf dem Sitz um und kippte das Fenster auf. Dann rutschte er wieder zu Dario hin, der jetzt bewegungslos in der Ecke hing. *Ein Brand?* Hannah erschrak bis in die Knochen. Sie hatte damals in London das große U-Bahn-Feuer bei *Kings Cross* erlebt, nicht unmittelbar, aber sie war zu dieser Zeit in London gewesen. Die Londoner Zeitungen hatten nicht mit Details gegeizt.
Persönliche Berichte der Überlebenden, der Skandal, dass es zu wenig Notausgänge gab und so viele Menschen erstickten und verbrannten – all das wurde ihr schlagartig wieder bewusst. Sie fasste sich mit der Hand an die Stelle unterhalb ihres Schlüsselbeins, die ihr von der Krankengymnastin empfohlen worden war. Vor ein paar Monaten hatte es begonnen: Eine Weile lang hatte sie an Panikattacken gelitten, war nachts schweißgebadet aufgewacht. Zunächst hatte sie befürchtet, einen Herzinfarkt zu erleiden, aber ihr Herz war kerngesund, das hatte sie checken lassen. Es war schwer gewesen zu akzeptieren, dass ihr die Psyche diesen Streich spielte. Ihr Körper psychosomatisch reagierte. Mehr, wenn sie Stress hatte und weniger, wenn es ihr gut ging. Erst die Krankengymnastin hatte ihr zeigen können, wie sie die Beklemmungen nachts lindern konnte: Den Druckpunkt finden, bewusst durchatmen, sich eine Wiese mit plätscherndem Bach vorstellen. Oder sonst ein Bild hervorrufen, das beruhigte. *Was beruhigt mich denn noch?* fragte sie sich. *Eine Herde grasender Pferde? Ein Spaziergang durch den Wald? Am Meer entlang gehen, die heranrollenden Wellen hören?*

Sie verstärkte den Druck auf den ‚pressure point'. Das Einzige, woran sie denken konnte, waren Tunnel, aus denen Flammen schlugen. Sie hatte keine Panik, sie hatte Angst. Panik war anders … Rasch konzentrierte sie sich auf ihre Umgebung. Alles besser, als jetzt in den eigenen Gedanken gefangen zu sein.

Der Schwabe mit dem Paket auf dem Schoß sagte mit einem Lächeln zu seiner Partnerin, die stumm neben ihm saß: „Verglichen mit den Kumpels in Chile geht es uns nicht schlecht. Wenn es ein paar hundert Meter unter der Erde wäre und wir ungeschützt in einer Röhre steckten, das wäre dramatisch!" Er grinste breit und drückte leicht den Arm seiner Freundin.

Die Frau neben ihm, der sein Kommentar galt, lächelte. Im fahlen Zuglicht der mittlerweile nur noch flackernden Notbeleuchtung erschien sie blass und wenig überzeugt.

Hannah drückte ihren Körper stärker in die Ecke, in der sie saß. „Werte Fahrgäste …", erscholl es krächzend aus der Lautsprecheranlage. „Bitte haben Sie noch einen Moment Geduld. Es gibt einen Stromausfall. Die Kollegen arbeiten daran. Bitte noch etwas Geduld!"

Eine Rauchschwade zog durch das geöffnete Fenster. Dario sah aus, als müsse er sich gleich übergeben. Es roch brenzlig. Dario erstarrte. Auch sein Freund war jetzt still. *Ich sterbe. Wir werden alle in diesem verdammten U-Bahn-Wagen verrecken. Wir kommen hier nicht mehr raus. Es ist nicht nur ein Stromausfall.* Hannah schossen die Gedanken wie Pfeile durch den Kopf. Sie hatte Mühe, gleichmäßig zu atmen. Ihr Atem ging stoßweise und schnell. Als sie ihre Hand vom Druckpunkt nahm, was eh nichts brachte, passierte es: Einzeln purzelten die Perlen ihrer Kette auf den U-Bahn-Boden, purzelten und verloren sich.

Sie kann reißen. Meine Mutter hat mich immer gewarnt. Wenn der Faden sich löst, fallen die aufgereihten Brüder und Schwestern, die über lange Zeit vor aller Augen vorborgen einzeln auf dem Meeresgrund heranwuchsen, herunter. Es hat sich ausgepurzelt, das Symbol der Bürgerlichkeit ist dahin. Hannah zuckte zusammen, als die kostbaren Rundungen auf den harten Stahlboden fielen. *Ob ich alle Einzelteile wieder einsammeln kann? Vielleicht hilft ein Mitreisender, sie aufzuheben. Will ich das? Kann ich ihm trauen, oder wird er sich heimlich eine in die Hosentasche schieben?* Oft wurde ihr matter Glanz eigens gezüchtet und als Erbstück von der Mutter zur Tochter gereicht. *Wie ärgerlich, wäre sie unvollständig! Warum geht mir so ein Blödsinn durch den Kopf?*

Sie merkte auf. Vergaß die Kette. „Verehrte Fahrgäste", dröhnte es krächzend aus dem Lautsprecher. „Es sind einige Personen auf dem Gleis. Deshalb dauert es noch länger, bis der Strom wieder angeschaltet werden kann. Bleiben Sie bitte ruhig sitzen, es geht umgehend weiter!" Die Stimme klang jetzt nicht mehr freundlich, sondern genervt. Unter Spannung, interpretierte Hannah: *Kein Wunder, wenn es um Leben und Tod ging …*

Um Leben und Tod. Vielleicht war es an der Zeit, sich die letzten Gedanken zu machen? Wie war das noch, sollte das Leben nicht wie ein Film vor ihr ablaufen? Warum blieb das aus? Dafür war sie nicht unmittelbar bedroht genug, rationalisierte sie. Sie konnte nur an all die Dinge denken, die sie immer hatte erleben wollen, von denen sie sich vorgestellt hatte, dass sie ihr irgendwann einfach passieren würden, *Kinder,* … „Und in neun Monaten gibt es dann einen Babyboom, wegen der Exzesse in der U-Bahn. Nur weil der Zug nicht weiterfahren konnte", witzelte der Schwabe, der von ihnen allen anscheinend die Tragödie nicht sah oder sehen wollte. Er amüsierte sich köstlich über seinen Witz, obwohl keiner sonst lachte; nur die Charlottenburger Witwe verzog die Lippen. „Wie kann er darüber nur Witze machen!" empörte sich Hannah und drückte sich noch fester in ihren Sitz.

„Exzesse … – Exzesse hatte sie wahrhaftig nicht genug gehabt, wenn sie jetzt ihr Leben gleich abschließen sollte. Viel zu wenig Sex und Erotik, jawohl! Sie hatte zu spät damit angefangen und musste jetzt zu früh aufhören, wenn sie gleich starb. Immer nur die Arbeit, der Job! Vielleicht war das mit den Exzessen in der U-Bahn doch keine so schlechte Idee? Ein Adrenalin getränkter Fick inmitten einer U-Bahn in einem Tunnel, umringt von Menschen; die glotzten oder es auch trieben? Sie bemühte sich unauffällig nach rechts und nach links zu schauen. Kam hier einer in Frage? Waren doch alle schrecklich!" Dachte es und blickte in die andere Waggon-Sektion. Da waren schöne Schuhe. Ihr Blick folgte den Schuhen nach oben. Weiter hoch. Enge Jeans. Jacke drüber. Weiter hoch. Blaues Hemd, unauffällig. Weiter hoch. Braune Augen, die sie amüsiert musterten. Ihre Blicke trafen sich und sie errötete. Kannte sie ihn von irgendwoher? Er kam ihr so vertraut vor. Als hätte sie ihn schon einmal auf einem Foto gesehen? Sie drehte den Kopf und versuchte, nicht mit der Wimper zu zucken und starr vor sich hinzusehen.

„Sakrament, vielleicht hatte er aus demselben Grund herumgeschaut?" Es war so banal. Banal selbst in den letzten Augenblicken?

Ein Mann links von dem Pärchen sprach leise in sein Handy. „Nein, keine Sorge, wir kommen hier schon heil raus. Das ist kein Abschiedsanruf. Außerdem, ich hab etwas zu essen dabei. Einen Apfel und einen Joghurt!" „Den werden sie mal schön mit uns teilen", meinte die Charlottenburger Witwe und nickte bestätigend mit ihrem Kopf. Hannah fiel auf, dass schwarz gefärbte Haare an älteren Frauen wirklich fies aussahen. Sie machten jede Linie unnötig hart. *Wie kann ich nur so etwas denken. Wo sind meine wertvollen*

Gedanken, die ich mir zum Abschied an die Welt schenke? Wo schon keiner hier ist? Sie lehnte sich mit dem Rücken fest an die Bank. Ja, das war das Drama ihres Lebens. Familie weit weg, Freunde wechselnd. Mit keinem hatte sie es länger ausgehalten. Alle hatten sie nach einer Weile genervt. Wenn der Punkt gekommen war, an dem ihr eine Berührung wie eine Umklammerung vorkam, dann wusste sie, dass es vorbei war. So hatte sie es bislang zumindest gehalten. Mittel- und Ringfinger setzte sie jetzt wieder auf den ‚pressure point'. *Himmel, heute waren die Herzstiche aber heftig.* Sie bohrte die Nägel in die Haut, damit der eine Schmerz vom anderen ablenkte. Er ließ nicht nach. Der Schmerz war so stark, dass ihr einen Augenblick schwarz vor Augen wurde. Sie japste. Neben ihr spürte sie eine Bewegung. Der Mann mit den blauen Augen und den schönen Schuhen hatte sich zwischen sie und das schwäbische Paar gequetscht. Die guckten ein wenig unwillig, aber machten Platz, indem sie nach links rutschten. „Geht es Ihnen gut?", fragte er Hannah. Sie konnte es nicht glauben, aber er hatte tatsächlich ihre Hand gefasst und fühlte ihren Puls. „Ich habe so viel falsch gemacht!", brach es aus ihr heraus. „Und jetzt ist alles zu spät!" Sie schluchzte fast schon. „Wieso zu spät?", fragte er. Er beugte sich hinunter und hob die Perlen ihrer Kette vom Fußboden auf. „Werte Fahrgäste …", erscholl es aus dem Lautsprecher. Das Licht sprang an. Grelle Helligkeit. Der Zug erbebte. Dann ruckelte er an. „Wir danken Ihnen für Ihre Geduld."

Hannah starrte in den Tunnel. Als ob sie durch ein lang geschnittenes Grab fuhren. Erde und Gemäuer an den Seiten. Es wurde heller. Noch heller. Der Zug fuhr in den Bahnhof Bismarckstraße ein.

Als Hannah auf wackeligen Beinen die letzten Stufen der Treppe hochging, saugte sie bewusst die vergleichsweise frische Luft ein. Es roch nach Regen. Abgasen. Schweiß. Stumme und plappernde Menschen gingen gemeinsam eine Treppe hoch. Der Freund von Dario war plötzlich neben Hannah. „Siehst Du, es war nicht wie das letzte Mal", sagte er. Er frohlockte. „Wir sind draußen!"

Hannah sah, dass die Charlottenburger Witwe auch die letzten Stufen erklomm. „Na dann", sagte sie mit freundlichem Ton und anzüglichem Blick und nickte Hannah bedeutungsvoll zu. Sie sah von Hannah zur Seite, wo der junge Mann mit den braunen Augen und schönen Schuhen stand. Hände in den Hosentaschen. Er lächelte der Schwarzhaarigen zu und sagte: „Auf Wiedersehen." Hannah drehte sich ihm jetzt zu. Er schien auf sie gewartet zu haben. Hannah schaute sich um. Ganz genau musterte sie ihre Umgebung. Den Dreck, die eilenden Menschen, den Dalmatiner, der sein Herrchen nach draußen zog und am ersten Baum sofort das Bein hob. Ja, Bäume gab es hier. Nicht viele, aber in einer Reihe stehend. Und der Himmel? Der Himmel war blau. Weiße Wölkchen, die Sonne kam durch. Die Luft? Die Luft roch nach Regen, und ringsum war es nass. Sie schaute den jungen Mann an, der immer noch nichts sagte. Er schien alle Zeit der Welt zu haben.

Sie griff nach ihrem Handy und wählte eine Kurzwahlnummer. Es dauerte einen Moment. Sie meldete sich: „Hier ist Hannah." Eine aufgeregte Stimme erscholl am anderen Ende, sich fast überschlagend, so schnell redete die Person. „Nein", sagte Hannah fest. Und noch einmal „Nein!" Sie nahm Anlauf, holte tief Luft und sagte: „Nein. Ich komme überhaupt nicht mehr." Dann ließ sie das Handy mit einem Geräusch zusammenklappen. Sie atmete tief durch. Lächelnd sah sie den jungen Mann an: „Wir können gehen." Er bot ihr seinen Arm. Sie gingen davon.

**

Auszug aus „Hannahs fabelhafte Welt des Kreativen Schreibens", erschienen im Schibri-Verlag, 2013. Die Kurzgeschichte entstand im Seminar bei Guido Rademacher und hat mich zu diesem Roman inspiriert.

Susa Kieselstein

Und dann, das Meer

Der is in Wirklichkeit nich von hier wech, der is von woandas, der is ein Zugereister, sagte Omma. Der Goldstein war aus dem Osten gekommen, damals, als die Grenze noch offen war. Nachm Kriech, wusste Omma, da habn viele die Zone verlassen. Auch der Goldstein hatte rüber gemacht. Nach drei Eimern Erbsensuppe war er wieder bei Kräften, im Auffanglager, hatte er Omma erzählt. Es gab direkt Arbeit für ihn, nix in seinem gelernten Beruf, aber Arbeit im Bergwerk auf Dahlbusch. Da hat er dann im Streb mit dem Hammer Kohle gehackt. Da, wo auch der Oppa schon als Schreiner das Häuschen verdient hatte. Ich mochte das Haus von Omma und Oppa, eine Doppelhaushälfte mit wildem Garten und Dickebohnengemüse, Obstbäumen und Kompottfrüchten und viel Platz für die Hühner mit Hühnerstall. In der Stadt, aus der ich kam, da hatten nur die Leute, bei denen blinkende Autos vor dem Haus standen, riesige Gärten. Das hatte ich selbst gesehen. Eine Villa auf dem Hügel in Essen mit Blick auf den Fluss und Zimmern so hoch wie das gesamte Häuschen in der Tomsonstraße von Omma und Oppa.

Gegenüber von Oppa und Omma wohnte Frau Schulte. Die Frau ließ der Oppa weg, wenn er von seinem Krach mit der Nachbarin erzählte, dann sprach er nur von der Schulte. Die kam jeden Sonntag um die gleiche Uhrzeit aus ihrem Haus heraus. Da saßen Omma, Oppa und ich am Frühstückstisch und blickten durch die luftige Gardine auf die Tomsonstraße. Oh, feingemacht, braunet Kostüm, und Hut mit Feder dran, moserte Oppa. Und unten, anne Füße, Schuhe wie Kohlenbriketts, lästerte Omma. Die Schulte wollte, dass der Garten von Oppa aufhörte, eine Wildnis zu sein. Nur, der Oppa liebte den Garten, so wie er war. Der is natürlich, der is nich wild, nur nich so kleinkariert wie die Schulte. Dat isn Wundergarten. Nur die Leute, die wolln hier keine Überraschungen, dat is dann nämlich oftn Unglück, erklärte er mir. Oppa pflanzte Überraschungen, Tomatenstauden neben Sonnenblumen, dazwischen Spargelkraut und Erdbeeren. Direkt an Schultes Garten grenzten eklige Stachelbeeren. Besonders gern mochte der Oppa Blumen. Die Natur muss ihrn Willn zurück kriegn, man darf nich allet, wat wachsen und groß werdn will, einfach abschneidn. Ich war inzwischen so groß wie die Sonnenblumen.

Im Garten verteilte der Oppa die Blumensamen genauso wie er die Körner in den Hühnerstall streute. Er grinste, die katholische Schulte, na, der werd ichs zeigen, die wird sich noch wundern. Nach dem Frühstück ging er mit mir nach draußen, Oppa lief in Richtung Hühnerstall, blieb dann auf halber Strecke stehen. Hier is dat Paradies, hier aufe Erde, hörsse. Der liebe Gott, der wohnt hier, unta uns. Oppa breitete seine Arme aus und wies gebieterisch auf den Garten. Dann griff er das Gatter zum Hühnerstall, ruckelte einmal, schuckelte noch mal, und das Tor sprang auf. So, damit die auch wat davon habn, lachte und zwinkerte mir verschmitzt zu. Seine hellblauen Augen blitzten. Ein aufgeregtes Ggaaahgagagaah flatterte auf Oppa zu. Mit schwungvollen Armbewegungen dirigierte ich die weiße Federwolke. Die wehte wie vom Wind aufgewirbeltes Laub an mir vorbei. Vielleicht werden die Hühner die Blumensamen aufpicken und dann mit der glitschigen Hühnerkacke im ganzen Garten weiter verteilen, überlegte ich. Bevor ich Oppa dazu befragen konnte, meinte er breitbeinig und zufrieden, so getz hamm die auchn schönet Leben. Wenn der Oppa unter dem Birnbaum stand und die Birnen saftig waren, dann pflückte er mir eine pralle gelbe direkt vom Baum. Er brauchte dazu nur seinen Arm auszustrecken. Oppa putzte die Birne am blau-weiß-gestreiften Schreinerkittel ab und legte die glänzende Frucht in meine Kinderhand. Die Hühner und der Garten, das war mein Oppa.

Der Goldstein, der wohnte bei Omma und Oppa als Untermieter. Das waren die mit Zimmer unterm Dach. Mit Frühstück und Abendessen bei der Familie nannte man sie Kostgänger. Die Omma fand den Kostgänger sehr nett, kochte ihm oft ein zweites Frühstücksei oder briet in der Pfanne Rührei mit Speck, mit viel gold-brauner Butter. Omma machte für den Goldstein auch die Wäsche und bügelte seine Hemden. Der hat so schön vollet Haar, ne richtige Mähne. Wenn der Oppa das Haus verließ, bedeckte er sein schütteres Haar immer mit einer Mütze. Mit einer kreisförmigen Bewegung wuppte er die dunkelblaue Kappe auf seinen großen Kopf und seine Augen blinkten gutmütig unter dem Schirm hervor. Oppas Haut war hell, fasst weiß und die Wangen glänzten rosa-rot, wie die von dem Jungen auf der Zwiebackpackung, nur sah der Oppa natürlich viel älter aus. Der Oppa hatte immer gute Laune. Wenn er an seinem rechten Ohrläppchen zog und seine Zunge sich daraufhin aus dem Mund herausstreckte, sprühten seine Augen. Dann zog er am linken Ohr und der rote Lappen verschwand wieder. Das funktionierte ganz genauso, wenn ich mich an seinen Ohrläppchen zu schaffen machte. Frag doch ma, oppe dem Goldstein nich den Kopf waschn kanns, zog er die Omma auf. Die ignorierte den Blödsinn. Sie wandte sich ab, pappalapapp. Dir wasch ich dat Haar, nich wahr, mein Mädchen. Bor, wat riiieeeeecht dat hier, is ja wie beim Frisör, stänkerte Oppa. Dat Shampoo is mehr wat für de Bahnnofstraße.

Ich erinnerte mich an die Mädchen mit den kurzen Röcken, knapp über dem Popo, in weißen Lackstiefeln mit Stöckeln. Die verdien dat Geld im Liegen, hatte Oppa mit verzerrtem Gesichtsausdruck erklärt. Dabei hatte er so geguckt, als wenn ich in gelblich-grüne Hühnerkacke getreten wäre. Ich wusste nicht, wie man im Liegen Geld verdienen kann. Der Oppa hatte mich fest an die Hand genommen und mit einem kräftigen Ruck auf die andere Straßenseite gezerrt. Komm, schnell, dat wa hier wech kommen, von den Tussis vom

Strich. Einen Strich gab es da gar nicht, nur diese gelangweilten Mädchen, die
rumstanden und lächelten.

Mir gefiel Ommas Aprikosenschaum, der süßlich roch und in der Nase kribbel-
te wie Pafühm. Omma wehrte ab, pappalapapp, red doch nich. Lass mich ma
machen, dat is Frauenshampoo, dat gefällt dem Kind. Damit schickte sie den
Oppa aus der Küche. Die graue Zinkwanne stand nun in der Mitte. Getz wasch
dich erst ma von oben bis unten, dann kannze mitte Schiffken im Wasser Faxen
machen, hörsse. Ich drückte die Füße gegen die Wanne, die sich an den Händen
so stumpf anfühlte, wie lehmige Kartoffeln. Ich hob meinen Körper ein wenig
und spannte mich an, dann lockerte ich die Spannung. Ich war das Meer, mit
echten Wellen. Die Boote mussten aufpassen, dass sie nicht kenterten. Aber so
war das am Meer. Das war manchmal richtig gefährlich. Den Männern, die an
der Tür klingelten und für die Frauen von Ertrunkenen Geld sammelten, gab
Omma immer was. Bor, Kind, wat is dat denn getz fürne Überschwemmung.
Omma holte zwei schwere graue Lappen und legte die links und rechts auf die
nassen Fliesen. Dat mit den Bötchen, mach dat ma ohne dat ganze Geschwap-
pe, hörsse, getz is ruhige See, ja, Ebbe is. Später kam die Omma und steckte
kurz eine Hand in das Badewasser. Ma kucken, ob et noch warm is, nich dat te
dich erkälten tus. Meine Schiffe hatten gerade den Hafen erreicht, da entschied
Omma, so getz ham die Kapitäne aba auch ma Feierabend, un, nich, datte dich
pells. Sie griff zu und zog mich an beiden Armen aus dem Badewasser heraus.
Dann legte sie mir das vorgewärmte Badehandtuch um und schrubbelte mich
trocken. Ich brauchte nur dazustehen und aufzupassen, dass die Bewegungen
mich nicht umrissen So, Kind, getz bisse richtich trocken.

Oh, heilige Maria, da kommt die Badekönigin, begrüßte mich der Goldstein. Inzwischen steckte ich im hellblauen Schlafanzug und bunt gestreiften Frotteeba-
demantel. Ich durfte mit Oppa und Goldstein noch Kartenspielen. Dazu gab es
Schnittchen mit Silberzwiebeln und kleine, knackige Gürkchen. Der Goldstein
langte zu, mit dem Zeigefinger hielt er die fingerdicken rosaroten Fleischwurst-
scheiben auf dem Brot fest, während er genüsslich hineinbiss. Ich knabberte die
Gürkchen und spielte Kaninchen. Zuhause, bei der Mutter, da wär das unma-
nierlich gewesen, bei Omma und Oppa störte das niemanden. Die Fleischwurst
schmeckte saftig und herzhaft. Beim Abbeißen flutschte etwas von der Butter
unter der Wurst hervor. Mit dem Zeigefinger strich ich die weiche Butter glatt
und wischte den Finger am Bademantel ab. So, Willi, getz kriegse aba dein
Fett weg, triumphierte der Goldstein. Mit einer über seinen Kopf ausholenden Handbewegung pfefferte er seine letzte Spielkarte auf den Tisch. Er zog
einen breiten Mund und blickte satt und zufrieden in Oppas Gesicht. Pech im
Spiel, aba Glück inne Liebe, vertröstete er mich. Langsam machte es mir einfach keinen Spaß mehr, immer war Goldstein der Gewinner. Ruckartig warf
ich mich zurück, und machte auch so eine Handbewegung wie Goldstein, nur
mit viel mehr Spielkarten. Und so ein Geräusch wie beim Goldstein machte es

auch nicht. Ich griff mir zwei weitere Fleischwurstschnittchen, für jede Hand
eine. Brauchs aber nicht so breit grinsen, meinte Oppa, und goss durchsichtigen
Schnaps in kleine Gläser. Auf einem Bein stehsse schlecht, meinte er und füllte
nach. Ah, dat schmeckt ja vielleicht dat Zeuch, Goldstein kippte. Datt sach ich
Dir, stimmte Oppa zu, dat is echta Schabau mit Kawupp. Oppa füllte noch mal
nach. Na, noch nen letzten Schluck für aufm Weg? Nä, besser nich, winkte
Goldstein ab, nich dat ich bräsig auf Dahlbusch ankomm. Ich hatte es mir auf
dem Sofa mit der Wolldecke gemütlich gemacht. Mit fast geschlossenen Augen
konnte ich durch den Wimpernvorhang sehen, wie der Goldstein sich vertrau-
lich zum Oppa vorbeugte. Sach ma, Willi, meinste nich, dasse ette irndwann ma
wat erklärn muss? Oppa wandte sich ab und goss sich noch ein Gläschen ein.
Wenn ich aus der Schule kam, hing Goldstein am Küchentisch in Ommas
Küche. Der abgeknabberte Frühstücksteller stand noch vor ihm. Daneben
lag die Tageszeitung und in der rechten Hand hielt er einen Becher Kaffee.
Seine muskulösen Männerarme ragten dunkelhaarig aus dem rot-weiß karierten Flanellhemd. Über dem Bauch spannte die hellgraue Latzhose. Ja,
dat is ne Wampe, et könn nich alle son Strich sein wie du, da muss ma wat
drankommen, wegen der Reserve, er deutete auf seinen Bauch, auch für dat
Wachstum.
Omma mühte sich ab. Mädchen, nu iss ma, dat der Teller leer wird, sonst gib-
tet am nächsten Tach schlechtet Wetter. Milchreis, dat iste doch so gerne. Ich
bekam keinen Bissen herunter und Omma tat mir leid, weil sie doch Regen-
wetter so hasste. Ach, iss nich schlimm, der Garten kannet brauchn.
Am nächsten Morgen war es für die Jahreszeit zu warm, verkündete die Stimme aus dem Radio. Es ist für die Jahreszeit zu warm, meldete ich der Omma.
Ja Kind, dann ziehse heute ma Kniestrümpfe an. Ich durfte den dunkelblauen
Rock, mit gelber Bluse und roter Strickjacke und weiße Kniestrümpfe anziehen. Anschließend steckte ich meine weißen Baumwollfüße in dunkelrote
Schnürschuhe aus Leder. Nää, der Schrei kam aus der Küche, getz fängtet
doch an zu dröppeln. Kind, da musste die Gummistiefel anziehn. Ich ging ans
Fenster und schaute hinaus. Es fieselte gleichmäßig. Der Tag war so grau, als
wenn er schon jetzt Feierabend hätte. Dunkle Wolkenkissen zogen Richtung
Westen. Wo Westen war, das wusste ich von Goldstein. Westen war hinter
dem Haus und da zog alles hin. Westen war auch Richtung Meer, das hatte
Omma erzählt. Auch vom Mond und von Ebbe und Flut und wie das Meer
bei Flut den trockenen Sandstrand verschlingt. Ich hatte das Meer noch nie
gesehen. Im Sommer, das hatte die Mama versprochen, da wollten wir über
das große Meer fahren, in einem riesigen Schiff, mit kleinen Zimmern und
Etagenbetten. Als plötzlich der Regen gegen das Fenster prasselte, zuckte ich
zurück. Ich holte den gelben Regenmantel und meine blauen Gummistiefel
mit den weißen Sternen drauf. Der Regen wurde immer heftiger, richtige Was-
serfälle plädderten da vom Himmel.

Als ich aus der Tür trat, konnte ich kaum etwas sehen. Am Ende der Tomsonstraße musste ich in die große Straße einbiegen. Hier fuhren die Autos nur im Schritttempo und auf den Bürgersteigen war fast kein Mensch. Oben an der Ecke, am Büdchen unter dem Vordach, da standen drei Männer gelangweilt herum. Jeder mit einer Flasche Bier in der Hand. Wie auf Kommando schauten sie vorwurfsvoll nach oben, in Richtung Himmel. Ich musste an das Essen vom Vortag denken. Die Luft roch nach verbrannter Kohle und aus den Gullis muffte es faulig wie Komposthaufen und Klo. Ich vergrub meine Nase in der Jacke. Ab dem Lebensmittelgeschäft war es nicht mehr weit bis zur Schule, nur noch ein paar Meter und dann über die Kreuzung.

Die Sportlehrerin war an dem Tag zu Hause geblieben, deshalb fiel die letzte Schulstunde aus. Der Tag war jetzt heller geworden. Zwischen den Wolken blitzte an einigen Stellen sogar kurz die Sonne durch. Die Pfützen auf den Bürgersteigen glänzten, geeignet für meine Gummistiefel. Ich brauchte nur etwas größere Schritte als sonst zu machen, dann konnte ich das Zentrum treffen. Ich schaffte es, bei jeder Pfütze. Das Wasser spritzte in alle Richtungen, bis in die Seen, die sich daneben über den gesamten Bürgersteig verteilten. Da musste ich dann durchwaten. Ich schob meine Füße dicht über den Boden nach vorne, so konnte ich das Wasser ein wenig stauen und mit einer schwungvollen Fußbewegung bildete ich kleine Wellen. Mit noch mehr Schwung wurden die größer und größer. Ein bläulich silbriges Meer, das brandete, wallte und schwappte. Ein unruhiges Meer, doof und schmutzig. Es lief in meine Stiefel und machte schwarze Punkte auf weiße Kniestrümpfe.

Am Haus von Omma und Oppa angekommen, taperte ich durch die hintere Tür bis zur Treppe, wo ich die Stiefel und die nassen Strümpfe auszog. Meine feuchten Füße stempelten die blanken Fliesen, die sich kalt und glatt anfühlten. Ich wollte meine Pantoffeln anziehen, die waren aber nirgendwo zu sehen. Die Küchentür stand nur einen Spalt weit auf, ein Stück kariertes Hemd und graues Hosenbein war zu sehen und ich hörte Oppas Stimme. *Amerika bietet einfach alles. Ich habe eine richtig tolle Arbeit in einem Büro gefunden und ganz in der Nähe, eine moderne Wohnung mit Zentralheizung.* Ich suchte meine Pantoffeln, an der Treppe, bei den Arbeitsschuhen von Goldstein, da mussten die sein. *Zur Wohnung gehört ein großer Kühlschrank und eine hochmoderne Waschmaschine. Es gibt sogar eine elektrische Spülmaschine in der Küche, stellt euch das nur einmal vor.* Mein Blick fiel auf den Hocker neben der Garderobe, da lag ein Haufen Wäsche. *Mir geht es wirklich ausgezeichnet, auch wenn ich von morgens bis abends arbeite, mein Chef ist sehr nett und ich verdiene richtig gutes Geld. Ohne Fleiß, keinen Preis.* Ein graues Hosenbein hing seitlich an dem Wäscheberg herunter und an der Stelle, wo es den Fußboden berührte, genau da lugte etwas Blaues hervor. *Was ich Euch aber unbedingt sagen muss ist, dass ich keinen Urlaub nehmen kann. In diesen Sommer haben wir so viel zu tun.* Ich fingerte unter den Hocker und fühlte weichen, flauschigen Stoff, die

Bommel von den Pantoffeln. Jetzt musste ich nur noch daran ziehen und dann
… Und das mit dem Besuch, bitte versteht das, in den Sommerferien, … Der
Hocker ruckte nach vorne, es quietschte, kurz und scharf, *… das wird leider
nichts.* Der Oppa stockte. Dann war es still. Ich hielt den Atem an und presste
meine Lippen aufeinander, das wird leider nichts, dröhnte es in meinem Kopf.
Dann fragte Omma, mein Mädchen, bis du dat? Komm her. Ich war festge-
froren, stocksteif und unbeweglich. Dann stand der Goldstein im Türrahmen.
Er sah mich so an wie die kleine Katze, die wir halb verhungert im Garten
aufgelesen hatten. Er streckte mir eine Hand entgegen, komm, mein Mädchen,
herein in die warme Stube. Eilig zog ich an den Bommeln und tippelte hinterher, in jeder Hand einen Pantoffel. Hasste dat alles mitgehört, Omma zog mich
auf ihren Schoß. Ja, das wird, aber mehr konnte ich nicht herausbringen. Ich
starrte auf meine blauen Pantoffeln. Omma fummelte ein verknuddeltes Baum-
wolltaschentuch aus ihrem Kittel, und tupfte damit in meinem Gesicht herum.
Ja, ers ma nich. Dann nahm sie mir die Pantoffeln aus den Händen, streifte sie
über meine eisigen Füße und reichte mich an den Oppa weiter, wärm dich ma
beim Oppa auf, der hat mehr Hitze.
Ich leih mirn Wagen vom Kumpel und dann fahrn wir hier an dat Meer, schlug
Goldstein vor, wir alle zusammen. Omma reagierte nicht. Oppa fummelte an
seiner Dose mit Kautabak. Wo dat Kind sich doch so auf dat Meer gefreut hat,
fügte Goldstein hinzu und blickte von Omma zu Oppa. Omma blieb stumm,
guckte starr auf die Tischplatte. Dann streckte sie Goldstein Zeigefinger und
Daumen entgegen, wobei sie beide Finger aneinander rieb, wo solln wa dat
denn abknapsen? Ich spürte Oppas Kinn mehrmals auf meinem Kopf, er
stimmte Omma nickend zu.
Aber Goldstein, der konnte organisieren. Erst das Auto von dem Kumpel, den
hellgrauen VW-Käfer. Dann das Paddelboot zum Zusammenfalten aus Holz
und blauem Stoff. Und auch noch ein Zelt mit kleinen silbrigen Heringen, die
waren zum Festzurren. Von seinen Bekannten vom Fußball-Club lieh er vier
Luftmatratzen und für jeden einen gemütlichen Schlafsack. Die waren vom
Militär, grün, mit dickem Reißverschluss mit großem Zipper, made in USA,
verkündete Goldstein, steht da drauf. Und hier, er hielt den Spirituskocher
hoch, deutsche Wertarbeit, für Spiegeleier und Bratkartoffeln. Er hatte wirklich an alles gedacht. Die Omma strahlte und der Goldstein lächelte wieder
wie ein Sieger. Omma fuhr am nächsten Tag mit mir in die Stadt. Wir gingen
ins Westfalen-Kaufhaus, dass Omma nur kurz Weka nannte. Dort kaufte sie
mir einen Badeanzug. Der war genauso blau wie meine Pantoffeln. Nur der
Stoff glänzte und war hauchdünn, glatt und elastisch, wie Mamas Seidenun-
terröcke. Zuhause kramte Omma den roten Stoffbeutel mit den weißen See-
sternen hervor, der war für meine Anziehsachen.
Es ging an einem Samstag los, ich hatte Pfingstferien. Die Sonne schien frisch
und honigfarben und alles verlief wie geplant. Pünktlich um acht Uhr saßen

wir im Auto, der Goldstein, der Oppa, die Omma und ich. Während Goldstein
hinter dem Lenkrad klemmte, suchte der Oppa daneben auf seinen Knien in
einer Karte, wo wir lang fahren mussten. Zuerst zogen die kleinen Siedlungs-
häuser gleichmäßig vorbei, dann erreichten wir die Landstraße, auf der einen
Seite lagen braune Äcker. Allet leckere Kartoffeln, sagte Oppa. Un rechts, allet
Weizen, meinte Omma. Später kamen grüne Wiesen mit Schafen darauf. Dann
wurde alles flach und auf den Weiden standen schwarzweiße Kühe herum und
auch einige Pferde mit hellbraunem Fell und dunkler Mähne. Die Omma verteilte runde Butterkekse. Pass aba auf, mit die Schokolade, ermahnte sie mich.
Die Männer tranken Kaffee aus dem Deckel von der Wärmekanne. Mir hielt
die Omma eine Milchtüte mit Strohhalm hin. Dann stimmte Oppa gut gelaunt
sein Lied an, Rosemarie, Rosemarie, sieben Jahr mein Herz nach dir schrie,
sang er lauthals. Goldstein wiegte seinen Oberkörper im Rhythmus leicht hin
und her, und trällerte mit, aber, du hörtest es niii-hiii. Er drehte seinen Kopf in
Richtung Omma und zwinkerte ihr gut gelaunt zu.
Der Blinker klickte, und wir bogen erneut ab, eine lange Kurve und dann fuhren
wir auf einer schmalen, frisch geteerten Straße, die in der Mitte keine weißen
Streifen hatte. Links und rechts standen in geraden Reihen riesige Bäume. Das
Licht wechselte wie bei einer Jalousie, mal kam etwas Sonne durch und dann
wieder nicht. Gleich geht's von der Allee runter und an der Brücke wieder links,
wusste Oppa. Die Straße neigte sich leicht, und wir fuhren eine Böschung entlang bis zu einem Weg mit Lehmboden. Goldstein fuhr immer langsamer und
hielt schließlich an. Oppa stieg aus dem Wagen und sprach mit dem Mann hinter
der Schranke, dann verschwand er in dem Häuschen daneben. Wenig später verkündete Oppa, allet bezahlt, wir könn uns hinstelln, wiet uns gefällt. Die Schranke öffnete sich und Goldstein parkte den Wagen am Rande der Rasenfläche. Ers
ma eine rauchen, verkündete er und ging einige Schritte Richtung Wasser.
Endlich durfte auch ich aussteigen. Was ich sah, gefiel mir. Direkt am Ende
des Rasens war das Wasser. Eine endlose Wasserfläche, glitzernd und fun-
kelnd und Segelbote, mit roten und weißen Segeln. Geh aber nur bis aufn
Steg, hörsse. Omma sorgte sich, und ich dachte ein meine Plastikbötchen, die
sie für mich eingepackt hatte. Die könnte ich hier bestimmt gut zu Wasser
lassen. Omma und Oppa bauten das Zelt auf. Bei den grünen Schlafsäcken
stand auch mein Beutel, die Bötchen lagen obenauf. Ich zog die Kordel wieder
sorgfältig zu. Als ich mich umdrehte hörte ich noch, wie Omma sagte, ach,
weißte, Willi, für dat Kind is dat doch egal, ob Meer oder Stausee.
Die Omma hatte Recht. Es wurden wunderbare Tage. Ich lernte schwimmen
und der Goldstein brachte mir das Angeln bei. Nachmittags saß ich bei Oppa
im Paddelboot und anschließend gab es Eis mit winzigen, bunten Papier-
schirmchen. Und abends las Oma eine Gutenachtgeschichte.
Das Leben war schön, auch später. Immer wieder im Sommer bin ich an den
See zurückgekehrt. Die Mutter nie mehr.

Christian Kaiser

Der Karnivor

„Mit der Anwendung von viel kaltem Wasser, der Vermeidung aller irgendwie schädlichen Stoffe, die ein Mensch zu sich nehmen kann, wie Fleisch, Kaffee – von Alkohol und Tabak nicht zu reden –, begegneten sie den Übeln des Daseins. Doch fehlte auch da nicht der Haken.“
Ludwig Hohl: Die Pflanzenesser.

Ob das der richtige Ort war, um Maria zu treffen? Er setzte sich an den Zweiertisch links in der Ecke mit dem Rücken zur Wand. Nie wartete er erst auf den Kellner, denn er mochte es nicht, wenn man ihn in der Mitte platzierte. Lieber suchte er sich seinen Platz selber aus, eine sichere Mauer im Kreuz. Er wollte die anderen Gäste und ihre Gesten beobachten, aufnehmen, wie sich ihre Mimik beim Sprechen veränderte, ein paar Gesprächsfetzen mithören und vor allem sehen, was und wie sie aßen – denn dann konnte er sie einordnen, ja geradezu durch sie hindurchsehen, und notfalls konnte er alles abwehren, was aus ihrer Richtung kam. Saß jemand hinter seinem Rücken, fühlte er sich hingegen immer unwohl, egal, wer es war. Und es lenkte ihn davon ab, sich auf sein Gegenüber und das Essen zu konzentrieren. Er hasste es, die Spannungen zwischen irgendwelchen Paaren im Nacken zu spüren, während er die Speisen auf dem Teller inspizierte oder die gefüllte Gabel anhob, um die Gerüche näher zur Nase zu führen.

Heute sollte ihn nichts von kulinarischen Genüssen ablenken. Und nichts von Maria. Keine neugierigen Blicke aus dem Hinterhalt, kein Getuschel über ihn und seine Begleitung. Ein Santero auf Kuba, ja vielmehr ein richtiger König der Obatala, hatte ihm einmal geraten, er solle sich niemals von einer Frau in den Nacken beißen lassen, wie sehr er sie auch begehre, denn das würde ihm alle Kraft rauben, und er wäre für immer verloren. Das Genick war seine Achillesferse, das hatte er schon vor dem seltsamen Zusammentreffen mit dem Wahrsager in Havanna gewusst.

Plötzlich stand ein blutjunger Kellner vor ihm, ganz in Schwarz, über dem Bund ein eng anliegendes Hemd mit Schwalbenschwanz-Kragen: „Möchten Sie schon etwas bestellen?“ Sein Blick schweifte kurz zu den 22 Flaschen Bombay Sapphire über der Bar, die von hinten durchleuchtet hellblaues Licht in das schummrige Lokal warfen. Er bestellte einen Campari Soda mit wenig Eis und die Speisekarte. 22 Flaschen, je elf zu beiden Seiten auf einem Regal, er hatte die Gin-Flaschen bei seinem ersten Besuch hier gezählt. In den Raum zwischen die leuchtenden Flaschen warf ein Projektor eine dunkelblaue Laufschrift auf die Wand:

„… ich weiß nicht ich hab vergessen seit ich denken kann kann ich nicht grenzenlos glücklich sein die liebe zwingt zu leben ich weiss nicht …"

Na, das passte ja und trug unverkennbar Nunos Handschrift. Nuno war der Wirt des Bleu, und bevor er angefangen hatte sich hier neben dem Güterbahnhof als Restaurateur zu betätigen, hatte er sich auch über die Stadt hinaus als Slammer und Dichter einen Namen gemacht. Ob er wohl heute Abend selbst in der Küche stand? Der Kellner kam und stellte den Campari wortlos auf die weiße Tischdecke. In der roten Flüssigkeit im Long-Drinkglas schwamm ein kleines Stück Orangenschale wie ein einsamer Goldfisch. „Wie immer haben wir nur ein Menü", sagte der Kellner, als er ihm die aufgeschlagene Speisekarte überreichte. „Ich weiß." Sein Blick huschte über die Seite. „Oh, da haben wir aber Glück heute", rief er der dunklen Gestalt hinterher, die sich schon wieder in Richtung Küche bewegte.

Maria hatte ihm nach ihrem ersten Treffen gemailt, dass sie gerne einmal mit ihm Wild essen würde, und gefragt, ob er vielleicht ein nettes Lokal wüsste. Er hatte ihr – in seiner ganzen Bescheidenheit – geantwortet, dass er niemanden kenne, der Wild besser zubereite als er selbst. Da er es jedoch für etwas zu gewagt hielt, sie gleich schon am zweiten Abend bei sich zu hause zu bekochen, hatte er ihr dann doch noch ein halbes Dutzend Restaurants vorgeschlagen. Die Krone in Chur für Murmeltierpfeffer, die Post in Bonaduz für einen Gämsrücken oder das Berggasthaus Beverin für frische Hirschleber. Das war ihr aber alles zu weit außerhalb der Stadt. Irgendwann hatten sie das Wild-Vorhaben aufgegeben und sich im Bleu verabredet, wo es jeden Abend nur ein einziges Menu Surprise gab. Und jetzt stand hier doch tatsächlich Wild auf dem Programm. Nuno hatte die Karte in seiner unnachahmlichen Art gestaltet:

Menü-halluzination eines hypoglykämischen stadtwilderers

1. im fieber den hochsitz hinauf   **gute luise mit brombeergelée**
2. voll wild ist die stadt   **rosenkohl mit zwiebeln glasiert**
3. seh überall rehe   **zarte lamellen in speckfett geschmort**
4. ich scheu ihre augen   **goldbraune teigklösse in butter**
5. schick ihnen spiegelblicke
   aufs blasse gesäß   **knoblauchzehen gebadet in caramel**
6. und knall mir ein **medaillon**
   aus jeder keule an die brust   **obstler**

Er grinste, fast konnte man seine beiden Weisheitszähne sehen. Während er weiter vor sich hin primelte, lehnte er sich in seinem Stuhl zurück und nahm einen Schluck vom Campari. Dieser Nuno war immer für eine Überraschung gut. Ob die Gerichte auch so originell zubereitet und präsentiert sein würden? Er war gespannt. Schräges Ambiente, ein Chef, der mit Wörtern und Zutaten jongliert – das war bestimmt ganz nach Marias Geschmack. Die Rehmedaillons würden es auf jeden Fall sein.

Das Glas der großen Fenster, in welchen sich die Scheinwerfer vom nahen Güterbahnhof brachen, fing an zu zittern, und er hatte das Gefühl, dass der ganze Raum etwas in Bewegung geriet. Ein nie enden wollendes dumpfes Grollen mischte sich in die unaufdringliche Musik aus den Boxen hinter der Bar, die nach Sade, Soldier of Love, klang. Das musste ein langer, schwerer Güterzug sein, wahrscheinlich einer dieser Zuckerrübentransporte, die jetzt im ganzen Land unterwegs waren. Die junge Blonde an der Bar, die mit dem Barkeeper schäkerte, schien keine Notiz davon zu nehmen. Ihr Hintern, der in einem dunkelblauen Seidenkleid steckte, machte auf dem Barhocker eine gute Figur, die ihn irgendwie an die versprochene Beilage erinnerte: Gute Luise mit Brombeernote.

Was war mit Maria? Wieso war sie noch nicht da? Und überhaupt: Was wollte er eigentlich von ihr? Er spürte, wie sein Handy in der Gesäßtasche zweimal surrte. Betje. „Hi, wie steht's? Hatten gestern Kleidertausch", stand auf dem Display. „Riesenandrang, coole Frauen, tolle Stimmung. Hat enorm gut getan. Dikke zoen op nek." Betje war Holländerin. „Das wundert mich nicht, wer würde nicht mit dir die Kleider tauschen wollen …", tippte er so diskret wie möglich unterhalb der Tischkante, „… auch wenn deine Garderobe für die meisten Eingeborenen wohl etwas zu lang sein dürfte." Einmal im Monat organisierte Betje eine Kleidertauschbörse für Frauen, an immer wechselnden Plätzen. Mal in einer Tiefgarage, mal in einer schicken Hotellobby, mal im Kinosaal. Nur zu gern hätte er einmal als Zaungast das ganze Treiben beobachtet, doch diese Welt würde ihm verborgen bleiben. Männer waren da natürlich unerwünscht. Aber ihre Garderobe kannte er ja: Er dachte an die violetten Strümpfe, die unter dem grünen Wollkleid hervorlugten, ihre schier unendlich langen Beine, die braunen Lederstiefel in Größe 42 und an ihre schwarz lackierten Zehennägel. Wieso schrieb sie ihm ausgerechnet jetzt, sie hatte lange genug nichts von sich hören lassen. Seit zwei Jahren war sie dabei, sich gerade von ihrem Mann zu trennen. Angeblich, weil der soff. Er wusste nicht recht, ob sie fremdging, weil ihr Mann die Nächte durchzechte – oder ob der mit dem Trinken angefangen hatte, weil sie der Typ Frau war, den man einfach nicht für sich allein beanspruchen konnte. Im Moment schien es ihr mit der Trennung wieder ernster zu sein als auch schon, sie hatte in den letzten

Wochen ein paar Wohnungen besichtigt. Falls sie ihren Mann wirklich verlassen sollte, hätte er zu gern gewusst, ob sie es auch ein wenig seinetwegen tat oder ob ihre Ehe schon ein Auslaufmodell war, als sie angefangen hatte, ab und zu einen ihrer freien Abende mit ihm zu verbringen.

Müsste er nicht wenigstens versuchen, das herauszufinden, bevor er sich mit Maria einließ? Er winkte dem Kellner und bestellte einen Gin and Tonic mit dem Blue Sapphire Gin. Während ihrer ganzen Affäre, die trotz Unterbrüchen schon fast drei Jahre dauerte, hatten Betje und er sich immer wieder gegenseitig versichert, keinerlei Erwartungen zu haben. Sie hatte es ihm sogar schriftlich gegeben, dass es ihr egal sei, wenn er mit anderen Frauen schlief. Mehrmals. Er hatte keine Ahnung, weshalb es ihr so wichtig war, das zu betonen, ja ihre Großzügigkeit – oder war es Gleichgültigkeit? – verletzte ihn sogar ein wenig, denn eigentlich hatte er nicht mal große Lust dazu. Je länger ihr Verhältnis dauerte, desto weniger verspürte er das Bedürfnis nach Abwechslung. Er fühlte sich höchstens sich selbst gegenüber dazu verpflichtet, ab und zu eine andere Frau zu erobern, damit er sich nicht vorkam wie ein Nebenmann. Und sie? Einmal schrieb sie ihm, sie könne nicht anders, als in sein Nest zu kommen „wie ein Vogel, der im Sturzflug nach unten jagt – und dann wieder vom Wind davongetragen wird". Das Bild fand er ganz passend, sie hatte etwas von einem Blue-footed Booby, diesen langschnäbligen, vorwitzigen Sturzfischern mit den großen Kulleraugen. Aber wenn er ehrlich war, verfluchte er den Wind dafür, dass er sie immer wieder fort trug. Auch hätte er sich mehr von ihren Sturzflügen gewünscht, obwohl sie ihm nicht immer sonderlich gut bekamen. Das war alles irgendwie viel zu dramatisch. Dass diese Geschichte seit einer Weile auf Eis lag, hatte ihm drum gut getan. Und aus Essen machte sich Betje, typisch holländisch, auch nicht besonders viel.

Mit Maria hingegen konnte man sich köstlich amüsieren. Vor drei Wochen, bei ihrem ersten Treffen im „Alpenveilchen", wusste er spätestens als sie mit zwei Löffeln in dem runden Töpfchen mit dieser himmlischen Quitten-Crème-Brulée rumstocherten, dass er sie bald wieder sehen wollte. So viel wie an dem Abend hatte er schon lange nicht mehr gelacht. Und gegessen. Fünf Gänge. Wo sie nur blieb? Er versuchte durch das Fenster zu erkennen, ob es noch regnete. Doch die Scheinwerfer der Gleisbauer auf dem Güterbahnhof blendeten. Er hörte, wie sich eine Diamantsäge durch einen Schienenstrang fraß, und irgendwo warnte eine Alarmsirene die Gleisarbeiter vor einer Zugseinfahrt in den Kopfbahnhof. Maria raste womöglich gerade mit dem Fahrrad die lange Bahnhofsbrücke hinunter, ihre roten Locken flatternd im Fahrtwind.

Kurz nach ihrem ersten gemeinsamen Abendessen – beide hatten sie sich für die gebratene Entenbrust mit Kumquatsauce als Hauptgang entschieden –

wollte er sie in seine Nähe locken und schlug für das nächste Treffen einen „Metzgete"-Abend im Bunten Hund vor. Der Bunte Hund lag gleich bei ihm um die Ecke. Das Problem war nur: Bei einer Metzgete wird nur das serviert, was so ein frisch geschlachtetes Schwein hergibt; Blut- und Leberwürste, Rippli (Kassler), Koteletts, Wädli (Schweinshaxe), Zunge – friedlich nebeneinander versammelt auf riesigen Sauerkrautplatten. Als Beilage dazu gab es höchstens ein paar Salzkartöffelchen, und Maria aß kein Schwein. Ein Arzt hatte ihr einmal gesagt, dass halbwegs intelligente Menschen kein Schwein äßen. Das hatte ihn etwas irritiert. Eigentlich hielt er sich für überdurchschnittlich clever. Klar wusste auch er, dass es x Gründe gab, kein Schweinefleisch zu essen. Man musste weder „We Feed the World" gesehen haben, noch in einer dieser modernen Tierfabriken gewesen sein, um zu wissen, dass es eine Sauerei war, die Bestandteile dieser armen Viecher in sich hineinzuschaufeln. Aber diese hochalpinen Wollschweine, die sich den ganzen Sommer über die Bäuche mit der Molke aus der Alpkäserei die Bäuche voll schlagen und zufrieden in der Sonne mit ihren Schnauzen die Bergerde nach Wurzeln und Ungeziefer durchpflügen, die sind bestimmt nicht ungesund. Die wird man wohl noch essen dürfen. Und genau die wurden für den Bunten Hund geschlachtet. Aber eigentlich war ihm Wild ja sogar noch lieber, und das Essen ein Vorwand, um sich wieder zu sehen. „Esse weder Hunde noch Schweine;-), lieber Wild!", hatte sie ihm per SMS geantwortet, und das war alles andere als ein Korb. Selbstverständlich war das nicht, denn schließlich war sie in „festen Händen". Wie fest die waren, würde sich zeigen.

Beim letzten Treffen hatten sie sich so gut und angeregt unterhalten, dass sie der Ente viel weniger Aufmerksamkeit widmeten, als sie verdient gehabt hätte. Unter der goldgelben, knusprigen Kruste schnitt das Messer butterzart durch das saftige, altrosafarbene Fleisch. Der Südtiroler Lagrein passte ausgezeichnet dazu, farblich und geschmacklich.

Was wollte er von Maria? Wollte er sie wirklich verführen oder noch schlimmer: sich von ihr verführen lassen? Eigentlich war er doch zum Schluss gekommen, dass Sex ihn allmählich etwas zu langweilen beginne. Er hatte mit Jungfrauen, Schwangeren, Müttern und Frauen im Klimakterium geschlafen – aber irgendwie blieben seine Erfahrungen doch nur Variationen des Gleichen. Auch wenn sich ein Körper im Verlaufe eines Frauenlebens ziemlich verändert, auch wenn es in der Damenwelt himmelweite Unterschiede gab. Nicht nur anatomischer Natur. Die einen wollten auf Händen in weiße Himmelbetten getragen werden, die anderen träumten davon, dass mann sie im dunklen Tannenwald in den Schlamm warf, und einige schienen beides gleichzeitig zu wollen. Und wer die tiefsten Sehnsüchte ergründen wollte, nicht bloß erahnen, hatte schon verloren.

Eine Rothaarige hatte er noch nie. Er dachte an Nora mit ihrem kurzen dunkelroten Bürstenschnitt. Nora, die Sprinterin mit den Gazellenbeinen. Er war 19 damals und vor lauter Trauer über die gescheiterte Liebelei davor, hatte er es irgendwie versäumt, seiner neuen Flamme richtig nahe zu kommen. Wenigstens hatte sie ihm beigebracht, in perfektem Finnisch zwei Kilo Erdbeeren zu bestellen: gax litra mansikoita. Was wohl aus ihr geworden ist? Irgendwie fehlte ihm Nora, vielleicht vermisste er die Frauen, mit denen er nicht geschlafen hatte, tatsächlich mehr als die anderen. Eine Songzeile von Sixto Rodriguez kam ihm in den Sinn: „The sweetest kiss I ever got is the one I've never tasted." Als er ihr die Platte von 1970 mit dem Song vorgespielt hatte, hatte Betje nur gesagt: „Also den Satz würde ich nie im Leben unterschreiben!"

Wieder erzitterte der ganze Raum, die ehemalige Lok-Remise, welche unter Nunos Regie zum Bleu umgebaut worden war, befand sich gleich neben dem riesigen Rangierbahnhof. Er glaubte das Knattern der Stromabnehmer einer elektrischen Rangier-Lok zu hören und versuchte durch die milchigen Scheiben nach oben zu spähen, um die blauen Funken von den 15'000-Volt-Leitungen fallen zu sehen. Tatsächlich waren da ein paar blaue Punkte auszumachen, die sich irrlichternd im Weiß verloren. Es musste richtig kalt geworden sein, die Fahrleitungen waren wohl schon vereist.

Marias Haare waren orange. Sie trug sie in alle Richtungen zu einer wilden Mähne hochfrisiert, die weiße Stirn völlig frei. Ihr Haar erinnerte ihn etwas an Kupferlitzendrähte, wie sie etwa zum Vorschein kommen, wenn man ein qualitativ hochwertiges Kabel für Lautsprecherboxen abisoliert. Da musste Spannung und Strom drauf sein auf diesen Haaren, er hätte sie gern einmal berührt. Außerdem waren Marias Eltern aus Ungarn eingewandert, ihre Großeltern waren russischstämmige Ungarn, auch das versprach, ihm wieder eine völlig neue Welt zu erschließen.

Seine Gespielinnen hatten deutsche, englische, österreichische, chinesische, spanische oder französische Gene gehabt. Eine Kupferdrahthaarige aus dem Land des Paprikas, das roch nach einer völlig neuen Erfahrung. Vor seinem inneren Auge wanderten kleine spitze Chilis vorbei, er sah runde rote Kugeln so groß wie Radieschen an langen Schnüren zum Trocknen aufgezogen und schließlich große dunkle Paprikaschoten, die an ihren Stilen zu Zöpfen gebündelt waren. Er dachte an die spitzen orangen Ajis, die aussahen wie kleine Zwergenhüte, die er einmal in Mexiko auf dem Markt eingekauft hatte, und die ihm ein Fischgericht verdorben hatten, weil sie viel, viel schärfer waren, als er gedacht hatte. Eine einzige Schote hatte gereicht, um im Gaumen der Gäste ein höllisches Feuer zu entfachen.

Wo Maria wohl auf der Schärfeskala in Scoville stehen würde? Der ungarische Kirschpaprika belegt ungefähr die Mitte der 10-stufigen Skala, bei 10'000 bis 15'000 Scoville-Einheiten. Er wusste, dass das Capsaicin, der Schärfestoff, sehr gesund ist und sogar Glücksgefühle verursacht. Er kann aber auch zu Abhängigkeit und Gewöhnung führen. Mit der Zeit muss man die Dosis erhöhen, um noch zu spüren, wie die brennend heißen Ströme von Zunge und Gaumen aus ins Hirn und durch die Eingeweide schießen. Drum ist das Essen in Thailand oder Indien oder auch in einigen Regionen Afrikas oder Lateinamerikas so scharf. Bestand bei Maria Suchtgefahr?
Eine Weile lang hatte er, wenn er auf Reisen war, immer die Märkte besucht, um einige getrocknete Chilis zu erstehen. Die Samen bewahrte er in leeren Fotofilmbüchsen auf, um sie zuhause in seinem Garten nachzuzüchten. Er wollte dieses ganze Geschmacksuniversum einfach auch zuhause zum Kochen zur Verfügung haben. Damals lebte er noch in dem, was viele seiner Freunde als „geordnete Verhältnisse" bezeichnen würden.

War er ein Sammler? War Maria einfach die nächste Exotin in seiner Kollektion? Er dachte an den Spleen des Schmetterlingesammelns in der ersten Hälfte des 19. Jahrhunderts. Wie konnten intelligente Leute ein Symbol für Wandel und Verwandlung, Schönheit, Leichtigkeit auf Nadeln stecken? Getrocknet war ein Falter doch höchstens noch ein Symbol für Vergänglichkeit. Aber waren nicht alle Männer letztlich einfach Jäger und Sammler? Hatte er vielleicht viel zu lange versucht, keiner zu sein, und lernte jetzt endlich, zu seiner wahren Natur zu stehen? 120'000 Generationen lang waren die Männer Jäger gewesen, zehn Generationen lang Industriearbeiter und jetzt seit einer Generation Sklaven von Laptops und Handys. Die letzten elf Generationen machten doch bloß einen Fliegenschiss aus auf der Landkarte der männlichen Gene. Wieso sollte man ein Leben lang gegen die eigene Natur ankämpfen?

Die Frauen standen in Sachen Sammelleidenschaft ja den Männern in nichts nach. Erst kürzlich hatte er gelesen, dass die am schnellsten wachsende Webseite hinter Facebook ein Affären-Netzwerk ist; das Verhältnis von registrierten Frauen und Männern aus der Schweiz, die auf diesem Weg eine sexuelle Affäre suchten, betrage 60 zu 40 – die Damen waren also deutlich in der Überzahl. In dem Artikel stand auch, die meisten Neuanmeldungen seien bei der Gruppe der seit zwei bis drei Jahren verheirateten jungen Frauen zu verzeichnen. „Männer denken immer noch, Frauen seien braver und sittsamer", hatte der Website-Gründer im Interview gesagt. Nein, zu der Sorte Männer zählte er sich bestimmt nicht.

Surr – wieder stand „neue Nachricht von Betje" auf dem Display. „Hey, ich habe beim letzten Mal meine schwarze Mütze bei dir vergessen. Wann kann

ich die holen kommen?" „Die brauch ich noch. Ich zieh sie immer an, wenn
ich andere Damen vernasche", schrieb er rasch zurück. Etwas verstohlen sc-
rollte er auf dem Display die früheren Nachrichten von Betje durch und blieb
bei einer hängen: „He, ich würd bald mal gern mit dir für ein langes Wochenende in die Berge oder ans Meer fahren ..." Wenigstens gehörte Betje nicht zu
den Frauen, mit denen man sich streiten muss, ob man jetzt ans Meer oder in
die Berge fährt. Da war sie ziemlich flexibel. Inzwischen waren sie im Winter
am Eysselmeer gewesen, im Sommer im verlassenen Bündner Skigebiet und
im November im Tessin – das Timing war ideal, so hatten sie nie das Gefühl,
irgendetwas anderes tun zu müssen.

„Hier könnte ich leben", lautete Betjes Standardsatz. Hier bedeutete so gut
wie überall: in Hamburg, Kopenhagen, Madrid, Berlin, in Amsterdam sowieso. Nur nicht da, wo sie die letzten zehn Jahre gewohnt hatte, im Thurgau. Das
Haus war zu klein, die Nachbarn zu spießig. Es surrte wieder: „Du bist einfach
ein komischer Kauz, behalt sie", schrieb Betje zurück. Seine Miene hellte sich
etwas auf, die Antwort war kurz: „Kauz? Haubentaucher. Rohrdommel. Mein
Kran-Ich!"

Er blickte zur Bar hinüber. Wenn er jetzt noch einen Gin and Tonic bestellen würde, wäre er wohl schon ziemlich betrunken, wenn Maria aufkreuzen
würde. Der neonblaue Schriftzug ähnelte etwas der Lichtkunst von Jenny
Holzer, die er einmal an eine Museums-Fassade projiziert gesehen hatte, und
er erinnerte sich an einen grauen Marmorblock, welchen die amerikanische
Künstlerin behauen hatte. Er hatte den Schriftzug an einer Ausstellung foto-
grafiert und auf seinem Handy gespeichert. Schon lange her. Sein rechter Zeigefinger ließ drei Viertel seines Fotoarchivs fingernagelgroß auf dem Handy-
Bildschirm vorübergleiten, bis er den grauen Grabstein mit der Inschrift fand:

„YOU SHOULD LIMIT THE NUMBER OF TIMES YOU ACT AGAINST
YOUR NATURE. LIKE SLEEPING WITH PEOPLE YOU HATE. IT'S IN-
TERESTING TO TEST YOUR CAPABILITIES FOR A WHILE. BUT TOO
MUCH WILL CAUSE DAMAGE."

Nein, auf keinen Fall hasste er Betje. Aber es könnte ja sein, dass man es
auch gegen die eigene Natur trieb, wenn die Gefühle weniger intensiv waren
als Hass. Oder Liebe. Oder wenn mann eine Frau mit anderen teilt. Er wollte
gerade das Handy wieder wegstecken und ein Mineralwasser bestellen, als
es erneut vibrierte. Diesmal war es Maria: „Hi, tut mir leid, war noch bei einem Kunden in Olten, das dauerte etwas länger, und jetzt habe ich auch noch
einen Zug verpasst. Ich brauche noch 40 Minuten. Bestell doch schon mal
was, wenn du Hunger hast. Bis bald." Er winkte dem Kellner und bestellte

einen Manhattan, der prompt geliefert wurde. Sie kam also mit dem Zug in die Stadt. Nach ihrem Treffen im „Alpenveilchen" waren sie sich einmal zufällig im Hauptbahnhof über den Weg gelaufen. Sie setzten sich auf einen Kaffee ins Café Fédéral und führten eine ihrer seltsamen Unterhaltungen.

„Was gibts Neues?", fragte Maria.

„Mein Sohn möchte eine Katze."

„Ja, süß, und wo liegt das Problem? Du hast doch einen Garten, wo du sie rauslassen kannst."

„Aber er hat schon eine, bei seiner Mutter, sie heißt Luca."

„Ein Er also?"

„Ja, ein kastrierter Kater, meine Ex-Frau hat sich den Tiger zugelegt, als wir uns getrennt haben. Weiß mit schwarz-orange getigerten Flecken, nicht gerade ein Ausbund an Schönheit."

„Er wird andere Qualitäten haben."

„Meine Ex hat meinem Sohn gerade abgewöhnt, ihn dick zu nennen oder gar fett. Er muss jetzt immer ‚leicht übergewichtig' sagen."

„Was?"

„Political correctness gegenüber Katzen. Luca hat ein paar Kilo zu viel auf den Rippen, weil ihn die Nachbarin ständig füttert. Er passt schon gar nicht mehr durch die Katzentür, schaut nur ab und zu noch rein."

Maria kringelte sich vor Lachen: „Ha, da haben wir's; wer auswärts frisst, verliert irgendwann sein Zuhause."

Er schaute hoch, betrachtete kurz ihr freches Grinsen, ging aber nicht darauf ein: „Meine Ex hat die Nachbarin kürzlich zur Rede gestellt, die hat sie zwar ehrfurchtsvoll mit ‚Frau Doktor' angesprochen, aber natürlich alles abgestritten."

„Frau Doktor?"

„Ja, sie ist Tierärztin und achtet sehr auf eine ausgewogene Diät, auch bei Katzen. Die würden ja einfach drauflos fressen, bis sie platzen. Das ist ja auch der Grund, weshalb ich keine Katzen will. Katzen fressen Unmengen von Fleisch, das ist ganz schlecht für unseren ökologischen Fußabdruck."

„Vielleicht solltest du deine eigene Fleischeslust etwas im Zaum halten."

„Ganz egal, ob sie ausreichend Futter kriegen oder nicht, pflücken sich Katzen Singvögel vom Himmel. Ich habe schon beobachtet, wie eine Hauskatze einen Nistkasten in zwei Metern Höhe ausgeräumt hat. Die hat sich die Piepmatze einfach mit den Krallen aus dem Loch geangelt, einen nach dem anderen. Wusstest du, dass eine durchschnittliche Hauskatze 150 und mehr Vögel frisst pro Jahr."

„Jetzt übertreibst du aber ein bisschen."

„Nein, steht alles in so einem Öko-Buch, das ich kürzlich gelesen habe: ‚Ändere dein Leben, iss deine Katze'. Der Titel ist nicht ganz ernst zu nehmen,

Tatsache ist aber: Es gibt in diesem Land immer weniger Singvögel und immer mehr Katzen. Katzen oder Singvögel – irgendwann müssen wir uns entscheiden. Ich bin eher der Singvogelanhänger, meine Ex hingegen freut sich
über den Katzenboom. Irgendwann hat sie angefangen mit einem Katzenbe-
sitzer in der Praxis Überstunden zu schieben."
„Da hast du wohl in einem wesentlichen Punkt ihre Erwartungen nicht ganz
erfüllt."
Er zog die Brauen hoch: „In welchem?"
„In der Tierliebe."
„He, Moment mal, ich liebe Tiere, offensichtlich aber die falschen. Und ge-
grillt, geschmort oder gebraten, liebe ich sie sowieso alle."
„Offensichtlich ist eure Ehe an einer Katze gescheitert."
„Die war eh für die Katz. Maria, erklär mir eins: Wieso wollen die Frauen
die Männer immer anders als sie sind, wenn sie sie einmal haben? Wieso
versuchen sie ihre Typen in Richtung Ken oder ihrem Traumprinzen umzu-
erziehen?"
Und in diesem Moment tat Maria etwas, das ihn völlig überraschte. 99 von 100
Frauen hätten sofort Widerspruch eingelegt. Doch sie nippte nur am Schaum
ihres Cappuccinos, schaute ihm in die Augen und sagte mit warmem, fast
liebevollem Blick: „Wir wollen nur euer Bestes: eure Anlagen entwickeln."
Er lachte schallend los, lachte, bis ihm die Tränen kamen, er konnte sich
kaum wieder einkriegen. Sie hatte ja nur bestätigt, was er über die Jahre beobachtet und erlebt hatte. Doch sie hatte es so sympathisch, ja beinahe un-
schuldig gesagt, dass kein Zweifel daran bestehen konnte, dass sie wirklich
aufrichtig glaubte, was sie sagte. Sie musste zu den Frauen gehören mit einer
Mission und echtem Interesse für die Männer, mit denen sie sich umgab.
Die Sorte Frau war heutzutage schon ganz schwer zu finden. Und das rührte
ihn – auch wenn er sich zu den Männern zählte, die lieber selbst bestimmen,
welches die guten Anlagen sind, die es zu entwickeln gilt. In ihren blitzenden
grünen Augen war kein Kalkül auszumachen, keine Hintergedanken, keine
eigennützige Absicht. Darum hatte sein Lachen auch etwas Befreites, Befrei-
endes, gerade so, als wäre eine ungeheure Last von seinen Schultern gefallen,
als hätte er in diesem Augenblick den Frauen alle Verletzungen verzeihen
können oder viel mehr: als könnte er sich gerade selber alle Wunden vergeben, die er beim Versuch, sich treu zu bleiben, den Frauen in seinem Leben
zugefügt hatte.

Ein süßlicher Duft stieg ihm in die Nase, und als er aufschaute, sah er, dass die
Kellner an den anderen Tischen bereits den Hauptgang auftrugen. Gebrannter
Zucker und Birnensaft lagen in der Luft und tanzten aufgeregt um eine dunkle
Bühne aus scharf angebratenem Rehfleisch. Die Schicke mit dem Birnenhin-
tern hatte längst am runden Tisch in der Mitte des Raumes Platz genommen;

eben noch hatte sie angeregt mit drei Freundinnen geplaudert und gewitzelt, jetzt staunten die Vier wortlos auf ihre riesigen Teller.

Die halbe Birne war ungeschält im Ofen gebacken, nicht im Wasserbad gedämpft, in der Gehäusevertiefung saß eine einsame Brombeere akkurat auf einem Geléebett. Die angekündigten Lamellen sahen nach sautierten Austernseitlingen aus. Das war ein wenig eine Enttäuschung für ihn. Man hätte für ein solches Gericht auch einheimische Wildpilze nehmen können. Zum Beispiel Schirmlinge, die entfalten knusprig in Butter gebraten einen kräftig nussigen Geschmack. Parasol statt Pleurotus – das wäre hier eine geniale Lösung gewesen, aber dafür hätte sich jemand in den Wald bewegen müssen. Parasole hatte er kaum je auf dem Markt gesehen, und sie gehörten auch nur ganz jung und frisch in die Pfanne. Die Rehmedaillons waren leicht mit einem Wildfonds angenetzt, dem Duft nach zu urteilen, war hier wohl mit gutem Sherry abgelöscht worden, auch frischer Thymian war sicher in der Sauce. Da hatte sich jemand einiges einfallen lassen, das war alles andere als ein Standardrezept, so viel stand fest. Maria würde bestimmt begeistert sein.

Langsam könnte sie kommen, es würde ja, nachdem sie bestellt hatten, bestimmt noch einmal eine halbe Stunde dauern, bis auch ihnen serviert würde. War es klug, dass er ihr von seiner Ex erzählt hatte? Da fiel ihm ein: Schon als sie die leckere Ente beinahe zu essen vergessen hatten, hatte er ihr eine Begegnung mit einer anderen Frau geschildert, und das hatte ganz gut funktioniert. Mann musste ja auch Intimes von sich Preis geben, wenn man etwas über das Liebesleben einer Frau erfahren wollte. Das war natürlich noch keine Garantie, dass mann etwas in diese Richtung zu hören bekommt, schon gar nicht die Wahrheit. Die Geschichte von Isabelle aber hatte Maria ganz wunderbar zugänglich und zutraulich gemacht, sie führten ein so vertrautes, inniges Gespräch als säßen zwei alte Freunde an einem Kaminfeuer, etwas irritiert von plötzlich aufflackernder Körperlichkeit.

„Kürzlich war ich in Lausanne, auf Geschäftsreise. Am Abend landete ich in dieser Kellerbar, ich erinnere mich nicht an den Namen. Die Bar war praktisch noch leer, ich saß allein an der Theke. Irgendwann setzten sich zwei junge Frauen an den Tisch in der Mitte des Raumes. Die eine schaute immer wieder interessiert zu mir herüber. Sie war ausnehmend schön, dem ersten Eindruck nach eine richtige Lady mit Stil. Sie trug ein schwarzes Béret, ihre blonden Haare fielen zu beiden Seiten ganz gerade und gleich lang bis genau auf die Schultern wie ein goldener Bühnenvorhang, dazwischen die gestuften Fransen über den schwarz nachgezeichneten, gezupften Augenbrauen und den getuschten Wimpern. Ihr Blick war keck, fast frech, etwas ungehörig neugierig, aber ihre Lippen hatten etwas Einladendes von einem geschwungenen roten Zweiersofa aus Kalbsleder. Ihre Arme und Hände steckten unter einem beigen Cape aus Kamelhaar, eine Art ärmelloser Poncho. Darunter schwarze Keilhosen und schwarze Lederstiefel. Plötzlich stand sie auf, kam herüber an die Bar, drehte mir den Rücken zu und bestellte zwei Bier. Und während sie so dastand und auf das frisch Gezapfte wartete, und ich versuchte, ihren Geruch wahrzunehmen, griff sie mit zwei langfingrigen Händen über ihre Schultern nach hinten genau in die Mitte ihrer Frisur und schob ihre Gardinenhaare nach vorne, so dass sie direkt vor meinem Blick die weiße Haut ihres Nackens freilegten. Eine Reihe aus lauter kleinen blauen Dreiecken, die jeweils ein blaues Auge umfassten, lief Ihren Nackenwirbeln entlang nach unten und verschwand unter dem Kragen. Die Augen starrten mich direkt an. Mir blieb die Luft weg, ich war wie elektrisiert, ein Stromschlag. Ich setzte mich zu ihr und wir kamen ins Gespräch. Sie hatte ein Notizbuch vor sich. Ich fragte sie, was sie schreibe. Sie sagte, sie arbeite an einem autobiografischen Roman, sie habe schon 19 Din-A4-Seiten. Natürlich wollte ich mehr über die Geschichte erfahren, sie druckste etwas herum, ein Liebesroman, ich bohrte nach, schließlich sagte sie, im Zentrum stünde eine Frau, die mit jedem Mann schläft, um herauszufinden, ob es der Richtige sei. Aha, und das sollte also ein autobiografischer Roman werden? Als ich ihr bei dieser Frage forschend in die Augen sah, zeigte sie zum ersten Mal Anzeichen von Verlegenheit, soo autobiografisch dann doch nicht, fiktional mit biografischen Anteilen. Eigentlich sei der Protagonistin von Anfang an klar, dass der Richtige fürs Leben ein Arbeitskollege sei, sie wolle das nur bestätigt haben. Ich fragte sie, was sie arbeite. Sie sagte, sie sei nebenbei bei einem Lokalblatt als Journalistin und Fotografin tätig, aber eigentlich mache sie grad Abi. Sie sei gerade 19 geworden. Jetzt fiel ich fast vom Stuhl, ich hatte mich bei der Einschätzung ihres Alters um 10 Jahre vertan."

„Ich hoffe, diese Chance, hast du dir nicht entgehen lassen", sagte Maria kritisch.
„He, ich hätte ihr Vater sein können."
Maria wurde richtig laut und verwarf die Hände: „Nein, ich glaub es nicht, das darf doch wohl nicht wahr sein, so eine Gelegenheit lässt man doch nicht aus!"
„Moment, das ging ja dann noch weiter. 19, ich dachte an diese Zahl, sah sie in großen Lettern vor mir, dann die 19 DIN-A4-Seiten, mein Hotelzimmer war die Nummer 19. Es war klar, dass ich sie dorthin kriegen wollte. Ich fragte sie nach ihrem Tattoo: ‚Oh, hast du das schon gesehen? Das ist das alles sehende Auge der Buddhisten. Ich habe aber auch noch einen mexikanischen Totenkopf auf der linken Schulter.' Wenn man sie von vorne so anschaue, dann halte man sie für ein liebes, nettes Mädchen, womöglich gar für einen Engel, aber wenn man sie umdrehe, dann habe sie eben auch eine völlig ande-

re, dunkle Seite. Sie sagte das ernsthaft, aber mit einem treuherzigen, beinahe unschuldigen Lächeln, und sie schaute mir dabei direkt in die Augen. Mir wurde ganz heiß, ich stellte mir einen sehr langen geraden schneeweißen blauäugigen Rücken vor. Irgendwann ging ich dann noch mit Isabelle und ihrer Freundin Lu zum Tanzen in einen Club, wo wir uns aus den Augen verloren. Um die Wahrheit zu sagen: Ich bin einfach grußlos abgehauen, als die beiden auf der Tanzfläche waren."

„Wieso?", wollte Maria wissen, und es klang echt vorwurfsvoll.

„Ist dir klar, dass die Differenz an Lebenszeit zwischen ihr und mir größer war als die Gesamtheit an Lebenserfahrung auf ihren ohne Zweifel sehr edlen, tätowierten Schultern?"

„Ich denke, du hattest Angst, dass sie in ihren jungen Jahren schon zu viele Vergleichsmöglichkeiten gesammelt hatte. Das war doch eine eindeutige Einladung. Ich kann nicht begreifen, dass du die einfach ausschlägst. Ich hatte einmal eine Beziehung zu meinem Lehrlingsbetreuer. Da war ich erst 18, er war 23 Jahre älter als ich. Er hatte eine feste Beziehung mit einer Gleichaltrigen, das war mir völlig egal. Ich war die treibende Kraft, und natürlich brauchte es nicht allzu viel Überzeugungsarbeit. Wenn ein Mann eine 20 Jahre Jüngere kriegt, nimmt er sie. Ich dachte nur: Wenn es ihm zu weit geht, kann er ja stopp sagen. Er sagte aber nicht stopp, und das war mir recht so. Seine Freundin musste ausziehen, und ich bin eingezogen. Wir waren vier Jahre lang zusammen."

„Was hat dich an ihm gereizt?"

„Ich wollte in Beziehungen immer etwas lernen und von älteren Männern kann man das eben besser. Aber heute sind für mich Männer, die eine Partnerin haben, natürlich tabu."

„Und was macht den Unterschied, ob du 36 bist oder 18?"

„Heute muss ich nichts mehr ausprobieren, eigentlich bin ich froh, dass ich das hinter mir habe."

„Aha, aber ich soll mich weiter auf solche Abenteuer einlassen? Ist ja wohl auch eine reichlich unreife Vorstellung, dass man in einem möglichst großen Test-Sample an One-Night-Stands die große Liebe findet."

„Ich kann das gut nachvollziehen. Dass es im Bett gut klappt, ist doch die wichtigste Voraussetzung."

„Die Qualität des Sex soll ja erst so nach zwei bis drei Jahren einen ersten Höhepunkt erreichen."

„Stimmt, doch wenn du von einer guten Ausgangslage ausgehst, kommst du ja in dieser Zeit viel weiter."

„Meister des Tao Yoga sagen, dass es sieben Jahre dauert, bis der Mann die Biologie einer Frau kennen gelernt und begriffen hat, weitere sieben bis er ihre geistigen Ebenen erfasst, erst in den dritten sieben Jahren kann er mit ihr dann in die höchsten spirituellen Sphären vorstoßen."

„Was, so lange?"

„So reagieren alle Frauen. Dabei sagt man ihnen doch ein geduldiges Wesen nach. Wer als Mann glaube, er würde die Erfüllung bei einer anderen Frau rascher finden, sei ein Narr, sagen die Tao-Meister, denn das verzögere den ganzen Prozess nur."

War er selbst ausreichend geduldig? Geduld war bestimmt nicht seine Stärke. Verdammt, wo Maria bloß blieb? Sie war schon fast eine Stunde zu spät, so versetzt hatte man ihn schon lange nicht mehr. In seinem Glas stand längst nur noch das trübe Wasser der geschmolzenen Eiswürfel. Er schaute wieder zur Bar hinüber, über welcher der Schriftzug inzwischen von Blau zu Rot gewechselt hatte. Das Rot auf der dunklen Fläche zwischen den hellblau leuchtenden Gin-Flaschen flirrte ein wenig und war nicht einfach zu lesen:

„… kein schöner sex ohne ein schönes selbst kein schönes selbst ohne eine schöne seele schöne seelen haben schöneren sex kein schöner …"

Er überlegte. Woran erkennt man eine schöne Seele? Vielleicht kann man erst an der Qualität des Sex erkennen, wie schön die Seele ist. Vielleicht war Isabelle mit ihrer autobiografischen Recherchemethode ja doch auf der richtigen Spur. Und er? War er eine schöne Seele? Und wenn der Sex schön ist, wie weiß man, wer von beiden welchen Anteil daran hat? War er wieder dabei alles kaputt zu denken? Konnte er diesen Schriftzug jetzt nicht einfach als Statement stehen lassen ohne ihn auseinander zu nehmen? Die Krankenschwester kam ihm in den Sinn, die ihn vor ein paar Monaten mit zu sich nach hause genommen hatte. Immer, wenn seine Finger unterhalb ihrer Hüftknochen wanderten, sagte sie: „Das spart man sich doch auf." Er hätte sie fragen wollen: „Worauf, wozu, wie lange, für wen?" Und wer ist hier man? Aber er fürchtete sich etwas vor der Antwort und insistierte nicht. Natürlich interessierte es ihn, natürlich wollte er wissen, wie sie dachte und liebte. Bis wann dauerte ihr Sparvertrag? Bis zur Hochzeit, bis zum 3. Treffen? Auf keinen Fall wollte er als derjenige in ihre Geschichte eingehen, der ihr Sparkonto plünderte. Was genau sparte sie eigentlich? Bei dem Gedanken wurde ihm ein bisschen übel. Die Frau war 28, sie verbrachte ihre allerbesten Jahre auf Sparflamme. In so einer Lage konnte mann ja nur verlieren. Entweder übernimmt man auf unbestimmte Zeit die Rolle des Kassenwartes oder man besteht auf der sofortigen Abhebung der gesamten Ersparnisse mit allen Konsequenzen. Doch das Letztere war ja auch nicht wirklich eine Option. Denn ihre Haltung konnte ja nur aus einer völligen Überhöhung des Aktes an sich herrühren. Gott, wer sich so lange mit Hors d'oeuvres bescheidet, wird sich unweigerlich am richtigen Hauptgang überessen, und dafür wollte er auf keinen Fall verantwortlich sein. Da stand ihm Isabelles jugendlicher Übermut doch deutlich näher.

Und Maria, wie dachte Maria? Seine Gedanken kreisten wieder um den Abend im Alpenveilchen. Nachdem er ihr von Isabelle erzählt hatte, hatten sie beschlossen, sich für eine Zigarettenlänge auf die Bank draußen neben dem Eingang zu setzen. Wenn der Nachtisch bereit wäre, würde man sie wieder hinein rufen. Sie setzten sich auf die Holzbank, auf der ein großer Aschenbecher aus weißem Porzellan stand, er gab ihr eine Zigarette und Feuer, und sie ihm Einblick in ihr aktuelles Leben.

„Ich würde gern aufs Land ziehen. Ich möchte ein paar Hühner und einen Hund."
„Und Rolf?"
„Der möchte lieber in der Stadt bleiben, und ein Hund kommt ihm nicht ins Haus."
„Familie?"
„Ja, wir möchten schon länger ein Kind, aber es klappt einfach nicht. Dann diese ganzen Abklärungen und Untersuchungen."
„Ich kenne da eine gute Akupunkteurin, die auch Kräutertherapie macht …"
„… haben wir schon alles hinter uns."
„Woran liegt es?"
„Eigentlich soll bei uns beiden alles in Ordnung sein. Ich habe zu viele Stresshormone im Blut, ich weiß gar nicht warum. Eigentlich habe ich gar keinen Stress."
„Auf mich wirkst du auch nicht gerade wie eine dieser dauernd hyperventilierenden Tussis Mitte Dreißig, von denen es in dieser Stadt nur so wimmelt."
„Die sagen, ich hätte ein Lactohormon im Blut, das normalerweise nur beim Stillen ausgeschüttet wird, das verhindere eine Empfängnis. Aber hast du gewusst, dass sie heute schon von ausreichender Spermienqualität sprechen, wenn die Zahl fruchtbarer Zellen bei 10 Prozent liegt? Die haben die Grenze laufend heruntergesetzt. Vor 50 Jahren lag sie bei 50 Prozent, dann bei 30, irgendwann bei 14, jetzt gilt ein Mann schon mit weniger als 10 Prozent guter Spermien als fruchtbar. Ist das nicht krass?"
„Ich habe so ein kleines Häuschen in den Bergen, da klappt es recht gut. Freunde von mir, die wollten unbedingt ein zweites Kind, haben alles versucht, Hormontherapie, sogar in vitro. Ohne Erfolg. Dann waren sie in meinem Haus mit diesem alten Bauernbett vom Trödel, hatten eine schöne Woche und danach war sie schwanger."
„Kann ich da mal hin?"
„Ja, sicher, ich glaube aber, wichtiger als der Ort war für die beiden, dass sie den Wunsch ganz losgelassen hatten, dann ging es."
„Weißt du, eigentlich kann ich auch ohne Kind glücklich sein. Als ich noch zur Schule ging, haben alle meine Freundinnen Kinder gehütet. Ich bin mit Hunden spazieren gegangen. Babys haben mich nicht interessiert."

„Und trotzdem willst du jetzt eins haben? Wieso willst du ein Kind von diesem Mann?"

„Ich glaube, als Eltern würden wir noch besser harmonieren als so schon."

„Oh, gut, eine gute Antwort, aber eigentlich war das nicht meine Frage."

„Wieso nicht?"

„Ich habe nicht nach den technisch-rationalen Aspekten des Elterndaseins gefragt, sondern nach deinem Herz- und Bauchgefühl. Willst du ein Kind von Rolf, willst du, dass Rolf der Vater deines Kindes ist?"

„Wenn ich ein Kind will, dann eins von Rolf."

„Oh, dann ist ja gut. Ich kenne da eine gute Meditation fürs Loslassen. Du stellst dir einen großen Heißluftballon vor mit einem Korb unten dran. Der Korb ist mit einem Seil am Boden befestigt. Jetzt packst du deinen größten Wunsch hinein und kappst das Seil. Dann schaust du dem Ballon nach wie er hochschwebt, bis er nur noch ein ganz kleiner Punkt ist und ganz verschwindet. Dann hast du losgelassen."

„Aber ich muss ja gar nichts loswerden, ich habe keinen Stress, keine Probleme, die ich weg haben will."

„Es geht hier nicht um Schwierigkeiten, sondern um Wünsche. Was ist dein größter Wunsch? Zuerst musst du dir also klar werden, was es ist, was du in die Gondel hineinpackst. Wenn du es bewusst loslässt, wird der Kosmos dafür sorgen, dass es in Erfüllung geht."

Maria schwieg verdächtig lange.

„Du kannst also den Hund hinein packen oder das Baby. Was ist dir wichtiger?"

„Ich glaube, ich würde den Hund nehmen. Jetzt muss ich aber bald gehen, lass uns rasch den Nachtisch essen, ich muss nachher noch etwas arbeiten."

„Was, um diese Zeit noch?"

„Ja, ich gehe nach hause, starte den Computer, lege eine DVD ein und guck den Film, während ich arbeite."

„Ah, du bist eine dieser Multitasking-Ladies, das könnte ich nicht."

„Meine Arbeit ist auch nicht so anspruchsvoll, ist nur ‚Copy and Paste‘, ich bin am Editieren."

„Und was sagt Rolf dazu?"

„Was soll er sagen? Es ist einfach so."

Wieder riss ihn das Handy aus seinen Gedanken. Maria. „Hi, bin im Zug, tut mir echt leid, bist du sauer?" Erst jetzt realisierte er, dass er ganz vergessen hatte, ihr auf ihr Verspätungs-SMS zu antworten. „Ich mach das wieder gut, diesmal habe ich auch die ganze Nacht Zeit, wenn du willst." Diese Forschheit überraschte ihn jetzt doch ein bisschen. Er schrieb: „Ich habe Hunger, können wir das nicht beim Essen besprechen? Es gibt Rehmedaillons an Thymianjus. Und möchtest du nicht erst darüber nachdenken, ob du ein Kind willst von

Rolf oder einen Hund?" Als er auf die Sendetaste drückte, war ihm klar, dass das ziemlich rüde war, was er da schrieb. Immer wenn er Hunger hatte und aufs Essen warten musste, wurde er unausstehlich. Ihre Antwort kam in Nullkommanichts: „Nein! Bin in 10 Minuten da."

Er starrte eine Weile lang fassungslos auf das Grau in der kleinen Glasscheibe, schaltete das Handy ganz aus, schob es in seine linke Gesäßtasche, zog seine Geldbörse aus der anderen, fischte unter der Tischkante einen Schein heraus und schob ihn diskret unter die Serviette. Dann stand er auf, machte dem Kellner mit Zeige- und Mittelfinger ein Zeichen, so als wollte er nach draußen gehen, um eine Zigarette zu rauchen, nahm seine Jacke von der Rückenlehne ohne sie anzuziehen, schritt zur Tür und trat ins Freie. Als er die Tür hinter sich geschlossen hatte, legte er den Kopf in den Nacken und schaute in den Nachthimmel, aus dem weiße Flöckchen auf sein Gesicht und in seinen geöffneten Mund fielen. Einen langen Augenblick lang spürte er jeden einzelnen Eiskristall auf seiner Zunge und in seinem Rachen landen und langsam in kalte Bächlein zergehen. Dann setzte er sich in Richtung der Geleise in Bewegung und verschwand im Dunkel.

Britta Jagusch

All die Jahre

Es thronte am Ende der Straße. An manchen Stellen bröckelte die Farbe. Das strahlende Weiß war einem matschigen Grau gewichen. Nur das große hölzerne Eingangsportal mit seinen schwarzen Verschlägen glänzte wie neu. Viele Menschen wohnten in diesem großen alten Haus und viele kamen zu Besuch. In diesem Haus gab es breite leuchtende Türen und dunkle kleine Türen, es gab enge vergitterte Verschläge und riesige stuckverzierte Ballsäle. In manchen Etagen war es finster, so dass ich mich von Wand zu Wand tasten musste, um den Weg ins nächste Stockwerk zu finden. In andere strahlte die Sonne durch blank geputzte weite Fenster, beleuchtete glänzende Dielenböden, die wie Perlmutt schimmerten.

Auch hatte jedes Zimmer seinen eigenen Geruch. Köstlich duftete es aus der Küche mit ihren brodelnden Speisen. Sie machten Hunger und gleichzeitig satt und weckten den Wunsch nach mehr. Es waren herzhafte Eintöpfe, die leise gurgelnd vor sich hin köchelten und im Winter die Bäuche wärmten. Es war der leichte, süße Duft nach frisch gebackenen Waffeln, der durch die Türritzen kroch und an weiß gestärkte Schürzen und Glasschüsseln mit heißen Schattenmorellen erinnerte. Dort durfte ich Sahne von Rührbesen lecken und den Frühling ins Zimmer lassen.

In diesem Haus spielte und lebte ich. Es war meine Welt. Leise schlich ich Wendeltreppen empor und entdeckte immer neue, verschlungene Flure. Behände kraxelte ich auf Trittleitern und spähte durch Dachluken. Ehrfürchtig schritt ich auf geschwungenen Holztreppen hinab, dunkel wie Kastanien und so breit wie ein Fluss. Ein dicker roter Samtteppich streichelte die Stufen und ließ meine Füße in wolligem Weich versinken. Ich wollte alles erkunden und alles sehen. Und so unheimlich manche Türen auch waren, ich war zu neugierig um von ihnen zu lassen.

Eines Tages wanderte ich durch das Haus, hüpfte die Stufen auf und ab und gelangte dabei immer weiter in die tiefer gelegenen Stockwerke. Hier war ich nur selten, denn das Leben spielte sich in den oberen Etagen ab. Fremd war es, dieses alte Geländer zu berühren, fremd waren die Gerüche und die Stille, die mich umgaben. Ich setzte mich auf eine der Stufen und blickte an die weiß getünchte Decke. Ich dachte an meine Freunde, mit denen ich in den unzähligen Zimmern des Hauses verstecken spielte. Ich dachte an meine Mutter, die mit weißer Bluse, leise murmelnd gusseiserne Pfannen schwenkte und herzhafte Leckereien auf die Tische zauberte. Wenn Gäste kamen, wirbelte sie durch die

Zimmer, blau strahlten ihre Augen und ihr Lachen hallte von den Leuchtern zurück, bis das Kristall klirrte.

Dort oben war es schön und hell. Und dennoch zog es mich immer wieder nach unten in dieses tiefe geheimnisvolle Dunkel. Seit Tagen hatte ich am Geländer gestanden und auf die verschlungenen Treppenläufe geblickt, bis das ferne Schwarz das braune Holz verschluckte. „Bleib wo Du bist", zischte die Stimme meiner Mutter. Und hinter ihrem Ärger spürte ich Angst. Ich stützte meinen Kopf in die Hände und schaukelte langsam vor und zurück. Auch ich kannte die Angst. Aber ich kannte auch die Sehnsucht und die Neugier.

Meine Gedanken entführten mich wieder nach oben, in mein Reich nah bei den Wolken und in mein Himmelbett. Ich schlief gleich unter der Dachluke mit dem Blick in die Sterne. Dort konnte ich den frischen Wind der weiten Welt riechen und die Sternschnuppen zählen, mich ins schwarz-blau der Nacht fort träumen und mir die schönsten Abenteuer wünschen. Tagsüber blickte ich auf Gärten, die bis zu den sattgrünen Wäldern reichten. Weit dahinter, in der Ferne, konnte ich das Glitzern am Horizont erahnen. Dort musste das Meer sein, sagte meine Sehnsucht, die sich in meinem Herz ausbreitete und meine Brust fast platzen ließ. Hatte mich diese Weite gepackt, musste ich meinen Blick abwenden. Dann japste ich nach Atem und ließ mich mit geschlossenen Augen schwer auf mein Bett fallen. Zurück in dieser Welt hatte ich die salzige Luft in meine Lungen gesogen und hielt sie fest wie einen Schatz.

Oft konnte ich mich tagsüber jedoch nicht nach oben schleichen, denn meine Mutter schimpfte: „Kind, das setzt Dir nur Flausen in den Kopf." Die Welt im Haus schien ihr groß genug. Nie wollte sie mit mir aus dem Fenster sehen, den Wind der Welt atmen. „Wir haben doch alles", sagte sie dann und lächelte. Ihre Hand streifte mein Haar und ich spürte eine Traurigkeit, die durchs Fenster herein flatterte und sich auf ihre Schultern setzte. Es waren die Stunden, in denen es ruhig war, ohne Trubel im Haus. Es war die Zeit zum Nachdenken und Nachfragen, es war die Zeit, die nicht sein sollte – so wie die unteren Etagen im Haus. Meine Mutter sagte: „Alles ist gut" und doch fehlte etwas, nachdem ich nicht fragen durfte.

So hatte ich mich an diesem Nachmittag in die unteren Stockwerke gespielt und war den Treppen hinab gefolgt. Langsam schritt ich voran und stolperte über alte Kisten und Säcke, die achtlos auf den Stufen abgestellt worden waren. Das Licht wurde schwächer je tiefer ich hinab stieg, Spinnweben streiften mein Haar. Hier war es lange nicht so aufgeräumt wie oben. Meine Fußabdrücke hinterließen Spuren im Staub, den niemand mehr fortgewischt hatte. Hier gab es keine Fenster, nur kleine vergitterte Löcher, durch die man die Füße der Passanten auf dem Gehsteig beobachten konnte. Trippelnde Absätze hier, kräftige Schritte dort, weiße Sportschuhe, die braune Ledersandalen überholten. Dann ein Hundebein, das sich hob, ein scharfer Geruch und Stille.

Trotz Kälte und Dunkelheit ging ich weiter. Das Pochen meines Herzens dröhnte in meinen Ohren und mir wurde schwindelig. Ich lehnte mich an die kalte Wand und atmete tief ein. Meine Hand tastete über die raue unverputzte Fläche und suchte nach Halt. Eng hatte ich mich an die Hauswand gedrückt. So weit wie heute, war ich noch nie vorgedrungen. Doch ich wollte weiter, ich wollte wissen, was ich mich nie zu fragen getraut hatte.
Sachte stieß ich mich von der Hauswand ab und in der nächsten Treppenbiegung erblickte ich sie. Schwer und grau ragte sie vor mir auf. Ich kannte sie aus den getuschelten Erzählungen der Lehrer, aus den Andeutungen der Nachbarn, aus den schreckgeweiteten Augen meiner Mutter, aus dem mitleidigen Kopfnicken meiner Tanten, aus dem Schulterzucken meiner Onkel. „Du musst es ihr sagen", hörte ich die Stimme meiner Oma, wie sie leise ermahnend mit meiner Mutter sprach. Ich sah Mama nicken und spürte ihr Zögern.

Ich schüttelte die Gedanken ab, blickte auf die schwere Eisentür und erschrak. In meinen Träumen war sie sicher verschlossen gewesen, doch diesmal stand sie einen Spaltbreit auf. Ein großes metallenes Schloss baumelte lose an einer groben Eisenkette. Der schwere Riegel war zurück geschoben. Ein dunkles Loch tat sich vor mir auf, nur die ersten Stufen waren erkennbar. Grauer, kalter Beton breitete sich vor mir aus und ein modriger Geruch wehte mir entgegen.

Ich hielt den Atem an und presste meine Hand auf die Nase. Angst umklammerte meinen Nacken und kroch in meine Beine, Angst füllte meinen Bauch. Mein Magen schrumpfte zu einer harten kleinen Nuss und wollte nach oben, doch meine Hände tasteten schon zum Geländer und erspürten das kalte Metall in der Dunkelheit. Langsam setzte ich einen Fuß vor den anderen, lauschte auf Mäusegeraschel und Spinnengewiesel, hörte Knistern von rechts und ein Zischen von links, hörte mein eigenes Pumpen im Leib und Donnern im Kopf. Wollte davon rennen ins Licht und stand doch wie gelähmt am Ende der Treppe in absoluter Finsternis.

Wohin sollte ich gehen? Woran mich orientieren? Ich sah und hörte nichts, nur meinen eigenen wilden Herzschlag. Ich schloss die Augen und spürte meine innere Angst. Durch meinen Atem fühlte ich leere Einsamkeit. Nackt und bloß stand ich da, eine Minute, wie eine Ewigkeit, ein zeitloser Augenblick.
In meinem Kopf donnerten die Sirenen und spülten Erinnerungen empor. Blaues Licht zuckte durch die geschlossenen Lider. Schwarze Gestalten, die an das große Eingangsportal hämmerten. Meine Mutter schrie auf. Schnelle

Schritte trampelten die Stufen empor, schwere Schritte kamen langsam zurück. Eine Tür fiel ins Schloss und nahm einen Teil von mir mit. Wie lange war das her?

Eine Zeitlang stand ich nur da. Die Bilder der Vergangenheit vermischten sich mit Schmerz und formten Fragen. Ich öffnete langsam die Augen und atmete tief ein. Dann sah ich den kleinen Lichtschimmer. Unter einem schemenhaft erkennbaren Türspalt winkte ein schwacher gelber Schein. Ich ging auf die Tür zu und je näher ich kam, desto mehr Geräusche vernahm ich. Etwas lebte in diesem Raum hinter dieser Tür, in diesem Keller. Verschreckt wich ich zurück, was konnte hier unten zu finden sein? Wer konnte hier in diesem düsteren leblosen Keller wohnen?

Ich dachte an schreckliche Gestalten aus noch schrecklicheren Geschichten, an böse Gnome und Trolle und unheimliche Schattenmenschen, an lebende Tote und all die Verbote. Ich hörte die warnende Stimme meiner Mutter und wollte fliehen. Ich sehnte mich in die Vertrautheit der Küche und ging weiter vorwärts. Ich wollte unter die Decke meines Himmelbetts und streckte die Hand aus. Ich wollte nicht hineinsehen und zog dennoch die Tür auf.

Ich erwartete das Grauen und sah – einen Mann.

Er hatte mir den Rücken zugekehrt und beugte sich über einen Werkzeugkasten. In der Mitte des Kellerraumes war ein Rad befestigt, das von einer Deckenhalterung hinab hin und her baumelte. Schraubenschlüssel, Kettennieter, Flickzeug, Lappen und Ölfläschchen lagen verstreut neben Luftpumpen, Fahrradschläuchen und Chromfelgen.

Der Raum war warm und gar nicht so ungemütlich wie ich gedacht hatte. Hier gab es Holzschränke und Kommoden, die Wände waren in einem freundlichen gelb gestrichen und aus einem Transistorradio erklang leise Jazzmusik.

Langsam drehte sich der Mann um und blickte zur Tür.
Wir starrten uns an.

Es war ein hübscher Mann mit schwarzem lockigem Haar, schlank und von sportlicher Gestalt.

Ich kannte ihn nicht und doch war er mir vertraut, seine Bewegungen, die Art mich anzuschauen. Als müsste ich ihn kennen, aus einer anderen Zeit.
Sanft sagte er: „Hallo – bekomme ich Besuch?"

„Hallo", hauchte ich zurück und trat unruhig von einem Fuß auf den anderen.

Lange standen wir voreinander und musterten uns. Ich spürte diese tiefe Sehnsucht näher zu gehen, in seine Arme zu laufen, mich anzulehnen und von ihm trösten zu lassen. Doch er war fremd und das verwirrte mich.
Er streckte mir seine Hand entgegen.

„Komm", sagte er. „Ich habe so lange auf Dich gewartet."
Stumm nickte ich und spürte die Wärme seiner Handfläche als ich meine Hand in seine legte.

Gemeinsam schritten wir durch die zweite Tür des Raumes hinaus ins Sonnenlicht.

Wir ließen Haus und Keller hinter uns und gingen Eis essen.

Wir holten all die Jahre nach, die wir nicht gehabt hatten.

Susanne Bergmann

Den Umständen entsprechend

Bastian warf einen prüfenden Blick in den Spiegel. Das neue weiße Hemd saß tadellos. Mit ungeübten Fingern begann er, sich den schwarzen Schlips zu binden. Lisa kauerte in einer Sofaecke, wich seinem bittenden Blick aus und blies in ihre Teetasse. Gut für ihn, dass die Beerdigung in Kümmelsau dazwischen gekommen war. Nun musste er sie nicht in die Klinik begleiten und sich die vorwurfsvollen Mienen ansehen. Sie sind der Kerl, der keine Kinder will? Der Depp, der nicht verhüten kann? Dabei hatte er nie ein Hehl daraus gemacht, dass er keine Kinder wollte, und Lisa wollte eigentlich auch keine. Bis sie schwanger war.

Bastian zog das schwarze Jackett über und küsste zum Abschied ihr blasses Gesicht. Sie regte sich nicht. Obwohl genug Zeit war, beeilte er sich, aus der Wohnung zu kommen.

Befreit sprang er die Treppen hinunter, holte sich beim Bäcker an der Ecke einen Coffee to go und schlenderte zum Bahnhof. Der heruntergekommene Regionalzug, der einzige, der in Kümmelsau hielt, war wider Erwarten pünktlich. Eine alte Frau mühte sich, ihren Koffer den steilen Tritt hinauf zu wuchten. Bastian half ihr und floh dann vor ihrer wortreichen Dankbarkeit in ein leeres Abteil. Während der Zug durch herbstbunte Wälder ratterte, wanderten seine Gedanken zu Omilotti. Wie traurig, dass sie fort war. Doch immerhin war sie 81 Jahre alt geworden und exakt so gestorben, wie sie es sich gewünscht hatte: Nicht als Pflegefall, sondern einfach tot umgefallen, als sie mit dem Fahrrad unterwegs zur Badestelle war. Solange Bastian denken konnte, war sie jeden Nachmittag im Kümmelsauer See geschwommen, abgesehen von den paar Wochen im Jahr, in denen eine Eisdecke das verhinderte. Warme Wellnessbäder, wie er sie liebte, hielt Omilotti für den Gipfel der Dekadenz. Sie war zäh und duldete keine Schwäche, weder bei sich noch bei anderen – nur bei ihrem einzigen Enkelsohn drückte sie gelegentlich ein Auge zu. Bastian grinste unwillkürlich. Es hatte ihm gefallen, dass sie anders war, nicht so rund und gemütlich wie die Omas seiner Freunde. Omilotti hatte niemals Kekse gebacken, und als einzige Oma weit und breit konnte sie Spagat. Damit hatte Bastian als Grundschüler etliche Wetten gewonnen. Er schloss die Augen und sah sie vor sich, wie sie aus den Pantoffeln schlüpfte, sich lang nach hinten streckte und mit der eleganten Lässigkeit einer jungen Tänzerin in den Spagat rutschte – und seinen Freunden vor Staunen der Mund offen stehen blieb. Zu ihrem 80. Geburtstag wünschte sich Omilotti plötzlich ein Notebook und ließ sich zeigen, wie man per Skype telefonierte. Vielleicht hatte sie gehofft, dass er öfter anrief? Nun war es zu spät. Bastian schluckte Schuld und Trauer hinunter. Omilotti hätte Tränen albern gefunden. „Man nimmt's, wie's kommt", pflegte sie zu sagen, und aus ihrem Mund klang das wie ein Befehl.

In Kümmelsau stand seine Mutter am Bahnsteig. Sie trug ein schwarzes, tailliertes Kostüm, das ohne die schwarzen Strümpfe nicht nach Beerdigung ausgesehen hätte. Sie küsste Bastian flüchtig und verzichtete auf Vorwürfe, weil er sich seit Monaten nicht gemeldet hatte.
„Wir sind spät dran", sagte sie und warf einen kritischen Blick auf seine Aufmachung. Sofort spürte er das vertraute Gefühl, gegen das er schon als kleiner Junge vergeblich gekämpft hatte. Etwas an ihm schien immer falsch zu sein. Dabei hatte er sich angestrengt, ihr zu genügen und ihr Herz zu erobern; Blumen gepflückt, Fische geangelt, Einsen geschrieben. Aber sein Bedürfnis nach Liebe war ihr stets lästig gewesen.
„Bist du froh, dass du sie los bist?", scherzte er. Es war kein Geheimnis, dass sich seine Mutter mit Omilotti nicht verstanden hatte.
„Nein." Schweigend liefen sie nebeneinander her.
„Ob du es glaubst oder nicht: Lotti fehlt mir."
Das konnte er sich beim besten Willen nicht vorstellen.
„Wirklich!", beteuerte sie. „Wann werde ich denn Großmutter?"
Bastian schnappte nach Luft. Wenn alles schief läuft, in sieben Monaten, dachte er. Noch war der Zellklumpen da.
„Ewig könnt ihr auch nicht mehr warten."
Er vergrub die Hände in den Hosentaschen.
„Steck' die Hände nicht in die Anzughose."
Wortlos zog er die Fäuste aus den Taschen und ließ die Arme hängen.

Auf der Allee, die zum Friedhof führte, trafen sie die ersten Trauergäste. Gefasst nahm seine Mutter die Beileidsbekundungen entgegen. Auch Bastian schüttelte viele Hände und hörte sich an, was für eine außergewöhnliche Frau seine Großmutter gewesen war. Ein gebrechlich wirkender Greis griff seine Hand und wollte sie gar nicht wieder loslassen. „Du hast ihre Augen, mein Junge. Lottes schöne Augen", meinte er schließlich.
„Karl, das ist Bastian", sagte seine Mutter knapp.
Gemeinsam betraten sie die Friedhofskapelle, die mit Blumen, Kränzen und Kerzen feierlich geschmückt war, und setzten sich in die erste Reihe. Die Sängerinnen vom Kümmelsauer Frauenchor warteten geduldig, bis alle Trauernden Platz gefunden hatten und sangen dann eins von Omilottis Lieblingsliedern. „Frag doch das Meer, ob es Liebe kann scheiden …" Bastian fiel ein, dass sie sich trotz ihrer schönen Stimme stets geweigert hatte, in den Frauenchor zu gehen, denn sie verachtete das Mittelmaß der Laienkunst und hatte wenig übrig für Geselligkeit. Und nun standen die dicken Sängerinnen aus

dem Kümmelsauer Frauenchor doch treuherzig neben der Urne und gaben ihr Bestes. „… frag doch das Meer, ob es Treue brechen kann."

Der pastorale Singsang des Trauerredners ging ihm vom ersten Satz an auf die Nerven. „Wir haben uns hier versammelt, um Abschied zu nehmen von Charlotte Wieland, um gemeinsam zu trauern mit ihrer Tochter Dr. Sabine Wieland, ihrem Enkelsohn Bastian Wieland und ihrem treuen Weggefährten Karl Stern."

Bastian spürte die Blicke der Trauergemeinde im Genick und dachte kurz dran, sich die Urne zu schnappen und hinaus zu laufen ins Sonnenlicht. Aus den Augenwinkeln sah er, dass Sabine nach Karls schmaler Hand griff. Weggefährte Karl Stern! Hatte Omilotti auf ihre alten Tage tatsächlich noch einen Freund gefunden? Er dachte an Lisa, während der Trauerredner in gewogenen Worten berichtete, was Bastian bereits wusste: 1936 in Berlin geboren, mitten hinein in den Jubel der Olympiade, und das private Glück der Familie Wieland wäre perfekt gewesen, wenn die Nationalsozialisten den Alltag nicht bis in den letzten Winkel hinein vergällt hätten. Charlottes Mutter, Tochter eines Kommunisten, riskierte Kopf und Kragen im Widerstand und brachte ihren Kindern bei zu schweigen, bevor sie richtig sprechen konnten. „1939 begann der schreckliche Krieg. Der Vater verschwand an die Front, und der Fliegeralarm riss die kleine Charlotte so oft aus dem Schlaf, dass sie angezogen und mit Mantel in ihrem Bett lag. Wenn der große Bruder sie auf Arm hob und mit ihr in den Luftschutzkeller rannte, hielt sie das Köfferchen mit den Familienunterlagen fest an sich gedrückt."

Woher wusste der das? Omilotti hatte nie vom Krieg gesprochen, und nun erzählte ein Trauerredner, den Bastian auf höchstens 40 Jahre schätzte, plötzlich aus ihrer Kindheit, als sei er selbst dabei gewesen. Bastian warf Sabine einen fragenden Blick zu.

„In dem dunklen, überfüllten Luftschutzkeller roch man die Angst der Menschen. Hier trafen sich alle Nachbarn, auch die alte Frau Stern und ihr Enkel Karl, der Charlottes Freund war. Aber weil sie Juden waren, sollten sie verschwinden – selbst aus dem Keller wurden sie verjagt."

Bastian spürte Karls Zittern.

„Dann kam die Zeit der Kinderlandverschickung. Charlottes großer Bruder musste fort und sie richtete sich ein in ihrem neuen Alltag mit Mutter und Großmutter."

„Und mir", raunte Karl. „weil Lotte nicht mit Mädchen spielen durfte, die Nazi-Lieder sagen und den Geburtstag des Führers feierten."

„Schließlich wurde auch die kleine Charlotte weggeschickt, nach Ostpreußen, auf einen Bauernhof, wo sie nachts schlafen konnte und wo es endlich wieder genug zu essen gab. Doch das Schweigen begleitete sie, denn auch hier war es gefährlich, nicht an Hitler und den Sieg zu glauben. Erst als der Krieg verloren war, durfte sie wieder nach Hause. Aber ihre Straße war zerstört, und in den

Trümmerbergen hausten Flüchtlinge, die sie nicht kannte, die grau und elend aussahen."

Elend. Bastian sah auf die Uhr. Was nun berichtet wurde, wusste er. Omilotti hatte ihm erzählt, dass sie vor den Kasernen gesungen hatte und die russischen Soldaten ihr Brot zusteckten. Dann wurde ihre Mutter krank. Typhus. Gerade noch rechtzeitig kehrte der große Bruder heim, um die Mutter auf der Seuchenstation zu besuchen und ihr durch eine dicke Glasscheibe zuzuwinken. Sie erkannte ihn und lächelte, und sie erlebte nicht mehr, dass er kurz darauf den gleichen jämmerlichen Seuchentod starb.

„Nun hatte die kleine Charlotte nur noch ihre Großmutter und den zähen Willen zu überleben."

Der Frauenchor hob an, und Bastian spürte eine Träne auf seiner Wange. Er hatte nicht gewusst, wie schrecklich Omilottis Leben gewesen war. Er kannte zwar Bruchstücke einzelner Geschichten, aber er hatte sie nie im Zusammenhang gesehen. Karl beugte sich zu ihm. „Ich habe mich bei Lotte versteckt, als meine Oma abgeholt wurde", flüsterte er, „und es war Lottes Idee, mich als Charlotte Wieland zu verkleiden, damit ich an der Hand ihrer Mutter durch das Viertel laufen konnte und nach Verwandten suchen!" Karl lachte und erzählte leise weiter, während der Trauerredner salbungsvolle Worte für Omilottis kommunalpolitisches Engagement in Kümmelsau fand.

„Ich hatte Glück und kam nach Israel. Aber Lotte ging es nach dem Krieg gar nicht gut. Sie bekam zwar Lebensmittelmarken, nur die wurden ihr natürlich gleich an der nächsten Straßenecke wieder abgenommen. Sie war ja noch ein Kind. Das bedeutete, dass sie nichts zu essen hatte – weder für sich noch für die Großmutter. Aber dann kam mein Vater, eigentlich nur, um ihr eine Postkarte von mir zu bringen. Ich habe ihr immer geschrieben, weißt du. Jedenfalls sah er, was los war und ging von da an zusammen mit Lotte die Marken holen."

Bastian kannte einen Bilderrahmen mit einer vergilbten Postkarte in Omilottis Schlafzimmer. „Doch nicht die Karte auf dem Nachttisch?", fragte er. Karl kicherte mit kindlicher Fröhlichkeit und fing sich böse Blicke der Chorsängerinnen ein. Der Trauerredner schwieg endlich und nickte Sabine zu. Zu Bastians Überraschung stand sie auf und trat vor die Trauergemeinde.

„Es war nicht leicht, ihre Tochter zu sein", begann sie mit dem entwaffnenden Charme einer geübten Rednerin, „aber sie hat mich stark gemacht. Sie half mir zwar nie, wenn sie der Meinung war, ich sollte etwas alleine können. Dafür schenkte sie mir ihren Traum und ließ mich studieren – wofür ich ihr sehr, sehr dankbar bin." Sabine ließ ihren Blick über die Trauergemeinde schweifen und fuhr fort: „Wie alle Mütter gab sie mir mit, was sie gelernt hatte: Verlasse dich nur auf dich. Ergreife Partei gegen Ungerechtigkeit und jeden gemütlichen Konsens. Und rechne immer damit, fort zu müssen. Jederzeit." Sie suchte den Blick von Karl. „Charlotte sprach nie von früher, und ohne Karl Stern hätte ich nie begriffen, was für eine wunderbare Frau sie war." Bastian traute seinen Ohren kaum. Er konnte sich nicht erinnern, dass Sabine jemals etwas Nettes über Omilotti gesagt hatte. Nun erzählte sie, dass Karl seine Lotte nie aus den Augen verloren hatte. Jeden Umzug hatte er recherchiert und jedes Jahr eine Karte mit guten Wünschen zum neuen Jahr geschickt. Über 50 Jahre hatte er keine Antwort bekommen. Charlotte wollte partout nicht an früher denken. Sie wollte nach vorne sehen. Bis vor einem Jahr. Da schrieb sie ganz überraschend einen langen Brief zurück, bedankte sich für die Karten, und das Eis war gebrochen. Fast täglich hatte sie von da an mit Karl telefoniert und alle Erinnerungen an Land gezogen, die sie so tief versenkt hatte.

Bastian begriff, dass Karl der Grund für Omilottis überraschendes Interesse an Computern gewesen war.

„Ich habe ihre Einsamkeit nicht ermessen können", sagte Sabine leise, „sonst hätte ich ihr Vieles verziehen. Vielleicht wäre ich eine bessere Tochter gewesen und sicher auch eine bessere Mutter." Sabine sah Bastian an und lächelte. „Aber als Großmutter werde ich – genau wie sie und in Erinnerung an sie – unschlagbar sein."

Sie nickte den Sängerinnen zu, und der Chor stimmte das letzte Lied an.

Bastian sah auf die Uhr. Lisa müsste bald aus der Narkose erwachen. Gerne würde er ihre Hand halten, wenn sie die Augen aufschlug. Aber das war nicht zu schaffen.

Erst als die letzte Schaufel Erde auf die Urne gefallen war, konnte er sich verabschieden. Er umarmte Sabine und gab Karl die Hand. Der Alte hielt ihn fest und tätschelte ihm die Wange. „Du hast Lottes Augen, mein Junge, und deine Tochter wird ihre Courage haben. Da bin ich mir ganz sicher." „Vielleicht", antwortete Bastian ausweichend. Seine Tochter, Klein-Omilotti. Was für ein Gedanke!

Auf der Rückfahrt versuchte er, Lisa zu erreichen. Aber ihr Handy war ausgeschaltet. Vielleicht war sie gar nicht ins Krankenhaus gefahren? Vielleicht hatte sie sich für das Kind entschieden? Für Klein-Omilotti. Zum ersten Mal empfand er so etwas wie Zärtlichkeit für das ungeborene Kind. Als der Zug endlich in den Bahnhof rollte und quietschend zum Stehen kam, riss er die Waggontür auf, durchquerte mit großen Schritten die Halle und fiel in einen leichten Laufschritt. Den Weg, für den er am Morgen eine halbe Stunde gebraucht hatte, schaffte er nun in fünf Minuten. Aber er kam zu spät. Lisas Sachen waren aus der Wohnung verschwunden, und auf dem Küchentisch lag ein Zettel, auf dem in ihrer akkuraten Handschrift stand *Leb wohl Seelenkrüppel.*

Astrid Sammet

Der Lauf

Arschlöcher, dachte Cem, aber sie zahlen gut. Leuthold, der Chefredakteur des Magazins „Man's World", hatte sich schon halb von Cem abgewandt und ihm noch einen Satz wie einen Hundeknochen hingeworfen: Wenn er bis übermorgen eine gute Story lieferte, könnten weitere Aufträge drin sein. Das spöttische Lächeln der Sekretärin war Cem nicht entgangen.

In der Nacht wälzte sich Cem von einer Seite auf die andere. Im Traum sah er Leutholds fleckiges Gesicht vor sich, wie er ihn aus kleinen, glasigen Augen anstarrte, seinen Zeigefinger auf Cem gerichtet. Leutholds Schädel saß auf einem dürren Hals, dem ein Körper folgte, an dem das kleinkarierte Hemd wie an einem Kleiderbügel hing. Dieser Körper zuckte und zitterte von einem lautlosen Lachen, bei dem er seine großen gelben Zähne entblößte und in das erst die fette Sekretärin mit ihrem wogenden Busen und dann die ganze Redaktion schallend laut einfielen … Schweißgebadet schreckte Cem hoch. Er musste aufs Klo.

Schreiben Sie irgendwas, hatte der Kleiderbügel gesagt. Das war Cem noch nie passiert. Er knipste das Licht im Bad an und blinzelte in den Spiegel über dem Waschbecken. Sein schwarzes Haar stand in alle Richtungen vom Kopf ab bis auf ein paar Strähnen, die noch schweißnass an seinen Schläfen klebten. Warum machen die das? Die haben einen Haufen bestens sortierter Pulitzer-Anwärter in der Schublade, warum soll ich da jetzt ran? Und dann auch noch ohne Themenvorgabe. Ist es dem Klappergestell zu anstrengend, sich ein Thema auszudenken oder was? Cem ließ einen Schwall kaltes Wasser in sein Gesicht klatschen. Die Hände auf den Waschbeckenrand gestützt, schaute er auf die Wassertropfen, die sich erst an seinem Dreitagebart sammelten und dann hinab fielen. Wieso ausgerechnet ich? Bisher sind meine Artikel nicht mal annähernd in der Kategorie „preisverdächtig" gelandet. Blöd genug mit Ende Dreißig. Er spürte den weichen Pelz seiner Katze Kedi, die ihm um die Beine strich. „Kedi, hab ich dich geweckt?" Sie schnurrte und schmiegte sich an seine Wade. „Ach, Kedi", seufzte Cem, kniete sich hin und kraulte die Katze unter dem Kinn, der einzigen weißen Stelle in ihrem ansonsten pechschwarzen Pelz. „Wenn ich bis übermorgen einen guten Artikel über ‚Irgendwas' schreibe, dann gibt's in Zukunft vielleicht Sheba statt das Billigzeugs von Netto. Was meinst du?" Sie schnurrte weiter, richtete den Schwanz kerzengerade nach oben und lief wieder in Richtung Schlafzimmer. Er knipste das Licht aus und tappte ihr barfuss hinterher. Kedi rollte sich am Fußende zusammen und schnurrte leise.

Cem hatte wieder einen Traum, in dem er diesmal durch einen völlig leeren Raum schwebte. Es gab nichts, woran er sich festhalten konnte, nichts, woran er sich orientieren konnte, wo oben und unten war. Ihn umgab gleißendes Neonlicht, das ihn immer stärker blendete. Als Cem aufwachte, schien ihm die blasse Novembersonne direkt ins Gesicht.

Es war bereits später Vormittag, als er sich an seinen Schreibtisch setzte. Der Himmel vor dem Fenster war grau. Nichts war von dem Sonnenlicht übrig, das ihn geweckt hatte. Er verschränkte die Hände hinter dem Kopf und lehnte sich zurück, während der Mac hochfuhr. Seine Augen wanderten über den Schreibtisch, ohne dass er die darauf liegenden Dinge wirklich sah. Nicht das Gewirr aus Kabeln, nicht die verstreuten Textmarker, nicht die Ringe, die die Flasche Rioja am Abend vorher hinterlassen hatte, nicht das kleine Notizbüchlein mit der Aufschrift „Facts are the enemy of truth", das Leyla ihm geschenkt hatte, nicht die Postkarte, auf der stand: „Das ist genau der Blick, der meine Eier schrumpeln lässt." Er stützte die Ellenbogen auf, lies die Stirn auf die Hände sinken und schloss die Augen. „Scheiße", sagte er zu sich. Was biete ich denen an? Das ist doch alles ein scheiß Krampf, ist das doch. Bis morgen. Niemals. Noch mal scheiße. Am liebsten würde er die mopsgesichtige Sekretärin in der Redaktion anrufen und alles absagen. Die würden schon jemand anderes finden. Sollte doch so ein Publizistik-Absolventen-Schleimer den Lückenbüßer machen. Oder dieser bekloppte Volontär von der Journalistenschule, den er in der Redaktion gesehen hatte und der mit einer Fliege rum lief. Cem blickte auf die Fassade gegenüber. No way out.

Die Fenster sind ganz schön dreckig, dachte Cem. Mutter wird wieder meckern, wenn sie das nächste Mal zu Besuch kommt. Das Bad sieht auch aus wie sau und in der Küche stapelt sich benutztes Geschirr, für das sich eine Gruppe von „Jugend forscht" sicher begeistern könnte. Kedi sprang auf den Schreibtisch, setzte sich auf die einzige freie Stelle und starrte mit halb geschlossenen Augen durch ihn hindurch. „Ja, mein Mädchen, du hast ja Recht", seufzte Cem. Wir sind nicht mehr jung, brauchen immer noch Geld und wissen obendrein nicht, was wir tun. Cem friemelte die vorletzte Lucky aus dem Softpack, fand das Feuerzeug unter einem Stapel Papier und inhalierte tief. Er blies den Rauch in den gedankenleeren Raum über ihm, mit spitzen Lippen formte er Kringel, die sich wabernd auflösten. Ein Hustenanfall beendete die Kringelkontemplation und Kedi sprang mit einem Satz auf den Boden. Ich könnte den hunderttausendsten Artikel über Prokrastination schreiben. Pro-kras-ti-na-tion. Fünfmal Cursorblinken für jede Silbe. Blink-blink-blink-blink-blink ... Kein beschissener Gedanke ist es wert, als erstes Wort, als erster Satz den Balken ein Stück nach rechts zu verschieben. Sein Blick wanderte wieder über seinen Schreibtisch; aber diesmal blieb er an dem Notizbüchlein hängen. Leyla! Ich muss Leyla treffen!

Nach dem dritten Klingeln ging sie ran. „Hey Leyla, wie geht's?"

„Cem? Bist du es? Wo brennt's denn?" Er konnte hören, dass sie lächelte und
vor seinem geistigen Auge sehen, wie sich dabei das Grübchen auf ihrer rechten Wange bildete. „Es ist so ... also ich kann ... nein, ich muss einen Artikel
für ‚Man's World' schreiben."
„Na herzlichen Glückwunsch! Hast du es also geschafft. Worüber wirst du
denn schreiben, hm?" „Keine Ahnung. Abgabe ist morgen." „Klingt jetzt nicht
unbedingt nach einem vollständigen und durchdachten Plan ..." „Ich weiß!
Können wir uns treffen? Jetzt?" „Ach Cem, du bist immer noch der Alte.
Okay. Ich bin in einer halben Stunde mit Hakan zum Training am Volkspark
verabredet. Wenn du willst, komm dazu, dann können wir beim Laufen reden." Nach einer kurzen Pause räusperte sich Cem, sagte dann aber: „Ich werde da sein. Bis gleich."
Na prima, beim Laufen reden. Und dann auch noch mit diesem klugscheißen-
den Mister Obersportlich. Aber was nützt es, ich brauche Leyla. Meine Quelle
der Inspiration, meine Muse... Jetzt mach mal halblang. Krieg dich wieder
ein. Die Sache mit Leyla ist vorbei, bye bye Junimond ... Wo sind denn die
Joggingsachen? Inshallah! Cem wühlte in seinem Schrank. Hastig zog er die
Sachen an, riss den Wohnungsschlüssel vom Brett und wäre fast über den
prallen Müllbeutel gestolpert, den er gestern Abend vor die Tür gestellt hatte.
Als Cem am Volkspark ankam, musste er sich fast übergeben. Er stützte die
Hände auf die Knie, sein Herz schlug heftig gegen den Hals, jeder Atemzug
schmerzte in der Brust, eine Schweißperle tropfte von seiner Nase. „Na, wir
sind wohl ein bisschen aus der Übung, was?" Hakan stand mit verschränkten
Armen neben Leyla. Er hatte eine dieser albernen hautengen Laufhosen an,
bei denen jede Falte und jede Beule darunter deutlich zu erkennen ist. Halt
einfach die Fresse, dachte Cem. Leyla sah ihn aus ihren mandelförmigen
Augen an, die die Farbe flüssigen Waldhonigs hatten. Sie beugte sich zu ihm
hinunter und legte eine Hand auf seinen Rücken. „Alles okay?" Der Duft
ihrer ebenholzfarbenen Haare stieg ihm in die Nase. Am liebsten hätte er sich
auf den Boden geschmissen und eine Ohnmacht vorgetäuscht. „Ja, ja, geht
schon wieder." Nimm' deine Hand da weg, sonst dreh ich durch. Nein, bitte,
lass sie für immer da liegen. „Na, dann kann es ja losgehen, mir wird sonst
kalt!" rief Hakan, der damit begonnen hatte, in einem irrwitzigen Tempo auf
der Stelle zu laufen und dabei die Knie fast bis zur Brust schnellen lies. Bei
diesem Anblick konnte Cem ein Grienen nicht unterdrücken. Der Typ war
ein Witz, Triathlon-Trainer hin oder her. Sie liefen los, es ging leicht bergab.
Cem war wieder bei Puste, so dass er von der Begebenheit in der Redaktion erzählen konnte. „Und Leuthold hat wirklich kein Thema vorgegeben,
nicht mal ansatzweise?" Cem wusste ohne hinzuschauen, dass Leyla jetzt die
Augenbrauen leicht zusammen zog und sich diese kleine Falte dazwischen
bildete. „Nein, nichts." „Hm, wirklich seltsam. Als ich noch seine Tippse
war, hat Leuthold immer seinen Kopf bei den Themen durchgesetzt." Hakan

versuchte, das Tempo anzuziehen, aber Leyla und Cem beachteten ihn nicht und blieben bei ihrer Geschwindigkeit. „Wäre gar nicht so schlecht, wenn jemand einem das Denken abnehmen würde, was?" „Ach Hakan, darum geht's doch gar nicht. Ich verstehe nur nicht, was mit dem Leuthold los ist." Danke, Leyla. Nachher küsse ich dir die Füße. Und was du sonst noch willst. Cems Beine wurden leichter. „Na, erstmal egal. Darüber können wir uns hinterher Gedanken machen. Was wir jetzt brauchen, ist ein Thema, ein Aufhänger, eine Geschichte." Warum hat sie mich eigentlich verlassen? Eine Weile liefen sie schweigend. Cem warf einen Blick auf Leyla, die neben ihm lief. So, wie sie jetzt leicht die Lippen zusammenpresst, zerbricht sie sich gerade meinen Kopf, dachte er. Und wie verdammt schön sie dabei aussieht … „Wenn wir in dem Tempo weiterlaufen, fange ich an zu frieren und Leyla schafft ihr Trainingspensum nicht." Hakans Ton war schneidend, als er die Stille unterbrach. Dann lauf doch vor, du Blödmann. Leyla schafft ihr Pensum nicht, äffte Cem ihn innerlich nach. Wer bist du überhaupt, ihr Daddy oder was? „Ja, du hast Recht. Cem, kannst du ein bisschen schneller laufen?" Mist. „Na klar, kein Problem." Hakan ging in gefühlten Sprint über. „Du könntest darüber schreiben, warum hier Mitte November immer noch nicht das alte Laub beseitigt worden ist." Hakan machte eine zeigende Handbewegung auf den Weg vor ihnen. „Ist jetzt nicht dein Ernst", sagte Leyla, der das höhere Tempo nichts auszumachen schien. „Cem will die Leser sicher nicht zu Tode langweilen. Wen interessiert das?" „Mich! Das ist eine Unfallquelle und wäre mal ein nützlicher Beitrag in diesem… diesem Heftchen." „Also mich würde das nicht die Bohne interessieren. Da kann ich ja gleich die B.Z. lesen." Hakan musterte Leyla, die wieder die Augenbrauen zusammen gezogen hatte. „Okay, dann eben was über den Herbst und bunte Blätter und Kuschelzeit und Teetrinken und so …" Netter Versuch, mein Lieber, aber damit gehst du baden, freute sich Cem, der zunehmend außer Atem geriet und nicht mehr wirklich mitreden konnte. Außerdem fand er die Diskussion, die sich hier anbahnte, viel spannender. „Oh nee, wa? Bitte nicht. Jedes Jahr derselbe Mist mit Gemütlichkeit und dem ganzen langweiligen spießigen Kram. Es ist November, also dunkel und kalt. Es gibt Nieselregen und der Frühling ist weit weg. Tatsache. Kuscheln, ich lach mich weg." Leyla machte eine Handbewegung, als würde sie einem kleinen Kind bedeuten, es solle endlich ruhig sein. Cem musste grinsen. Nein, das wäre wirklich nicht sein Thema, diese erzwungene Novembergemütlichkeit, und Leylas ebenso wenig. Er wusste das, aber Hakan offensichtlich noch nicht.

„Apro…pos B.Z. … Habt ihr … die Schlagzeile gestern … gesehen?", keuchte Cem, um das Thema zu wechseln. „Meinst du die mit der Frau, die zum zehnten Mal Mutter wird?", fragte Hakan spöttisch. In dem Moment bereute es Cem schon, das Thema aufgebracht zu haben. Deshalb hatte sie mich verlassen. Sie wollte Kinder. „Wirklich? Zehn Kinder? Wahnsinn. Was für ein

Glück sie hat", sagte Leyla mehr zu sich selbst. „Darüber könntest du schreiben, so süße kleine Racker ..."

„... die die Windeln vollkacken, dir die Haare vom Kopf fressen und dann in die Pubertät kommen. Das ist doch der blanke Horror, zehn Bälger! Aber ich sag mal, selbst Schuld. Spätestens nach dem Dritten hätte sie doch kapieren müssen, wie das funktioniert, oder?" Hakan grinste. Ihm fehlte einfach jedes Feingefühl. „Jetzt sei doch nicht so zynisch! Vielleicht wollte sie das so, weil sie Kinder liebt und außerdem einen tollen Vater dazu hat. Im Übrigen ist es für viele Menschen ein großes Glück, Kinder zu haben." „Nee, das ist doch grausam! Stell dir vor, du kommst in eine neue Schule und der Lehrer fragt dich in der ersten Stunde vor der ganzen Klasse, ob du Geschwister hast und du fängst an, neun Namen aufzusagen: Kevin, Steve, Mandy, ..."

„Jetzt hör doch auf mit diesen blöden Klischees! Ist doch völlig egal, wie sie heißen." „Na, ich weiß nicht. Meistens heißen sie ja sowieso Cengiz, Sibel, Ayse, ..." Und Hakan, ergänzte Cem in Gedanken, der etwas zurückgefallen war. Leyla schwieg. Sie schaute nach rechts in die Bäume und vergrößerte den Abstand zu Hakan kaum merklich. Ihm musste aufgefallen sein, dass er in ein übergroßes Fettnäpfchen getreten war. Mist, ich habe keinen Bock darauf, dass die zwei sich jetzt hier vor mir in die Haare kriegen. Offensichtlich haben sie noch nicht übers Kinderkriegen gesprochen. Und ich bin wirklich der Letzte, der das jetzt mit anhören möchte. Das hieße aber auch – ein Hauch von Hoffnung streifte Cem – nein, lieber nicht weiter darüber nachdenken. Cems Beine schmerzten, seine Lunge war an ihre Kapazitätsgrenze gestoßen. „Leute, ich kann nicht mehr." Cem blieb stehen, stemmte die Arme in die Seiten und verzog das Gesicht vor Schmerz. Seine Brust schien kurz vor dem Zerspringen zu sein.

„Na großartig. Dann laufen Leyla und ich eben allein weiter. Sie muss ihr Pensum schaffen. Wir sind eh viel zu langsam unterwegs. Leyla, kommst du?" Hakan tänzelte auf der Stelle und war schon im Begriff, weiter zu laufen.

„Ich bleibe bei Cem. Mach du ruhig die Runde zu Ende, ich rufe dich nachher an." Für einen kurzen Moment vergaß Hakan, auf der Stelle zu treten und ließ die Arme hängen. Dann zuckte er mit den Schultern: „Wie du meinst." Er drehte sich um und rannte wieder los. Leyla und Cem sahen ihm hinterher, als wollten sie sich vergewissern, dass er es sich nicht anders überlegte.

„Komm, wir gehen da rüber zu der Bank", sagte sie schließlich. Cem tappte ihr hinterher. „Leyla, es tut mir leid, dass ich dich von deinem Training abhalte. Es war eine fixe Idee, mit euch laufen zu gehen; es war überhaupt blöd von mir, dich anzurufen ..." Sie ließen sich auf die Bank fallen. Die Sonne hatte sich durch die Wolken gekämpft und schien durch die gelben Blätter. „Findest du?" Sie musterte ihn und ihm wurde plötzlich noch heißer, als ihm ohnehin schon war. Treib bitte keine Spielchen mit mir. Als er sie anschaute, sah sie ihm direkt in die Augen, das Kinn ein wenig vorgeschoben. Die Sonne ließ den Honig in ihren Augen leuchten. Er fand den Anflug eines Lächelns in ihrem Blick, aber von Koketterie keine Spur. Und da war noch mehr, etwas, das tief in ihn eindrang und eine Ladung Endorphine durch seinen Körper jagte. Sie wandte den Blick wieder ab. „Ich hatte heute sowieso keine Lust zum Trainieren. Aber du weißt ja, wie Hakan ist. Immer weiter und ein Feingefühl wie ein Presslufthammer. Er geht mir auf den Geist. Ich werde mir demnächst einen neuen Trainer suchen. Aber wir wollten eigentlich über deinen Artikel reden. Da sind wir jetzt noch nicht wirklich weiter gekommen." Ach ja, der Artikel. Plötzlich war Leuthold wieder präsent. Aber er hatte an Schrecken verloren und erschien Cem nicht mehr so bedrohlich wie am Morgen. Es gab so viele wichtige Dinge im Leben, über die zu schreiben lohnte. Ihre Blicke trafen sich wieder und erneut schossen die Endorphine durch Cems Blutbahn. Der Text würde nur so aus ihm heraussprudeln. Cem legte seine Hand auf ihre und sie zog ihre nicht weg.

Beate Haeckl

ROCKLEY ROAD

Die Koffer stehen gepackt im Flur. Beim Stellen des Weckers auf 5.30 fiel mir schlagartig die Woche wieder ein, in der sein Scheppern mich jeden Morgen aus dem Tiefschlaf gerissen hatte. Damals hatte alles angefangen.

Die ganze Woche lang hatte ich den Wecker verflucht. Zermürbende Proben für die Zwischenprüfung an der Theaterschule, gereizte Schauspieleregos um mich herum, ich war erschöpft und freute mich unendlich auf das Wochenende, das wie eine Oase nach langer Durststrecke vor mir lag. An jenem Freitagabend schien die Stadtautobahn Richtung Heathrow besonders überfüllt. Während ich im Schritttempo vor mich hin zockelte und überlegte, wo ich heute abend mein Take-Away kaufen sollte, fiel mir siedend heiß ein, dass die Eltern meines Mitbewohners ihren Besuch aus München angekündigt hatten. Höfliche Gespräche am Küchentisch hatten mir gerade noch gefehlt. Obendrein hatte ich in der Früh einen Zettel von Peter vor meiner Tür gefunden, in dem er mich bat – warum auch immer, nicht zu erwähnen, dass er nicht mehr an der Schauspielschule sei. Ich ärgerte mich über ihn, denn ich befürchtete knifflige Fragen von Seiten der Eltern und Verstrickungen meinerseits. Ich hoffte inständig, dass sie nicht in der Wohnung herumhocken, sondern ein Riesenprogramm haben würden. Ich wollte einfach meine Ruhe.

Nach der Nottinghill Abfahrt fädelte ich meinen dunkelblauen VW-Käfer in die linke Spur Richtung Shepherds Bush ein und parkte um die Ecke vor dem BBC Gebäude. Auf dem Weg nach Hause holte ich mir beim Pakistani ein Chicken-Tikka mit einer Extraportion Reis und bog bangen Herzens in die Rockley Road ein. Das rote Backsteingebäude, eine alte Kirche, die nur tagsüber von der Gemeinde genutzt wurde, lag im Dunkeln. Auch im Untergeschoss brannte kein Licht. Erleichtert stieg ich die ausgetretenen Stufen zu unserer Halbparterrewohnung hinunter und schloss die Tür auf. Kälte wehte mir entgegen. Die alte Priesterwohnung hatte etwas von einer Gruft, aber sie war groß und billig. Für London ein Traum. Peter hatte die Wohnung damals aufgetan und mir angeboten, mit ihm zusammenzuziehen. Wir hatten uns beim Sommerkurs der Schauspielschule kennengelernt. Im Anschluss daran wurde ich, im Gegensatz zu Peter, zu dem dreijährigen Studium zugelassen. Peter hatte die Schauspielerei an den Nagel gehängt, mit der Begründung, dass er nicht gerne von irgendwelchen Heinis herumkommandiert würde. Dafür schuftete er jetzt in der Dreimannfirma eines Freundes, der Ladengeschäfte und Lokale umbaute. Zweimal pro Monat moderierte er eine kleine Sendung für Deutsche in London bei der BBC. Ich hatte damals sein Angebot, mit ihm eine Wohngemeinschaft zu gründen, sofort angenommen. Als Deutsche im Ausland schien es normal, sich zusammenzutun. Ich fand Peter zwar verschlossen und spröde, aber im Grunde war es mir ganz recht, dass ich mich nicht von ihm angezogen fühlte. Es würde das Zusammenleben vereinfachen. Ich ging in mein Zimmer rechts vom Gang und zündete als erstes die Gasheizung an. Obwohl es schon April war und die Magnolienbäume entlang der Straße blühten, war es abends noch ungemütlich kalt. Mit leisem Zischen verbreiteten die Flammen sofort eine wohlige Wärme.

In der Küche brühte ich mir eine Kanne Tee auf, stellte mein Essen auf ein Tablett und zog die Zimmertür hinter mir zu. Eingewickelt in meine dicke Schottendecke ließ ich mir vor dem Fernseher mein Essen schmecken und zappte den ganzen Abend wahllos zwischen Krimis, Comedy- und Talkshows hin und her. Bei African Queen blieb ich schließlich hängen. Zum ich weiß nicht wievielten Mal verfolgte ich mit diebischer Freude, wie so konträre Figuren wie Rauhbein Bogart und die scheinbar betuliche Ordensschwester Katherine Hepburn aufeinander losgelassen wurden. Schauspielerfutter vom Feinsten. Als ich endlich ins Bad huschte, befürchtete ich, dem Besuch in die Arme zu laufen. Aber die Türen zu Peters Zimmern im linken Teil der Wohnung waren noch immer geschlossen.

Zu dem Zeitpunkt wohnten wir schon seit gut zwei Jahren zusammen. Er hatte viel Energie in die Wohnungsrenovierung gesteckt. Handwerklich geschickt wie er war, hatte er im hinteren Teil der Wohnung eine Wand eingezogen und ein Bad eingebaut. Die Küche war offen und befand sich genau gegenüber der Wohnungstür. Wir hatten einen Ausziehtisch in den Gang gestellt und ihn als Essraum umfunktioniert. Nachdem die anfänglichen Gespräche über die Wohnungsaufteilung und die Gestaltung des gemeinsamen Bereichs erledigt waren, hatten wir nicht mehr viel miteinander zu tun. Er lebte auf einer Seite des Ganges und ich auf der anderen. Das lag zum Teil auch an mir, denn mein Studium fraß mich buchstäblich auf. Kurse von Montags bis Freitags, Proben bis in die Abendstunden, oft auch am Wochenende. Vielleicht war Peter auch ein wenig eifersüchtig auf die Theaterwelt, zu der er keinen Zutritt bekommen hatte. Jedenfalls fragte er mich kaum noch, woran ich gerade arbeitete oder welche Inszenierungen anstünden. Er führte sein Leben mit Fernsehen und gelegentlichen Frauenbesuchen auf der anderen Seite des Ganges wie in einer Parallelwelt. Der Besuch der Eltern war ein Novum und ich war neugierig, ihn in der Rolle des Sohnes zu erleben.

Mitten in der Nacht wachte ich davon auf, dass die Tür zur Toilette, die direkt neben meinem Zimmer lag, mit Geklapper mehrmals auf- und zuging. Ich hörte leise Stimmen, unterdrücktes Schluchzen. Ich unterschied eine Frauenstimme, offensichtlich Peters Mutter, und Peters Stimme. Ich drehte mich zur Wand und versuchte, wieder einzuschlafen. Ein Familiendrama, auch das noch.

Am folgenden Morgen wachte ich ausgeruht auf. Während ich mich im Bett räkelte, malte ich mir genüsslich einen faulen Vormittag mit Tee trinken, Zeitung lesen und Nichtstun aus. Als mir der Besuch einfiel, rutschte meine Stimmung kurzfristig in den Keller. Aber wozu war ich Schauspielerin? Ein paar höfliche Worte, ein Lächeln, das würde ich schon hinbekommen.
Auf dem Küchentisch stand die Teekanne. Sie steckte in einem geringelten Teewärmer aus Wolle, offensichtlich ein Geschenk der Mutter, Handarbeit. Der Tee war noch warm. Ich goss mir eine Tasse ein und schob zwei Scheiben Toast in den Toaster. Auf einmal ging die Tür von Peters kleinerem Zimmer auf und eine etwa fünfzigjährige Frau, Peters Mutter, fertig angezogen und frisiert, kam mit ausgestreckter Hand auf mich zu.
„Sie müssen Iris sein. Hoffentlich haben wir Sie nicht geweckt, als wir heute nacht nach Hause kamen. Es war schon ziemlich spät."
Sie lächelte verlegen. Ich versicherte ihr, dass ich nichts gehört hätte, wobei ich in ihrem Gesicht nach einer Ähnlichkeit mit ihrem Sohn suchte. Der Mund. Peters volle Lippen hatten für mich schon immer im Gegensatz zu seinen eher kantigen Gesichtszügen gestanden. Nun wusste ich, von wem er sie hatte. Ich fragte, ob sie schon ein Programm für heute hätten und sie erwiderte aufgekratzt, Peter würde sich um alles kümmern, er sei der Chef hier. Die Tränen der gestrigen Nacht waren offensichtlich vergessen. Sie plapperte drauflos, erzählte vom Abend zuvor, was ihr Sohn ihnen schon alles gezeigt hätte, wie schön sie zu Abend gegessen hätten, wie voll der Pub anschließend gewesen sei und wie sehr sie und ihr Mann sich freuten, ihren einzigen Sohn endlich einmal im Ausland besuchen zu können. Ich knabberte an meinem Marmeladentoast, hörte höflich zu und bewunderte gerade den Teewärmer, als Peters Vater aus dem Zimmer kam und sich mir vorstellte. Er legte den Arm um seine Frau. Sie schmiegte sich an ihn und ich meinte, ein wohliges Schnurren zu hören. Diese Nähe verwunderte mich, da Peter immer körperfeindlich auf mich gewirkt hatte. Von ihm immer noch keine Spur, abgesehen von Duschgeräuschen aus dem Bad.
Der Vater war klein und rundlich, von der Statur ganz anders als Peter, hatte eine angenehm warme Stimme und freundliche braune Augen hinter einem eckigen Brillengestell. Er breitete einen Stadtplan auf dem Tisch aus und zeichnete mit seinem klobigen Zeigefinger den Weg ins Zentrum.
„London ist ein Moloch!" rief er aus. „Wer findet sich da jemals zurecht?"
Ich musste lachen, und erzählte, wie ich anfangs wie ein Pfadfinder mit dem Stadtplan bewaffnet alle Viertel ausgekundschaftet hatte, sodass ich mich nun in London besser auskannte als in meinem Heimatdorf.
„Dann könnten Sie uns ja herumfahren!", rief Peters Vater begeistert aus.
Peter, der gerade mit nassen Haaren aus dem Bad kam, verzog das Gesicht.
„Iris hat Besseres zu tun an ihrem freien Tag als zwei alte Herrschaften durch die Gegend zu kutschieren."

Wir tauschten einen kurzen Blick aus. Er wirkte feindselig.
„Woher willst du das wissen?", konterte ich. Seine Bissigkeit provozierte
mich, ich wollte dem etwas entgegensetzen und hörte mich plötzlich zu meinem Erstaunen sagen:
„Ich habe Lust auf einen kleinen Ausflug. Wir könnten das Auto an der Waterloo Brücke stehen lassen und am rechten Themseufer bis zur Tate Modern
laufen. Der Blick ist wunderschön und außerdem blühen gerade die Magnolienbäume."
Trotz Peters umständlichen Einwänden, der Weg sei zu lang, seine Eltern sei-
en es nicht gewohnt, so viel Pflaster zu treten und außerdem habe er eine
Runde mit dem Riesenrad geplant, stimmten Peters Eltern freudig zu. Wir ver-
einbarten eine Abfahrtszeit und ich verschwand in meinem Zimmer, um mich
anzuziehen. Peters Eltern rührten mich, ich wusste nicht warum. War es, weil
sich Peter ihnen gegenüber, vor allem dem Vater, so merkwürdig ablehnend
zeigte? Wieso war ich plötzlich bereit, mein lang ersehntes Wochenende mit
wildfremden Menschen zu verbringen? Was wollte ich durch mein Verhalten
beweisen?
Peters Vater zurrte sich links neben mir auf dem Beifahrersitz fest, wie ab-
flugbereit. Er witzelte über den ungewohnten Platz ohne Steuer. Interessiert
verfolgte er meine Schaltmanöver mit der linken Hand und das Einfädeln in
den Fließverkehr um das Rasenstück von Shepherds Bush. Peter saß hinten
mit seiner Mutter, die mit gerecktem Hals aus dem Fenster schaute und sich
nichts entgehen ließ. Ich fuhr die längere Route die King's Road entlang zum
Sloane Square, am Buckingham Palace vorbei in Richtung Westminster.
„Sieh nur, Hannes, Big Ben! Und da, die Kathedrale, in der Elton John für
Lady Di gesungen hat!", rief Peters Mutter aus.
Peter blieb während der ganzen Fahrt einsilbig. Der Vater, zusehends entspannt, schlug sich auf die Knie und meinte, wie schön es sei, dass sie das
alles gemeinsam mit Peter erleben könnten.
Ich nahm die Westminster Bridge über den Fluss. Kurz vor der Waterloo Brücke bog ich nach Süden in die Nebenstraßen mit den alten Lagerhäusern, wo
ich das Auto auf meinem Geheimparkplatz abstellte. Wir stiegen die Stufen
zum Fluss hinunter und betraten die Uferpromenade, die am Nationaltheater
und am Filminstitut vorbei in Richtung Osten führt. Der Wind wehte vom
Meer her den Fluss herauf. Man konnte das Salz fast auf der Zunge schmecken. Es war ein strahlend schöner Frühlingstag. Die Großstadtgeräusche
wurden verschluckt von dem breiten silbrigen Fluss, der zwischen uns und
dem dicht befahrenen Embankment lag. Ich atmete tief durch und spürte einmal mehr, wie gern ich in dieser Stadt lebte.
Während Peter und seine Mutter untergehakt vor uns herliefen, marschierten
sein Vater und ich nebeneinander her. Er wollte etwas über das Theaterstudi-
um erfahren, Peter sei so zurückhaltend mit Berichten, wollte wissen, wel-

che Rollen mir besonders lägen und wie sich Peter als Bühnenpartner mache. Während ich ausweichend Auskunft gab, verfluchte ich innerlich Peter und seine Geheimniskrämerei. Der Vater gestand, dass er nichts mit Theater am Hut habe und lieber zu Hause in seiner Werkstatt tüftele. Je länger ich ihn ansah, desto weniger konnte ich Peter in seinen Zügen und seinem Wesen wiederfinden. Mir wurde einmal mehr bewusst, was ich an Peter nie gemocht hatte: seine zynische Haltung der Welt gegenüber, seine Verschlossenheit. Sein Vater dagegen war ein frischer Wind, genau wie der, der uns gerade vor sich her trieb. Die Sonne wärmte schon ein wenig, aber noch war es zu kühl, um mit offenem Mantel zu gehen. Ein Gitarrenspieler schrammelte auf leicht verstimmten Saiten herum und sang mit klarer Stimme ‚Heart of Gold' von Neil Diamond. Wir blieben einen Moment lang stehen und warfen Münzen in den Hut.

„So weit reicht mein Englisch noch", meinte Peters Vater, „Das berühmte Herz aus Gold, das wir alle suchen. Manche haben Glück, wie meine Frau und ich."

Ich wusste nicht, was ich darauf sagen sollte und schwieg. Nach einer kleinen Pause fragte er mich, verschmitzt lächelnd, ob ich meine große Liebe denn schon gefunden hätte. Ich hatte keine Lust, meine vergangenen Anläufe und mein im Moment völlig brach liegendes Liebesleben vor ihm auszubreiten. Lachend antwortete ich, Peter sei es jedenfalls nicht.

„Schade", erwiderte er. „So eine Frau wie Sie habe ich mir immer gewünscht für ihn. Peter hat ein großes Herz, aber dummerweise hält er es hinter Schloss und Riegel."

Ich hätte gern mehr über Peter erfahren, aber er beließ es dabei, nahm meinen Arm und zog mich weiter. Vor uns sahen wir in der Ferne Peter und seine Mutter gehen. Immer mehr Spaziergänger kamen uns und der Sonne entgegen, manche mit Hunden, manche mit Kinderwägen. Die legten ein flottes Tempo vor. Das waren die Londoner, die vor Allem Bewegung an der frischen Luft suchten. Die Touristen hingegen schlenderten am Ufer entlang, bestaunten die Frachtkähne und Ausflugsschiffe auf dem Fluss vor der Silhouette der City am anderen Ufer, fotografierten oder picknickten auf den Bänken. Ich genoss das Gefühl, zu den Londonern zu gehören. Mit Fremden an meiner Seite war es noch spürbarer als sonst.

Peters Vater erzählte, wie sie als Familie früher viel gemeinsam unternommen hätten, Floßfahrten auf der Isar, Zeltferien an der Ostsee, eine Irlandreise, die er aus Anlass einer Handelsmesse geplant hatte. Diese Ferien mit Peter seien immer etwas Besonderes gewesen. Als Junge habe Peter immer die Nase in Papas Werkzeugkasten gesteckt, die Sammlung von Rohrzangen und Ringschlüsseln geordnet und ihn in den Ferien auf Kundentour begleitet. Vom Gymnasium an habe sich das schlagartig verändert. Peter habe sich zurückgezogen. Die Ferien habe er, was ja normal sei, mit seinen Freunden, später mit seiner Freundin verbracht, übrigens der Tochter eines bekannten Fernsehstars, eines Komikers, dessen Name ihm entfallen sei. In der Werkstatt habe Peter ihn nie mehr besucht.

„Im Grunde ist es ganz einfach", sagte er, „Wenn man nur einen Sohn hat und einen gut gehenden Familienbetrieb, zukunftsträchtig noch dazu – möchte man ihn weitergeben. Aber Peter wollte unbedingt zum Theater. Meine Frau hat mir ins Gewissen geredet und irgendwann habe ich mich von dem Gedanken verabschiedet. Aber es hat weh getan. Peter ist dann zum Studieren nach Heidelberg gegangen, Theaterwissenschaften. Und jetzt wird er Schauspieler. Wer hätte das gedacht."

Eine spitze Bemerkung lag mir auf der Zunge, ich konnte sie aber gerade noch unterdrücken. Er klang traurig. Ich versuchte, ihm klarzumachen, dass Kinder eben ihre eigenen Wege gehen müssten und dass es nicht unbedingt bedeutete, dass sie ihre Eltern nicht liebten. Ich erzählte, dass ich mich auch über die Jahre von meinen Eltern entfernt hätte, nicht nur geografisch. Das sei doch normal und notwendig. Er versicherte mir, dass er kein Klammervater sei und Peter immer seine Freiheiten gelassen habe.

„Wissen Sie", vertraute er mir an, „ich bin stolz auf meinen Sohn. Ich bin nur ein kleiner Handwerker. Ich wünsche ihm von Herzen dass er Erfolg hat."

Ich fragte mich, warum Peter mir nie davon erzählt hatte. Allerdings hatte ich ihn auch nie danach gefragt. Insgeheim beschäftigte mich die Frage, aus welchem Grund er seinen Eltern das Theater der Schauspielschule vorspielte. Peter und seine Mutter saßen auf einer Bank kurz hinter der Blackfriars Bridge und blickten uns entgegen. Sie wirkten müde, aber entspannt.

„Ihr scheint euch ja glänzend zu unterhalten", sagte die Mutter fröhlich.

Peter lächelte mich dankbar an. Es war der erste offene Blick zwischen uns an diesem Tag. Als Vierergruppe liefen wir das letzte Stück bis zur Tate Modern, dem alten Kraftwerk mit den zwei riesigen Türmen und einer hohen Eingangshalle, in die ein großer Kran hineinpassen würde. Peters Vater war hellauf begeistert von der umgestalteten Industrieanlage und wollte sie unbedingt besichtigen. Er gab freimütig zu, dass Kunst ihn nicht so sehr interessiere wie Technik, von der er etwas verstünde. Doch Peter drängte weiter. Es sei wichtiger, St. Paul's Cathedral zu besichtigen, dann könne man einen Curry in der Fleet Street essen und zum Abschluss wie geplant die Runde auf dem Riesenrad drehen. Er beharrte so stur auf seinem Plan, dass ich ihn am Liebsten geschüttelt hätte. Ich dachte an die Tränen der Nacht zuvor, sagte aber nichts. Es waren schließlich seine Eltern. Sollte er sehen, wie er zurechtkam. Peters Mutter stand etwas beklommen neben ihrem Mann und schwieg. Er zuckte mit den Achseln, meinte trocken, dann eben ein andermal, und legte versöhnlich den Arm um sie. Mir war die Situation so unangenehm, dass ich mein Rollenstudium vorschob und mich schnell verabschiedete. Peters Eltern bedankten sich herzlich für den Ausflug, sie gaben mir die Hand und ich sah der

kleinen Truppe nach, wie sie im Strom der anderen Besucher über die leicht
schwankende Millenium Brücke zum anderen Ufer wanderte. Peter und seine
Mutter vorneweg, der Vater, die Hände in den Taschen vergraben, hinterher.
Vor meinen Augen entstand das Bild, wie ich mit meinen Eltern über diese
Brücke spazierte. Mit einem Mal wünschte ich mir nichts sehnlicher. Warum
hatte ich sie bisher nicht eingeladen? Warum hatte ich mich mit den üblichen
Weihnachtsbesuchen zu Hause begnügt? War ich im Endeffekt keinen Deut
besser als Peter?
Ich schüttelte diese Gedanken ab und versuchte, mich auf dem Heimweg auf
meine Rolle zu konzentrieren. Wie ein Automat plapperte ich den Text halb-
laut vor mich hin und hatte Mühe in die Figur einzusteigen. An jenem Abend
ging ich, von der frischen Luft und der Woche erschöpft, früh ins Bett. Am
Sonntag vormittag war ich zum Proben mit meinen Prüfungspartnern in deren
Wohngemeinschaft im Norden der Stadt verabredet. Wir probten bis in den
Abend hinein und beschlossen dann zur Belohnung im Pub um die Ecke ein
Bier trinken zu gehen. Aus dem einen wurden mehrere und so kam es, dass ich
auf ihrer Wohnzimmercouch übernachtete.
Als ich Montagabend nach dem Unterricht nach Hause kam, saß Peter allein
am Tisch. Ich fragte, ob es seinen Eltern gefallen hätte. Er bejahte und richtete
mir Grüße aus. Dann kam er übergangslos auf meine unbezahlte Telefonrech-
nung vom vorigen Monat zu sprechen. Das war zuviel. Ich fuhr ihn an, dass
die blöde Telefonrechnung ja wohl noch ein paar Tage warten könne, was
überhaupt mit ihm los sei, warum er seinen Eltern gegenüber so unleidlich
gewesen sei und was diese Geheimniskrämerei überhaupt zu bedeuten habe.
„Dein Vater ist doch ein netter Mensch!", platzte es aus mir heraus.
„Du hast gut reden", rief er. „Er ist ja nicht dein Vater!"
„Was hat er dir getan?" schrie ich. Meine Stimme überschlug sich.
Peter, von meiner Heftigkeit überrascht, druckste eine Weile herum, bis er
endlich zögerlich anfing zu erzählen. Sein Vater habe ihn von klein auf darauf
getrimmt, den väterlichen Klempnerbetrieb zu übernehmen, was er spätestens
ab der Oberschule auf keinen Fall mehr gewollt habe. Schauspieler habe er
werden wollen. Seine erste Freundin sei aus einer Schauspielerfamilie gewesen, bei denen sei alles so offen und aufregend gewesen. Da habe er auch hin-
gewollt. Aber Schauspielerei sei für seinen Vater ein brotloser Beruf gewesen,
den er auf keinen Fall akzeptieren konnte. Die endlosen Auseinandersetzun-
gen mit unterschwelligen Vorwürfen, Appellen an seine Vernunft, Erwartungen, Tränen der Mutter hätten ihn so genervt, dass er sich nur durch totalen
Rückzug hätte retten können. Er hätte sich bei verschiedenen Schauspielschu-
len beworben, vorgesprochen, sei aber nirgendwo angenommen worden. Da
habe er sich für Theaterwissenschaften entschieden und sei nach dem Abitur
sofort nach Heidelberg gezogen. Und nun sei er hier in London gelandet, mit
der Schauspielerei endgültig gescheitert und wisse gar nicht mehr, wohin er

eigentlich gehöre. Sein Elternhaus sei für ihn ein Ort der Verlogenheit geworden, die Liebe seiner Mutter eine Belastung und dass die Eltern überhaupt zu Besuch gekommen seien, nur der wiederholten Bitte der Mutter zu schulden. Der Gedanke an seinen Vater bereite ihm jedesmal Unbehagen, ja, richtig wütend sei er über ihn, über sich selber, über diese ewigen Verstellung, zu der er gezwungen sei. Ich hörte zu, wie es aus ihm heraus brach, die ganze Qual. Ich saß ganz still am Tisch und umklammerte meine Tasse Tee. Er ging vor mir im Flur auf und ab, schlug einmal mit der Faust gegen die Wand und warf mir Blicke zu, eine Mischung aus Wut und Hilflosigkeit, wie ein in die Enge getriebenes Tier. Er tat mir leid. Dann verstummte er. Eine Weile lang sagten wir beide nichts.

„Ist dein Vater daran schuld, dass du nicht Schauspieler geworden bist?", fragte ich leise.

Er starrte auf den Läufer.

„Hast du die Erwartungen deiner Eltern erfüllt? Warum kommen sie dich nie besuchen?", fragte er zurück.

Ich seufzte.

„Peter, du weißt doch, wie das ist. Meine Eltern wünschen sich Enkelkinder, am liebsten ein Quartett, am liebsten in der gleichen Stadt, um die Ecke, und am liebsten sofort. Sie träumen von einer lieben, angepassten Tochter zum Vorzeigen. Ich war immer der Rebell, ich habe immer quer geschossen. Wie oft wurden sie zum Direktor der Schule zitiert, mussten sich anhören, wie untragbar ich sei und dass ich könnte, wenn ich nur wollte und diesen ganzen Pädagogenkram. Sie haben sich für mich geschämt und ich mich für sie. Ich wollte nie meine Freunde mit nach Hause bringen. Die Spitzendeckchen, die geschwungenen Gardinen im Wohnzimmer, der Vorgarten mit dem Springbrunnen und den lustigen Keramikfröschen drumherum!"

„Und die handgemalten Untersetzer für Weingläser und die Pieker mit Teakholzgriff für Käsewürfel und Trauben, wenn Besuch kam!"

Wir schauten uns an und prusteten los. Wir steigerten uns in die Absurditäten unserer jeweiligen Elternhaushalte hinein, jeder versuchte, den anderen mit Scheußlichkeiten zu übertreffen, bis wir fast am Boden lagen. Wir lachten bis uns die Tränen über die Backen liefen. Japsend rangen wir nach Luft. Es entstand eine Pause, in der wir uns schweigend ansahen. Peter machte einen Schritt auf mich zu.

„Iris", sagte er, und noch einmal, „Iris."

Er strich mir über das Haar. Ich mochte seinen Geruch. Ich legte die Arme um ihn und so standen wir eine Weile und spürten unsere Herzen gegeneinander klopfen. Wir küssten uns. Peters Lippen waren weich und er küsste sanft, dann immer gieriger. Ich wollte seine Haut spüren, wissen, ob sein schmaler Körper die Kraft und die Zärtlichkeit hatte, die sein Mund versprach. Wortlos nahm er mich bei der Hand und führte mich in sein Zimmer. Wir zogen uns gegenseitig aus, langsam, Stück für Stück. Im Licht der Flammen der Gasheizung liebten wir uns zum ersten Mal. Stunden später lagen wir immer noch auf dem Teppich vor dem leise zischenden Kamin, zugedeckt mit meiner Schottende-cke, die er aus meinem Zimmer geholt hatte. Wir erzählten uns unser Leben, unsere Kindheit, Jugend, unsere Träume und Sehnsüchte. Wir hielten uns an-einander fest, schauten uns ungläubig an und küssten uns immer wieder. Ich entdeckte eine verblasste Narbe unter seinem Kinn, ein widerspenstiges Bart-haar auf der linken Wange, seine langen Wimpern. Ich wärmte mich an dem Blick seiner braunen Augen, die mich an die seines Vaters erinnerten. Als er vorschlug, ich könnte meine Eltern einladen und wir könnten ihnen London zeigen, lachte und weinte ich abwechselnd. Peter, Geliebter, dachte ich, gib mir Zeit, gib uns Zeit, aber ich spürte, dass mit Peter alles möglich war. Wir beschlossen noch an jenem Abend unter der karierten Decke, im Sommer eine Deutschland-Eltern-Besuchsreise anzutreten und malten uns wie kleine Kin-der den Gesichtsausdruck unserer Eltern aus, wenn sie davon erführen.

In den darauf folgenden Wochen standen die Türen rechts und links des Gan-ges fast immer offen. Peter und ich gingen samstags zusammen einkaufen, saßen abends unter dem Kastanienbaum im Garten oder Sonntag nachmittags in der Sonne vor Peters Zimmer zur Straße. Wenn ich spät abends todmüde von der Schauspielschule kam, stand ein großer Topf mit Stew auf dem Herd und wenn Peter nicht da war, lag ein Zettel daneben für mich auf dem Tisch. Peter ging mit mir meine Rollen durch. Er gab einen gefährlich verführeri-schen Richard den Dritten ab. Er hatte Spaß daran. Er war gut. Ich ermutigte ihn, es noch einmal mit der Schauspielerei zu versuchen. Wir sprachen über seine Zukunft. Über unsere Zukunft. Die Vergangenheit ließen wir erst einmal beiseite. Während meine früheren Männerbeziehungen aus Konflikt, Kampf und Eifersucht bestanden hatten, erlebte ich nun mit Peter ein Wohlsein, das sich jenseits von Konkurrenz ausdehnen konnte. In seinen Armen fühlte ich mich umhüllt wie von einer seidenen Wolke. Seine Hände umfassten und hiel-ten mich wie die Rinde einen Baum. Ich fühlte mich stolz und stark. Mehr als einmal dachte ich an den Spaziergang am Themseufer zurück. Eines Abends erzählte ich Peter, worüber sein Vater und ich uns unterhalten hatten. Von da an nannte er mich seine kleine Goldgräberin, die sein Herz ausgegraben habe. Wir staunten über unser Glück, an dem wir um Haaresbreite vorbeigegangen wären.

Nun ist es soweit. Der Wecker ist gestellt. Ich höre Peter leise neben mir at-men. Morgen fliegen wir nach Deutschland.

Katja Reinicke

Im Auge des Zyklon

„Weißt du noch, wie alles begonnen hat?" Sie strich ihm sanft durch das dunkle Haar. Er nickte. „Ja, noch weiß ich es – ich bin vergesslicher geworden, in letzter Zeit, darum schreibe ich es auf …" Sie seufzte zustimmend. „Ja, aber auch vorausschauender! Bei mir ist es umgekehrt: ich habe zwar keine Ahnung mehr, was werden soll, aber kann Vergangenes immer besser einordnen! Wir ergänzen uns zunehmend! Gegenseitige Anziehungskraft – der Ausgleich zweier gegenläufiger Universen eben!" Sie lächelte und knuffte ihn in die Seite. „Vorsicht!", sagte er sanft. Seit dem Unfall war ihm die Reihenfolge der Ereignisse durcheinander geraten.

Das war zumindest die offizielle Version.

Es war ein typischer Novembertag gewesen. Der Cappuccino hatte genau die richtige Konsistenz – fein schaumig, gerade heiß genug, um eine angenehme Wärme im Magen zu erzeugen. Und dann kam nach dem ersten Schluck dieses wohltuende Gefühl, als ob ein unsichtbares Kraftwerk im Körper angeworfen wurde und mit Hochdruck Energie in die Adern pumpte. Ali schloss ein paar Sekunden die Augen.

Sein Leben war perfekt. Jetzt, genau jetzt, war einer dieser kostbaren Momente im Leben, in denen er spürte: alles lief genau nach Plan. Vor ihm auf dem honigfarbenen Weichholztisch neben der Getränkekarte lag sein Notebook und er spürte schon eine gewisse Vorfreude in seinen Fingerspitzen kribbeln. Philipp Wertenbruch, einer der führenden Quantenphysiker in der weltweit größten Teilchenbeschleunigungsanlage hatte ihn gerade angerufen und ihm den Interviewtermin bestätigt. „Ich habe wirklich bahnbrechende Neuigkeiten. Ich sage nur kurz: der Durchbruch in eine Parallelwelt ist gelungen. Aber das Interview muss exklusiv bleiben …" Klar. Nichts lieber als das.

Der Titel würde lauten: „Ein Leben im Auge des Zyklon" – weitere Satzfetzen schwirrten vor Alis innerem Auge „Physiker vom Schlage Einsteins", „potentieller Nobelpreisträger", „Forscher entdeckt Weg ins Paralleluniversum?" Endlich ein Niveau, das Alis Ausbildung und Fähigkeiten einigermaßen entsprach. Statt Kinderporträts von „Jugend forscht" zu veröffentlichen würde er endlich über die Welt der internationalen Wissenschaftsinstitute berichten. Es war fast, als ob er über Einstein schrieb – direkt nach der Formulierung der Relativitätstheorie.

Doktor Philipp Wertenbruch, Quantenphysiker und Leiter der Forschungsabteilung 3.4 im internationalen Teilchenbeschleuniger „Zyklon" hatte wie Hunderte weiterer Forscher Strings gesucht – diese unvorstellbar kleinen

Teilchen, Fädchen genauer gesagt, die letztlich die energetischen Prozesse in unserem Universum auslösen. Sie sollen so unvorstellbar klein und gleichzeitig potent sein, dass ihr Nachweis mit einschließt, dass wir nicht mit drei oder vier Dimensionen zu leben haben, sondern mit 21, auf kleinstem Raum zusammengefaltet – vielleicht auch mehr. Aber Wertenbruch hatte sie möglicherweise gefunden, ein gefälteltes Universum, Paralleluniversen inklusive.

Ali nahm noch einen Schluck. Der Cappuccino kühlte bereits deutlich ab. Er winkte nach der Kellnerin, sie nickte. Nach ein paar Minuten tauschte sie die Tasse aus.

Die Vorstellung berauschte ihn, dass vielleicht genau jetzt, in diesem Moment, in einem parallelen Universum ebenfalls ein Ali in einem solchen Café saß und auch einen cremigen Cappuccino trank – oder, ja, vielleicht trank er einen Earl-Grey-Tea? Ein paralleler Ali mit kleinen Unterschieden? Nicht einfach nur eine Doppelung, aber wer weiß …

Ali kniff die Augen leicht zusammen. Die klaren Konturen der Kaffeetasse verschwammen, so dass aus der scharfen Linie eine Überlagerung mehrerer Linien entstand. Er lächelte. Wenn man sich ein wenig von dem üblichen Sehen entfernte, konnte man diese Paralleluniversen bereits ahnen. Dafür brauchte man keinen 27 Kilometer langen Teilchenbeschleuniger mit 13 Teraelektronenvolt wie im „Zyklon".

Ein letzter Schluck, dann würde er loslegen. Aber durch seine halb geschlossenen Lider hatte Ali plötzlich das Gefühl, beobachtet zu werden, obwohl er der einzige Gast war.

Er setzte die Tasse ab und sah sich um.

Draußen auf der Straße schneite es und die Leute hielten sich Regenschirme über den Kopf oder hatten Mützen und Schals ins Gesicht gezogen. Aber er hatte das Gefühl, draußen war jemand mit einer großen, dunklen Kapuze und hatte ihn durch das Caféfenster angestarrt, bevor er sich ruckartig entfernt hatte.

Das Koffein in Alis Adern tat jetzt seine Wirkung. Sein Herz schlug schnell und heftig gegen seinen Brustkasten. Das Notebook blieb geschlossen, er packte es in die Tasche und zahlte. Er rannte bereits auf die Straße und sah gerade noch jemanden vor ihm um die Häuserecke biegen. Kurz vor seiner Wohnungstür hatte er die Gestalt eingeholt. Dachte er. Oder sie hatte auf ihn gewartet.

Eine zierliche Frau, von der Gestalt fast noch ein Mädchen, eingehüllt in einen riesigen dunklen Parka, die Kapuze tief ins Gesicht gezogen. Sie sah sich nervös um und hob dann den Kopf gerade genug an, um sein Gesicht fixieren zu können. Ohne Vorstellung, Begrüßung oder andere einleitende Worte sprach sie mit leiser, eindringlicher Stimm. „Philipp Wertenbruch ist tot. Sie werden es bald erfahren. Er wurde ermordet." Ali schüttelte langsam den Kopf. „Ich habe gerade mit ihm telefoniert …", die Frau wedelte ungeduldig mit der Hand. „Hören Sie genau zu! Sie wollen doch über ihn schreiben, oder?"

Sie sah ihm jetzt direkt in die Augen. Das Licht der Straßenlaterne spiegelte sich in ihren Pupillen. Ihm schien, sein eigenes Gesicht tauche schemenhaft ebenfalls dahinter auf. Sie senkte den Blick. Sie hatte ihre Kapuze nicht abgenommen. Ali forschte nach ihren Gesichtszügen. Was er sah, ließ eine sehr hübsche, sehr junge Frau, höchstens Anfang zwanzig ahnen.

„Woher wissen Sie überhaupt …", setzte Ali an, aber erneut machte die Frau eine Handbewegung, um Ali zum Schweigen zu bringen. „Ich habe nicht viel Zeit. Philipp erlag nicht einem Herzinfarkt. Das werden sie behaupten …", sie schnaubte durch die Nase und Ali sah, wie sich eine winzige Träne aus dem linken Auge löste, die die Frau aber schnell wegwischte. „Er wurde ermordet. Der Obduktionsbericht kommt der Wahrheit näher, deswegen werden sie ihn auch nicht herausgeben und stattdessen behaupten, er hätte Alzheimer gehabt – egal …" Diesmal fiel Ali der jungen Frau doch ins Wort: „Sie müssen zur Polizei, wenn das so ist! Einfach gesagt, kann auch ich nichts mit Informationen anfangen, die nicht bewiesen sind!"

Die Frau schnaubte wieder, aber diesmal machte sie einen Schritt zurück und sah Ali spöttisch an. „Bewiesen, ja? Überhaupt – beweisbar? Dann brauche ich Ihnen vom eigentlichen brisanten Ziel meines Besuchs hier bei Ihnen gar nichts erzählen. Ich habe mich in Ihnen geirrt, schreiben Sie ruhig weiter irgendwelche Käseblattstories …", sie drehte sich energisch um. Ali sprang neben sie und legte ihr ganz sanft die Hand auf die Schulter. Eine kleine, zarte, leicht zitternde Schulter.

„Okay", sagte er, „welche Informationen haben Sie noch?" Sie sah einen Moment starr zurück, ihre Pupillen wie schwarze unendliche Tunnel –, Wurmlöcher' schoss es Ali durch den Kopf.

„Stellen Sie sich vor, auch wenn das sozusagen unvorstellbar ist, nehmen Sie mal an, im Zyklon geht es sozusagen nicht ‚mit rechten Dingen' zu, in jeder Hinsicht. Philipp hat nicht nur einfach die langersehnten Strings gefunden, die den Beweis für weitere Universen liefern, sondern, er …", sie sah sich etwas nervös um, aber niemand war ringsum zu sehen „… er hat an einem geheimen Protonendetektor im Zyklon gearbeitet, dem Arcor, der schon lange ein Tor zu einem parallelen Universum geschaffen hat. Und er hat einen Fehler begangen – deshalb wird man ihn töten. Jetzt, gleich in drei, zwei, eins … Sekunden." Sie schaute auf ihre Armbanduhr, die letzten Worte flüsterte sie nur noch und schien plötzlich erstarrt.

„Man? Wer? Und warum? Was für einen Fehler?"

Sie schien einen Moment zu brauchen, um aus Ihrer Erstarrung hervorzutauchen. „Wer – wer ist schnell gesagt: Professor Holbein, der Leiter des Zyklon. Das mit dem Warum ist etwas heikler …"

Ali merkte, wie sein Misstrauen wuchs. Die hübsche Kleine vor ihm war vermutlich einfach durchgedreht. Gut, auch das konnte eine Story werden. „Weil – ein Wesen aus der Parallelwelt in unsere Welt entflohen ist und Philipp ihm dabei geholfen hat."
„Aber warum warnen Sie ihn nicht?"
Sie senkte den Kopf und schien zu zittern. „Wir können es nicht verhindern." Plötzlich hob sie den Kopf und wurde unruhig, wie ein Tier, das eine Gefahr witterte.
Sie griff in das Innere ihrer Jacke und für den Bruchteil einer Sekunde durchfuhr Ali ein Schreck, der seine Knie weich werden ließ. Sie schob ihm ein dünnes Heft unter den Arm. „Lesen Sie das!", flüsterte sie. Dann war sie weg.
Ali erzählte niemandem von dieser Begegnung. Er redete sich ein, Wort zu halten, aber er ertappte sich bei dem Gefühl, sich anderweitig lächerlich zu machen.
Es dämmerte bereits, als er endlich zuhause war und Zeit hatte, sich das Heft anzusehen. Eine dünne Din-A-5-Kladde, wie ein Schulheft. Handschriftlich hatte jemand dort tagebuchartige Eintragungen gemacht.
Mit zitternden Händen machte Ali sich einen Cappuccino und ließ sich dann auf seinen Sessel fallen. Er schlug das Heft auf.
Die Handschrift war gut leserlich, die Eintragungen vermittelten den Eindruck, gelesen werden zu wollen. Von wem? Nur von dem Autor selber? Vielleicht, darauf ließe ein Satz ganz zu Beginn sich erklären. „Ich weiß nicht, wie lange ich mich noch erinnern kann. Ich spüre, wie immer mehr Lücken in meinem Gehirn auftauchen. Wer auch immer das liest und mir bestimmt nicht Glauben schenkt – insofern ich es selber bin, hoffe ich, möglichst lange mithilfe dieses Büchleins Herr meiner Handlungskraft zu bleiben." Unter jedem Tagebucheintrag stand „PhW" – es lag nahe, welcher Name sich dahinter verbarg. Aber noch aufrüttelnder als die Erschütterung eines Wissenschaftlers, der sich Sorgen um den Verlust seiner Geisteskraft machte, waren die Schilderungen, die er notiert hatte. Von einem „Tor zu einem Paralleluniversum" war die Rede, von dem notdürftigen und nicht ausreichenden Strahlenschutz und vor allem von der höchsten Sicherheitsstufe, die diesen abgeschlossenen Bereich des „Zyklon" von der Außenwelt, den größten Teil der Mitarbeiter der Teilchenbeschleunigungsanlage inbegriffen, abschloss.
Aber am meisten packten Ali die Worte, die versuchten zu umschreiben, was da in diesem geheimen „Arcor" Protonendetektor vor sich ging: „Heute haben wir das Areal endlich geschlossen. Einheiten wurden auf die bisher Entflohenen angesetzt, wir haben alle erwischt. Die Vorstellung, dass sich dort draußen Wesen unter uns mischen könnten, die nicht aus unserer Dimension stammen, ist grauenvoll. Die Hauptgefahr liegt wohl in einem nivellierenden Ausgleich der Universen. Wir haben Zellen eingerichtet, drei sind nun besetzt. Sie scheinen in Körper- und Nervenfunktion menschlich, aber wir arbeiten mit Hoch-

druck daran, den Unterschied herauszufinden. Die anderen werden sofort bei Eintritt getötet und zurück in den Strahlungsbereich gebracht."
An anderer Stelle hieß es: „Heute schien es zunächst zu gelingen, die Energie zu drosseln, um das Tor zu schließen. Aber wir wurden von einem kleinen internen Stromabfall getäuscht. Die Hauptenergie – wir schätzen, mehr als 20.000 Teraelektronenvolt (!) kommt von irgendwoher. Genauer gesagt: Von DAHER."
Der letzte Eintrag war am beunruhigendsten. Die Schrift war deutlich unleserlicher als in den vorhergehenden Passagen.
„Ich habe das Unverzeihliche getan – ich habe zugelassen, dass sich unsere Welten mischen. Wozu das führen wird – ich wage nicht, darüber nachzudenken. Aber ich konnte nicht anders. Meine Vergangenheit holt mich ein – oder soll ich sagen, meine Zukunft?"
Zehn Seiten umfasste das Heftchen. Nachdem er alles immer wieder und wieder durchgelesen hatte, saß Ali mehrere Stunden unbeweglich und starrte aus dem Fenster, vor dem die Dämmerung aufzog, bis in die Nacht.
Als er am nächsten Morgen aufwachte, ließ die helle Sonne den Vortag wie einen wirren Traum erscheinen. Nur als Alis Blick das Heftchen auf dem Tisch streifte, zuckte etwas in seinem Magen. Er würde Philipp Wertenbruch heute während des Interviews nach der kleinen Verrückten fragen. Mit dem Cappuccino zog wieder Alltäglichkeit in sein Gemüt.
Bis gegen Mittag dieser Telefonanruf in der Redaktion ankam. Professor Holbein, Leiter des Zyklon, wollte ihn sprechen. Während schon die Nachricht durch den Ticker lief „Bekannter Teilchenphysiker erlag plötzlichem Herzanfall …"
Holbein bot Ali ein Gespräch für den kommenden Tag an.

Ali hielt jedes Mal, wenn er seine Wohnung verließ, Ausschau nach dem dunkelblauen Kapuzenparka. Vergeblich.
Aber am nächsten Morgen war sie wieder da, scheinbar zufällig, auf der Straße, unweit von Alis Wohnung.
Wieder sprach sie ihn ohne ein Hallo oder eine Einleitung direkt an.
„Haben Sie das Heft gelesen?" Ali nickte. Sie wedelte ungeduldig mit der Hand.
„Die Zeit drängt. Stellen Sie sich vor, Sie begegnen jemandem, der keine Erinnerung hat." Ali sah sie aufmerksam an, aber sie blickte nur abwartend schweigend zurück. „Das nennt man Alzheimer", sagte er. Sie nickte. „Und stattdessen hat diese Person nur Wissen von dem, was passieren wird – was glauben Sie, würde mit dieser Person geschehen?" Ali fühlte sich leicht verwirrt. „Ehrlich gesagt kann ich mir das nicht vorstellen. Wenn jemand keine Erinnerung hat, dann kann er auch nicht sprechen. Er findet keinen Weg wieder, weil er sich ja nichts einprägen kann …", sie schüttelte ungeduldig den Kopf. „Das kann ja alles auch Vorausprojektion sein – alles, was auf Handlung ausgerichtet ist,

ist Rückstrahlung des Zukünftigen." Ali merkte, wie seine Handflächen feucht wurden. Irgendetwas stimmte und irgendetwas war unvorstellbar falsch.

„Wollen Sie damit sagen, dass dieses Wesen aus der Parallelwelt – die Zukunft kennt?" Die Frau sah ihn lange an und nickte. „Jetzt haben Sie eine Idee davon, wie gefährlich diese Person ist. Eine Gefährdung der öffentlichen Sicherheit." Sie hob den Kopf, als ob sie lauschte, dann wandte sie sich schnell um ohne ihn noch einmal anzusehen und lief davon.

Auf der gegenüberliegenden Straßenseite bog jemand um die Ecke, dessen Gesicht Ali von der Website des Zyklon kannte. „Herr Professor Holbein?" rief Ali über die Straße. Der ältere Herr mit dem grauen Dreitagebart und dem freundlichen Lächeln blieb überrascht stehen. Ali wechselte zu ihm hinüber und streckte die Hand aus.

„Sie kommen doch heute in den Zyklon, oder?" Ali nickte. „Fünfzehn Uhr – bleibt es dabei?" Holbein bejahte und nach ein paar belanglosen Worten gingen beide in entgegengesetzten Richtungen weiter.

***

„Arcor? Was soll das bedeuten?" Holbein strich sich durch den Bart. Ali versuchte, sich keine Aufregung anmerken zu lassen. „Das war eine Notiz in Philipp Wertenbruchs-Wohnung. Ich war dort – zu Recherchezwecken. Auf seinem Schreibtisch lag ein Zettel mit diesem Wort – und daneben stand Zyklon. Können Sie sich das erklären? Ist das – der Name eines Kollegen?" Ali spürte Stolz in sich aufsteigen, diese naive Frage nachgeschoben zu haben. So konnte Holbein nicht argwöhnen, er wüsste etwas von einem geheimen Forschungsbereich im Zyklon.

„Keine Ahnung – tut mir leid! Aber das soll nichts heißen – vielleicht ein Haustier? Aber Unsinn – im Zyklon gibt es keine Tiere …!" Der Institutsleiter lachte ein sympathisches, offenes Lachen. Ali begann zu zweifeln.

Nach dem Rundgang durch den Teilchenbeschleuniger setzten sie sich erneut in Holbeins Büro. Ali hatte sehr darauf geachtet, irgendeine verdächtige verschlossene Tür zu entdecken oder ein Schild mit der Aufschrift: „Achtung! Zutritt verboten! Hochsicherheitsbereich!" Aber da wurde er enttäuscht: davon gab es nicht eine Tür, sondern hunderte. Zutrittsverbote und Strahlenschutztüren waren Alltag im „Zyklon".

„Wenn Philipp Wertenbruch gefunden hätte, was er wirklich suchte – und Sie auch, nämlich ein Tor zu einem anderen Universum, was würde uns dort begegnen? Irgendwelche Monster? Aliens mit Fischköpfen? Sprechende Dinosaurier? Hexen, Geister – was glauben Sie? Ich meine, wäre es nicht gefährlich, eine Verbindung herzustellen?" Ali sah auf seine Hände und erst dann in Holbeins Gesicht, um nicht den Eindruck zu erwecken, er verfolge dessen Reaktion aufmerksam. Was er natürlich in höchstem Maße tat.

Holbein zuckte einen kurzen Moment, dann lächelte er sein offenes, breites Lächeln. „Monster, ja! Schön wäre es! Aber – wir sind noch ganz in den Anfängen. Wir wären überglücklich, ein Elementarteilchen aus einem Paralleluniversum in der Größe von zehn hoch minus 32 zu finden – ob das dann ein Monster wäre? Und wenn wir es dann für eine hundertstel Sekunde festhalten könnten, wäre das geradezu eine Ewigkeit, verstehen Sie?" Ali musste unwillkürlich lachen. Das waren die Größenordnungen, die auch ihm seit seinem Studium vertraut waren. „Aber, Professor, darf ich Sie mal etwas fragen?" Holbein zuckte die Achseln. „Selbstverständlich – soweit ich es beantworten kann!" Ali nickte. „Wie stellen Sie sich persönlich so ein Paralleluniversum vor? Ist es Antimaterie? Sozusagen – die dunkle Seite unserer Welt? Unsere Antitypen – zu jedem sein böses Alter Ego?" Holbein wurde deutlich aufmerksamer. Er klopfte einen Moment die Fingerspitzen aneinander. „Sehen Sie, Herr Fahid, das ist alles reine Spekulation. Aber tatsächlich gehen die neuesten Theorien – davon haben Sie sicher auch schon gelesen – eher in die Richtung, dass ein Paralleluniversum rückläufig zu unserem wäre – also etwas für uns ganz und gar Unvorstellbares." Ali schluckte. „Sie meinen – während in unserer Welt das Leben von der Geburt zum Tode führt …" „… könnte es dort umgekehrt, vom Tode zur Geburt laufen." Beide Männer schwiegen einen Moment. „Das hieße auch …", begann Ali und bemerkte, dass Holbeins Lächeln einem angespannten Ausdruck gewichen war „… dass unser Urknall das Ende des Paralleluniversum wäre und umgekehrt." Holbein lächelte erneut, allerdings nicht ganz so breit wie vorher und sagte: „Völlig unvorstellbar." Ali nickte. Holbein blickte auf seine Uhr und schien unruhig zu werden. „Herr Fahid, es tut mir sehr leid, aber leider habe ich noch einen Termin …"

Es war bereits dunkel, als Ali sich auf den Nachhauseweg machte. Kurz nachdem er das Zyklon-Forschungsgelände verlassen hatte, tauchten plötzlich sehr helle, blendende Scheinwerfer im Rückspiegel auf. „Schichtende", dachte er. Aber dann schien der nachfolgende Wagen immer näher zu kommen und auf einer freien Feldtrasse beschleunigte der fremde Wagen und setzte zum Überholmanöver an. Eine Sekunde später krachte er gegen Alis linke Wagenseite, das Auto geriet ins Schleudern, ein ungeheurer Knall folgte – das Letzte, was Ali sah, war das Aufflackern der Lichter am Armaturenbrett, dann wurde es dunkel.

Zwei Wochen war er auf der Intensiv-Station, dann verlegte man ihn auf die Innere. Nach weiteren drei Wochen entließ man ihn nach Hause. Die Bauchaorta war angerissen, um Haaresbreite war er dem Tod entkommen. Das vorher so lebendig-stimulierende Pochen seines Herzens löste nun größte Beunruhigung in ihm aus. Aber bei der Entlassung versicherten ihm die Ärzte, alles sei in Ordnung, er brauche sich keine Sorgen zu machen.

Die Redaktion war früher Alis zweites Zuhause gewesen. Jetzt war alles anders. Auch Gernot, obwohl sie beide seit dem Studium befreundet waren und gemeinsam als Volontäre beim „Wissenschaftsspiegel" angefangen hatten. „Hast den Unfall noch nicht ganz verkraftet, oder?" Ali atmete tief. „Gernot, angenommen, Du wirst mit etwas konfrontiert, was Deine Sicht auf die Welt verändert …", Gernot fuhr ihm ins Wort. „Hör mal, Alter, das war doch ein Unfall, oder?" Ali nickte. Klar, er hatte nichts anderes behauptet. Nicht jemand anderem gegenüber. Auch nicht Gernot, obwohl sie beide seit Jahren befreundet waren. Gernot schien aufzuatmen. „Ich meine, keine Frau hat es verdient, dass …", Ali straffte sich. „Hör mit den blöden Witzen auf. Ich möchte nur von dir wissen, wenn du mal deine Fantasie spielen lassen würdest – aber ich weiß, das ist viel verlangt!" Schnaufen am Tisch gegenüber. „Nur mal angenommen, als rein politisch-journalistische Frage: Du bekommst Informationen, dass es ein internationales absolut geheimes Forschungsprojekt gibt, nämlich: eine Art lebendiger Austausch mit einem parallelen Universum. Was machst Du? Nur mal so spielerisch durchgedacht – kleine Notiz unter ‚Vermischtes‘, Headline, Titelstory – wie gehst du damit um?" Gernot legte die Handflächen aneinander. „Du, das – das wäre ein so heißes Eisen, das – bei allen Wünschen, reich und berühmt zu werden – ich nicht anfassen wollte." Ali hielt den Atem an. „Weil?" Gernot lehnte sich zurück „Weil das an die Grundfesten unserer Ordnung und Sicherheit rühren würde."
In Alis Kopf tauchte das Bild des verlöschenden Armaturenbrettes auf.

Am späten Nachmittag, als Ali nach einem kurzen Termin in der Redaktion vor dem Fernseher saß, klingelte es an seiner Haustür. Er öffnete, aber niemand war da. Als er die Tür schließen wollte fiel sein Blick auf die Fußmatte. Dort lag ein brauner Briefumschlag. Ali sah kurz in den Flur, der immer noch leer war und hob den Brief auf.
Er brauchte eine Weile, bis er verstand, was die Unterlagen in dem Umschlag dokumentierten. Der Schlüssel, der ebenfalls beigelegt war, ließ nicht so viele Rätsel offen. Auf dem kleinen Schildchen stand unmissverständlich der Name „Wertenbruch".
Und die Röntgenbilder samt dem zugehörigen Bericht bildeten Philipp Wertenbruchs Obduktionsbericht.
Noch in der Nacht machte Ali sich auf zu Philipp Wertenbruchs Wohnung. Es war ein bescheidenes Reihenhaus in einem Vorort unweit des „Zyklon". Alis Herz klopfte, möglicherweise wohnten in der Nachbarschaft noch weitere Mitarbeiter des Teilchenbeschleunigers.
Aber niemand sah ihn kommen.
Und niemand sah ihn nach etwa einer Stunde wieder gehen, als er gefunden hatte, wovon er vorher nicht gewusst hatte, dass er es finden wollte.

Ein Foto auf Philipp Wertenbruchs Schreibtisch, kurz nach seiner Hochzeit mit seiner Frau Ellie, die schon in jungen Jahren gestorben war. Mindestens dreißig Jahre war das her. Ali hätte dem Bild keine große Beachtung geschenkt. Wenn es sich nicht in seiner Erinnerung blitzartig unter die dunkle Kapuze der jungen Frau geschoben hätte, die er in seinen schlaflosen Nächten sah.

Sie würde wieder kommen, er brauchte nur zu warten, sie brauchte ihn. Mächtige Leute versuchten, das Geschehen im Zentrum des Zyklon zu vertuschen. Aber auch mächtig genug, um einer jungen Frau ohne Vergangenheit Papiere zu besorgen.

Dafür würde er sorgen.

Die Gefahr des „nivellierenden Ausgleichs zweier gegenläufiger Universen" nahm er in Kauf. Wie jeder Verliebte – der Urknall war unvermeidbar.

Petra Teufl

Annis Kapelle

In der Küche des alten Bauernhauses ist von der Morgensonne des Frühlingtages wenig zu spüren. Die kleinen Fenster lassen nur wenig Licht herein. Maria folgt ihrer Mutter, Anni Steiniger, durch die niedrige Tür in die Stube, in der schon ihre Großeltern gekocht und gelebt haben. In ihrem rosa Kaschmirpulli und Designerjeans fühlt sie sich wie ein Fremdkörper. Mutters Rücken wird immer runder, bemerkt sie. Ihre dünnen Beine halten kaum noch die grauen Wollstrümpfe, der Dutt aus den wenigen weißen Haaren ist inzwischen unter der Haarspange kaum noch zu erkennen. Maria wartet. Sonst führt der erste Weg ihrer Mutter am Morgen zum Kachelofen, um Feuer zu machen. Heute knöpft Anni ihre Strickjacke über der Kittelschürze zu, reibt sich ihre klammen, knochigen Hände und schlurft in ihren abgestoßenen Hausschuhen über den Fliesenboden zum Kruzifix neben dem Küchenbuffet. Ächzend hebt sie die Arme über den Kopf und greift an das Bord, das unter dem Kreuz angebracht ist. Neben einer Marienfigur und einem Fläschchen mit Weihwasser steht eine Holzkiste. Anni zieht sie zu sich herunter, drückt sie an sich, wischt den Staub vom Deckel und stellt sie auf den Küchentisch.

„Soll ich Feuer machen, Mama?" Maria legt, ohne eine Antwort abzuwarten, Kleinholz auf die Glut im Kachelofen, die sich über Nacht gehalten hat. Sie ist gerade erst aus München angekommen, allein, ohne ihren Mann oder eines ihrer Kinder, weil Anni sie darum gebeten hat. Erst hat sich Maria über die ungewöhnliche Bitte, die ihre Mutter vor Wochen am Telefon geäußert hat, gewundert. Doch dann ist ihr klar geworden, dass es Anni um die alte Kapelle geht. Die soll an diesem Wochenende abgebaut werden. „Mama", hat Maria beteuert, „wenn sie die alte Kapelle wegen der neuen Dorfstraße abbauen, dann wird sie doch genau so, wie sie heute da steht, hundert Meter weiter, wieder aufgebaut. Das hat dir doch der Bürgermeister erklärt. Die neue Dorfstraße muss sein, Mama, das musst du doch einsehen. Außerdem haben sich auf der Bürgerversammlung genügend Männer aus dem Dorf gemeldet, die beim Ab- und Aufbau der Kapelle helfen wollen. Ich verstehe nicht, was daran so schlimm sein soll!" Das gehe schon in Ordnung, mit der Straße, und dass Maria ihr Einverständnis zum Abbau der Kapelle gegeben habe, hat Anni geantwortet. Schließlich habe sie ihrer Tochter den Hof schon vor Jahren überschrieben. Es sei Marias gutes Recht, über die Kapelle, die am Rand ihres Grundstückes, an der Straße steht, frei zu verfügen. Erst als Maria ihre Mutter mit brüchiger Stimme sagen hörte: „Aber ihr wissts ned, was ihr da duats", hat sie ihren Besuch in Haidkofen zugesagt.

Die Männer vom Dorf sind bereits gestern mit ihren Traktoren, Anhängern und Geräten angerückt. Sie haben angefangen, die Kapelle vom Dach aus abzubauen. Sie haben Dachziegel, Balken und Ziegelsteine auf die Anhänger geladen, damit sie die Kapelle, wie einen Bausatz, wieder aufbauen können.

Anni schiebt sich hinter den Küchentisch auf die Eckbank mit dem Rücken zum Fenster. Maria holt für das Frühstück Brot, Butter und Hagebuttenmarmelade, Besteck und zwei Holzbrettchen aus den Schränken. Sie stellt alles auf den Tisch. Ihr Blick wandert dabei immer wieder aus dem Fenster. Sie zählt fünf Männer bei der Kapelle, deren Mauern nur noch zur Hälfte stehen. Vorsichtig klopfen die Arbeiter die Ziegel einzeln aus der Außenmauer, bürsten sie ab und stapeln sie auf dem Anhänger neben den Sandsteinen des Altars. Als der Kaffee durch die Maschine gelaufen ist, schüttet Maria ihn in zwei Becher, gießt warme Milch dazu und setzt sich auf den Stuhl der Anni gegenüber.

„Magst des ned anschaun, wies die Kapelle abbauen, gell? Hast schließlich jeden Tag dort Blumen hinglegt und alles sauber ghalten."

„Des is alles ned wichtig", murmelt Anni und schlürft den heißen Kaffee.

„Dann versteh ich dich überhaupt ned, Mama."

„Des wirst scho, des kommt heut noch auf."

Wortlos streicht Maria zwei Brote und schiebt eines ihrer Mutter hinüber. Erst jetzt stellt Anni die Kiste, um die sie ihre Arme gelegt hat, zur Seite. Sie nimmt eine Brothälfte, beißt ab und kaut langsam auf dem Bissen herum, den Blick leer auf den Küchentisch gerichtet. Maria weiß, dass sie ihre Mutter jetzt nicht mit neugierigen Fragen drängen darf, auch wenn sie Annis Stummheit nur schwer erträgt. „Schildkröte", denkt Maria oft, wenn sie ihre Mutter betrachtet. „Sie ist wie eine Schildkröte mit einem dicken Panzer, in den sie sich zurückzieht, wenn es ihr gerade passt."

Maria hebt ihren Kaffeebecher zum Mund, pustet in den Dampf und beobachtet, wie die Männer bei der Kapelle, die schon keine mehr ist, zur Seite treten, um einem Traktor Platz zu machen. Der Fahrer senkt die Schaufel ab und fährt damit unter die Eingangsstufe der Kapelle.

„Jetzt sinds scho bei der Bodenplatte", stellt Maria fest.

Da schiebt Anni ihr Frühstück zur Seite und zieht die Holzkiste zu sich heran. Ihre Hände, fleckig, mit großen Gelenken und dicken Adern, fahren an den Kanten entlang, streicheln die schmucklosen Seiten, wischen den letzten Staub vom Deckel. Maria fröstelt. Hinter der Kiste verschwindet Anni beinahe. Ihr Kopf mit dem schütteren Haaren, die Brust eingesunken, an den knochigen Schultern die langen Arme. Erst als Anni sanft den Deckel aufklappt, sieht Maria, dass ihre Lippen, sonst zusammengekniffen, zaghaft lächeln, und ihre eingefallenen Wangen hauchzart gerötet sind. Mit beiden Händen holt Anni ein abgegriffenes, schwarzes Buch aus der Kiste, dreht es hin und her,

drückt es an sich, bis sie es ruckartig, als müsse sie es von sich wegreißen,
Maria entgegenhält.
„Es is nur ein Eintrag in dem Buach. Lies den, dann red ma weider."
Mit eiskalten Händen greift Maria zu, registriert den rauen Einband und den
Geruch nach Mottenkugeln, als sie den steifen Buchdeckel öffnet. Auf dem
vergilbten Papier erkennt sie die Schrift ihrer Mutter.
„Kannst des lesen?", fragt Anni.
„Freilich, hast es mir ja beigebracht, die alte Schrift."
März 1943, Haidkofen, steht als Überschrift über dem seitenlangen Text. Die
Schriftzeichen sind mal groß, dann wieder klein, sie füllen die Zeilen bis zum
Rand oder nur zur Hälfte.
Maria lehnt sich zurück und liest:

*Seit einiger Zeit sind drei Zwangsarbeiter auf dem Hof - alles Russen. Sie sind
fleißig und tun, was ich ihnen anschaffe. Das Reden ist nicht einfach. Aber es
geht schon. Abends müssen sie immer pünktlich zum Lagerhaus vom Dorfwirt,
dem Schmalhofer. Dort müssen sie schlafen und werden bewacht. Die Angst
im Dorf ist groß, dass bald alles aus ist und die Russen einfach weglaufen
könnten oder Schlimmeres. Aber wo sollten die schon hin?*
*Der Gregor, das war ein feiner Mann. Ich hab den Schmalhofer, immer gebe-
ten, dass er ihn auf meinen Hof schickt. Der teilt nämlich die Zwangsarbeiter
zur Arbeit ein. „Der ist gut", hab ich gesagt. „Der weiß, wo er anpacken
muss. Eine Frau, allein auf dem Hof, braucht so einen, des verstehst doch?"
Der Gregor hat ein russisches Buch mitgebracht. Wie er das wohl geschafft
hat? Durch die ganzen Kontrollen! Heut möcht ich schon wissen, wie es den
Gregor hierher verschlagen hat. Aber fragen darf man ja nicht. Sonst ist man
selber dran. Und jetzt, nach dem, was passiert ist, sowieso nicht.*
*Abends in der Küche, wenn es dunkel war und warm und die Arbeit getan war,
in der Stunde, bis die Russen sich im Lager haben melden müssen, hat der
Gregor mir manchmal aus seinem Buch vorgelesen. „Lies, Gregor", hab ich
immer gesagt. Dann hat er sich an den Küchentisch gesetzt, hat seine Hände
an den Hosen abgewischt und sein Buch aufgeschlagen. Manchmal hab ich
gemeint, die Geschichten zu verstehen, so schön konnte er lesen. Da war das
mit der Sprache ganz egal. Wie Musik klang seine Stimme – kräftig, rund und
warm. Er hat wie vor einem großen Publikum gelesen, so aus seinem Innersten heraus, mit seinem ganzen Herzen. Dabei saß nur ich da, die Bäuerin
Anni. Dann, letzte Woche, hat es ein Geräusch gegeben, vom Heuboden her.
Ich bin gleich rauf, um nachzusehen und Gregor ist hinter mir her. Fein von
ihm, hab ich gedacht und mich gefreut, dass ich im Dunkeln nicht allein da
habe raufsteigen müssen. Oben dann, haben wir nur Katzen gesehen, die sich
gejagt haben. Ich dreh mich um, will wieder gehen, da steht der Gregor – ganz
nah- ich konnte seine Wärme spüren – durch sein Hemd hindurch – durch*

mein Kleid hindurch. Er ist einfach stehen geblieben, hat mich nicht vorbei gelassen. Hat mich nur angeschaut in dem Laternenlicht, aus seinen blauen, russischen Augen. Dann hat er gelächelt und leise „Anuschka" gesagt. Mir hats im Kopf gerauscht – hab ihn gerochen - er roch gut - nach Körper nicht nach Stall, nach Erde, ein bisschen herb und dann konnte ich nicht anders, ich habe ihn berührt - vorne auf der Brust - ganz vorsichtig – an dem schmutzigen Hemd. Da hat er seine kräftigen Hände gehoben, dass ich erschrocken bin – dabei hat er nur mein Gesicht ganz vorsichtig genommen – ganz sanft, ohne Worte und hat mich geküsst. „Endlich!", ist es mir durch und durch gegangen. Woher das Wort nur gekommen ist? Als hätt ich auf etwas gewartet. Nur „endlich" und seine Hände auf mir, seine Küsse überall. Alles war vergessen. Der Krieg, die toten Eltern, die Brüder irgendwo, mein Alleinsein, Gregors Gefangenschaft, alles ist verschwunden. Wie, wenn man im Traum fliegt. „Anuschka", immer wieder „Anuschka". Nie wieder wollte ich aufwachen. Wie wir da lagen, im Heu - sanft und weich und warm wie ein Aufatmen, als wenn wir lange Zeit unter Wasser gewesen wären. Gregor? Ich hab mich nicht mehr ausgekannt – so viel Sehnsucht war da – nach dem Leben oder mehr. Ich hätte so gern weinen wollen, schreien – alles rausschreien - in dem Moment – Schmerz und Glück und Zärtlichkeit. Ich weiß ja gar nichts über den Gregor, hab ich dann gedacht. War er verheiratet? Hat er Familie dort, weit drüben, im kalten Osten? Ach, das macht nichts aus! Nie hat´s in meinem Leben so etwas gegeben. Gregor liefen dann die Tränen über das Gesicht. Woher ist sein Schmerz gekommen? Von einem russischen Mädchen? Von seiner Heimat? Ich wusste es nicht und hab es auch nimmer erfahren. Denn wir haben vergessen, wer wir waren und wo wir waren und dass sich der Gregor schon längst beim Schmalhofer hätte melden müssen. Und dann standen sie auch schon im Hof und riefen nach mir. Mit Gewehren und Taschenlampen, so wie sie sonst auf die Jagd gehen, die Männer.

„Anni, wo is der Gregor?" Ich hab mir schnell mein Kleid übergezogen. Eiskalt ist es mir geworden, bis auf die Knochen.

„Da, is er ned!", schrie ich nach unten. Ich bin so schnell ich konnte die Stiege runter, durch den Hausflur und vor die Tür. Voll mit Heu bin ich gewesen und hab es wegzupfen wollen, als ich vor den Männern stand. Es waren so viele, wo die nur alle hergekommen sind. Einige gingen ums Haus und ich hab noch gedacht, dass der Gregor jetzt nicht zur Ladeluke ins Freie springen kann.

„Wo kommst denn du jetzt her?", hat der Hardtbauer gefragt und hat mich von oben bis unten abgeleuchtet mit seiner Taschenlampe. Ich hab die Schuhe vergessen gehabt, die Knöpfe sind schief und mein Haar zerzaust gewesen. „Pfui, Anni!", schrie der alte Grintinger und spuckte nach mir. „Mitm Rußn!" Dann stürmten sie ins Haus, den Stall und rauf auf den Heuboden – und da hat es nicht lang gedauert, dass sie ihn erwischt haben, den Gregor. Wie einen Verbrecher haben sie ihn ins Freie gezerrt. Ich hab geschrien, mich vor ihn

gestellt, mich an ihn gehängt. Der Hardtbauer hat nur gegrinst und mich *an den Haaren in den Dreck gezogen. „Anuschka", hat der Gregor geflüstert und nur auf mich geschaut. Hat sich einfach die Hände hinterm Rücken binden lassen. „Jetzt mach ma dem Russen endlich den Gar aus!", hat einer gerufen und ihm eine Pistole hinten an den Kopf gehalten. Wer hat geschossen? Alle oder nur einer? Gregor ist auf den Boden gesackt und war tot. Das hab ich gleich gemerkt. Schreiend hab ich mich auf ihn geworfen, er sollte mich mitnehmen – mit – mit – bitte!*

Maria fährt mit dem Daumen über die Seiten, spürt die runden, gewellten Flecken im Papier, in denen die Tinte verschwommen ist. Die Tränen ihrer Mutter. Maria atmet gegen den Druck in ihrer Brust an.
„Des hast mir noch nie erzählt, Mama", haucht sie.
„Es wurd a nimmer drüber geredet, seit damals." Anni wischt mit ruhigen Bewegungen ununterbrochen über die Tischplatte.
„Sie ham ihn dort, am Rand vom Hof verscharrt. Ohne Pfarrer, ohne Messe, nicht einmal auf dem Friedhof wollten sie ihn haben."
Anni reibt sich mit den Händen über ihr Gesicht. Wegwischen, die Traurigkeit, das Entsetzen, denkt Maria. Das täte ich jetzt auch gern. Kälte kriecht von ihren Händen aus über ihre Arme. Sie steht auf und legt Holz in den Kachelofen nach. Durch das Fenster sieht sie, wie die Arbeiter aufgebracht redend zusammenstehen. Die Steine der Bodenplatte liegen verstreut um den Platz der Kapelle. Anni stützt sich auf den Tisch auf und steht auf. Maria eilt zu ihr und hilft ihr aus der Eckbank hervor. Sie lässt die Hand ihrer Mutter in ihrer. Anni zieht sie nicht weg.
„Damit ich immer mei Schand vor Augen hab, ham's damals gesagt. Aber ich bin zum Hardtbauern und hab gesagt: ‚Ihr baut's da a Kapelln auf sein Grab, sonst zeig ich euch an.' Da hat er erst gelacht. ‚Wo willst denn du uns anzeigen? Bei der Gestapo? Die nimmt eher dich mit als uns!' Und dann hamses doch gemacht. Alle zusammen hams die Kapelle gebaut und der Pfarrer hats geweiht."
Draußen auf der Baustelle sammeln sich die Dorfleute. Sie schütteln die Köpfe, diskutieren, sehen immer wieder zum Steiningerhof herüber. Der Bürgermeister, Rudi Hardt junior, hält sich sein Handy ans Ohr, geht auf und ab, und als er fertig telefoniert hat, beschwichtigt er die Leute. Dann dreht er sich um und geht mit energischen Schritten auf das Steininger Haus zu.
„Jetzt ist es also soweit, Madel. Jetzt hams ihn gfunden, den Gregor", stellt Anni fest. Maria spürt den festen Druck, mit dem ihre Mutter ihre Hand hält.
„Mama leben denn die Männer von damals noch?"
„Na, nimmer, warn ja nur die älteren Männer noch im Dorf. Die Jungen waren ja im Krieg. Aber die Familien leben alle noch da. Der Bürgermeister, der Rudi Hardt, ist der Enkel vom Hardtbauer, damals."

Die Türglocke ertönt dreimal hintereinander. Maria löst ihre Hand aus der ihrer Mutter, streicht ihr zärtlich über den krummen Rücken.

„Jetzt werden sie wissen wollen, wen sie gerade ausgegraben haben. Das wird einen ziemlichen Wirbel geben."

„Mach du das, Maria. I kanns ned! Erzähl du dene, wie des damals war."

Anni zieht ihre Jacke fest um sich, dreht sich um und schlurft aus der Küche über die Diele zu ihrer Kammer. Maria wartet, bis sie die Tür hinter sich geschlossen hat. Dann erst schnauft sie durch, richtet ihren Kaschmirpulli zurecht, fährt sich durch das Haar und geht mit festem Schritt auf die Haustür zu, um dem Bürgermeister zu öffnen.

Autorinnen und Autoren

Susanne Bergmann, geb. 1961. Autorin und Medienpädagogin. Master of Arts BKS 2012. Staatsexamen Kunsterziehung 1986. Hauptamtliche Prüferin bei der Freiwilligen Selbstkontrolle Fernsehen. Schreibt seit 1994 Funkerzählungen für Kinder und ist Mitglied der Auditorix-Jury, die das gleichnamige Qualitätssiegel für Kinderhörbücher vergibt.

Nadja Damm, geb. 1970, lebt in Berlin-Kreuzberg. M.A. BKS (2011 ASH Berlin) und Dipl. Pol. (1997 FU Berlin). Wissenschaftliche Mitarbeiterin im LernKünste-Projekt an der ASH Berlin. Leitet Social Justice und Diversity Schreibwerkstätten für Jugendliche und Erwachsene. www.diversity-writing.de

Susanne Diehm, geb. 1959, ist Autorin mehrerer Sachbücher und eines Romans. Sie bildet mit *Gesundheitsförderndem Kreativem Schreiben* Lerntherapeuten aus und begleitet Autoren beim Bücherschreiben. In ihren Kursen für Jugendliche und Erwachsene sowie in der Beratung kombiniert sie Schreiben gerne mit Elementen aus anderen künstlerischen Therapien. Sie lebt mit ihren beiden Kindern in Berlin.

Beate Fischer, geb. 1967 in Potsdam und dort lebend. Studium an der ASH-Berlin, BKS 5 (fünfter Jahrg.), arbeitet als freie Lektorin und Schreibgruppenleiterin, schreibt Kurzprosa und Gedichte, insbes. Haiku, Veröffentlichungen im Haiku-Jahrbuch 2012 und 2013, Edition Blaue Felder, Tübingen.

Lena Hach, geb. 1982, lebt in Berlin, Abschluss Master BKS an der ASH-Berlin 2011, schreibt zur Zeit mit großem Vergnügen für Kinder und Jugendliche. Zuletzt erschien ihr Roman „Kawasaki hält alle in Atem" bei Beltz & Gelberg. Mehr unter www.lenahach.de

Beate Haeckl, geb. 1950, lebt in Berlin, Abschluss Master BKS an der ASH Berlin 2012, als Studienrätin an einem Berliner Gymnasium tätig, schreibt Theaterstücke und Opernlibretti, u. a. „Penthesilea" nach Heinrich von Kleist, Komponist Pascal Dusapin, Premiere am Théâtre de la Monnaie, Brüssel, im März 2015.

Benjamin Häring, geb. 1981, lebt in Lingen und Beckum, Abschluss BKS an der ASH-Berlin 2012, arbeitet als Dozent an der Hochschule Osnabrück/Campus Lingen und arbeitet als Schauspieler (Improvisationstheater) und Moderator. In seinen Seminaren verbindet Häring Methoden und Techniken des Improvisationstheaters mit Methoden und Techniken des Kreativen Schreibens.

Annette Isheim, geb. 1966, lebt in Frankfurt am Main, Abschluss Master BKS an der ASH-Berlin 2015, Diplom-Sozialpädagogin, Supervisorin, Mediatorin, als psychologische Beraterin in einer Krisen- und Lebensberatungsstelle tätig, arbeitet mit poesietherapeutischen Methoden.

Britta Jagusch, geb. 1968, lebt in Frankfurt a. M., Schreibberaterin, Journalistin, Pädagogin, Abschluss Master BKS an der ASH Berlin 2011; Fortbildung in Poesie- und Bibliotherapie, EAG FPI Hückeswagen; Workshops, Vorträge, Weiterbildungen im Kreativen und Biografischen Schreiben, Qualifizierungskurse zur Anleitung von Schreibgruppen.

Christian Kaiser, geb. 1968, ist Staatswissenschafter und M.A. in kreativem und biografischem Schreiben (2011). In Zürich, Hamburg und Berlin erteilt er Kurse rund um „Schreiben zur Selbsterkenntnis". Er lebt und schreibt als „Gehdichter" in Winterthur.

Susanne Kieselstein, 1957 geb., lebt in Köln. Abschluss Master BKS an der ASH im Jahr 2015, nach fotografischen Jahren freier, selbständiger Arbeit, seit den 90ziger Jahren Referentin der Kunst- und Kulturvermittlung, kulturelle Bildung. Grundausbildung Figurentheater. Zukünftig: Schreibwerkstätten für Erwachsene als persönliche Spurensuche in Räumen von Kunst- und Stadtgeschichte. Veröffentlichungen in Anthologien. Schreibt derzeit an ihrem ersten Roman Bestseller.

Katinka Kraft, geb. 1978, lebt in Berlin, Abschluss Master BKS an der ASH-Berlin 2015, zurzeit selbständig als Schreib- und Performance Pädagogin u.a. in den Bereichen Spoken Word und Poetry Slam. Mehr infos: www.katinka-kraft.com

Kerstin Krischak, geb. 1962, lebt nahe Berlin, Diplomsprachmittlerin und Diplomsozialpädagogin, M.A. Biografisches und Kreatives Schreiben an der ASH-Berlin (Abschluss 2014), tätig in der ambulanten Suchthilfe, konzipiert biografiezentrierte Schreibgruppenarbeit mit suchtkranken Menschen.

Heike Lange, geb.1962, lebt im wunderbaren Lorsbachtal in der Nähe von Frankfurt/ Main, Abschluss Master an der ASH Berlin 2014, zurzeit als Referentin für den Paritätischen Hessen e. V. tätig, gibt Kurse zum biographischen Schreiben, arbeitet an der Erstellung eines Schreibreiseführers zu Caroline Schlegel Schelling.

Sabine Meisel, geb. 1959, Master BKS 2011, lebt in Winterthur. Als Sozialarbeiterin und Pflegefachfrau gibt sie Workshops bei der Krebsliga zu „*schrei-*

ben-hilft" und bringt Studenten an der ZHAW (für Pflege) in den Schreibfluss. 2015 erscheint beim Kameruverlag eine Textsammlung von Frauen, die sich regelmäßig in Winterthur treffen, um zu schreiben.

Ines Nagy, geb. 1962, lebt mit ihren Söhnen in München. 2014 machte sie an der ASH Berlin den Master im Biografischen und Kreativen Schreiben. Zur Zeit schreibt sie an einem Roman und einem Sachbuch zum Schreibprozess im literarischen Schreiben. Sie arbeitet als freie Lektorin, Autorin und Schreibberaterin.

Kati Ohst, geb. 1978, wohnt bei Berlin, Abschluss Master BKS an der ASH-Berlin 2015, Brotberuf Sachbearbeiterin im öffentlichen Dienst. Sie reist gern, schreibt viel und träumt davon, beides irgendwann einmal miteinander zu verbinden.

Anka Pahlenberg, geb. 1953, lebt in Berlin, ist als Lehrerin tätig und wird ihr Masterstudium „Biographisches und Kreatives Schreiben" an der ASH Berlin im Frühjahr 2015 abschließen. Sie leitet zurzeit eine Schreibwerkstatt zum Biographischen Schreiben und Malen in Berlin-Mitte und bietet Schreibreisen zum Thema „Wandern und Schreiben" an.

Tobias Rebscher, geb. 1985, lebt in Berlin, Abschluss Master BKS an der ASH Berlin 2014, zurzeit als Schreibcoach, Musiker und Sozialarbeiter (B.A.) tätig, bietet Schreibworkshops an, in denen Schreibprozesse durch eine erlebnisorientierte Bewegung in der Natur gefördert werden (www.natuerlich-schreiben.de), veröffentlicht Prosa unter dem Pseudonym Jonatan Blumental.

Katja Reinicke, geb. 1962, lebt in Bonn, 2014 Masterabschluss BKS, Schreibberaterin Akademisches Schreiben für Studierende an der Hochschule Koblenz, Leitung der Bonner Schreib-Schule www.SchreibGalaxien.de für Kreatives Schreiben, Autorin von Hörspielen auf der Grenze zwischen Wissenschaftskrimi und Science Fiction („Der Affe" – WDR 2006 und „VrgH87 oder Wer ist Helbrand" – WDR 2009).

Astrid Sammet, geb. 1972, lebt in Berlin, Abschluss Master BKS an der ASH-Berlin 2015, als Sozialarbeiterin tätig, schreibt zurzeit an einer Masterarbeit über Poetry Slam.

Ute Schäfer, geb. 1976, Dipl. Sozialpädagogin und Certified Professional Facilitator, Master Biografisches und Kreatives Schreiben an der ASH-Berlin 2013, lebt in Berlin, ist tätig als Referentin, Facilitator und Writing Facilitator.

Maike Scheipers, geb. 1969, lebt in Kaiserslautern, can. Master BKS an der ASH-Berlin, als Pflegewissenschaftlerin immer auf der Suche nach dem gepflegten Wort.

Gerald Stitz, geb. 1964, lebt in Berlin. Abschluss Master Biografisches und Kreatives Schreiben an der Alice-Salomon-Hochschule Berlin 2012. Bietet Schreibwerkstätten für psychisch kranke Menschen beim Psychosozialen Verbund Treptow e. V. an. Arbeitet am dritten Band einer Krimiserie um die Berliner Hauptkommissarin Verena Mayer-Galotti.

Ina Stöver, geb. 1969, lebt in Berlin, Abschluss Master BKS an der Alice Salomon Hochschule Berlin 2014, Papiertänzerin, Schreiberin, Bloggerin, Poetin des Alltags, fängt Augenblicke und erzählt Geschichten mit Collagen, Farben, Bildern und Worten.

Petra Teufl, geb. 1965 lebt in Regensburg; Master BKS – Abschluss an der ASH 2012; führt Schreibwerkstätten an der OTH Ostbayern, Bayerische Musikakademie durch; ist Autorin für Kurzgeschichten, Roman und für Sachtexte; arbeitet als Redakteurin.

Natalie Wasserman, geb. 1978, lebt in Berlin, Abschluss Master BKS an der ASH-Berlin 2015, studierte Theaterwissenschaften, Polonistik und Erziehungswissenschaften an der HU-Berlin. Zur Zeit arbeitet sie als Übersetzerin, Lektorin und Publizistin und leitet interkulturelle, intergenerative und inklusive Schreib- und Theaterwerkstätten.

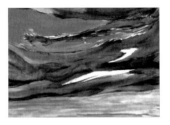